地元がヤバい…と思ったら読む

凡人のための地域再生入門

木下 斉

ダイヤモンド社

本書は週刊ダイヤモンド（2018年2/24号～2018年9/1号）で連載された
『シャッターがなくなる日』を大幅な加筆・修正のうえ書籍化したものです。

はじめに：凡人だからこそ、地域を変えられる

高校一年生のときに商店街の活性化を通じて「まちづくり」の世界に足を踏み入れてから、早20年が経過しました。地域で様々な仕事を経験する中で、なかなか表には出てこない「リアル」な現場も、数多く体験してきたように思います。

当初は盛り上がっていたイベントが、最終的に当事者が疲弊し切って打ち切りとなるケース。

人間関係の縺《もつ》れや将来に向けた不安からチームが崩壊してしまうケース。

成功例としてメディアに取り上げられたがゆえに弱気なことを言えず、実態よりも大きく物事を語り、現場のメンバーとの乖離が生まれたり、罪悪感に襲われるケース。

どの地域にも、人と人とが向き合う仕事だからこそその失敗や挫折があり、その浮き沈みの中でも折れずに前をやってきた人たちだけが、いまも事業を続けられているにすぎません。それが、まちづくりのリアルです。

では、どうやったら、そんな中で成功することができるのか。逆説的に聞こえるかもしれませんが、私はいつも、人と人の仕事だからこそ「ロジック」が大切だ、と発信してきました。

メディアはいつも「地方に移住した若者が奮闘するサクセスストーリー」や「老人たちが手と手を取り合い支え合う心温まる物語」など、地方を綺麗に切り取ろうとします。しかし実際には新たな取り組みを潰そうとする地元の権力者、他人の成功を妬む住民、補助金情報だけで生活する名ばかりコンサル、手柄を横取りしようとすり寄る役人など、様々な欲望が渦巻いています。そんな環境でも、いやそんな環境だからこそ、ブレずに経営のロジックを貫けた者だけが生き残るということを、私はこの20年間肌で感じてきました。そしてその「ロジック」を各地の仲間に伝えるべく、これまで何冊かの本も書いてきました。

しかし、まだ伝えられていない大事なことがあります。特に地域でのビジネスで重要となる「エモーション」、情への理解についてです。

ロジカルに書く経営書からは、当事者同士の感情の衝突や経営面でのプレッシャー、そして何よりそれらにめげず前に進んでいく者たちの「粘り」が、どうしてもこぼれおちてしまいます。そのため、今回は、ロジックとエモーションという両輪をともに伝えるべく、小説形式で地方での事業のリアルを書くことにしました。

よく言われることですが、成功のあり方は様々でも、失敗には共通する「落とし穴」があります。今回は、ふだん伝えきれない「落とし穴」についてかなり細かく描写したので、ぜひ他山の石として参考にしてもらえることを願っています。

先に示すのは野暮かもしれませんが、この本から感じ取ってもらいたいことはふたつあります。

ひとつは「いつまで待っても地元にスーパーマンは来ない」ということです。

成功しているように見える地域のリーダーは、ときにスーパーマンに見えます。「うちのまちにもああいうすごいリーダーがいればなぁ」なんて言う声もよく聞きますが、それは単なる勘違いです。

成功している事業のリーダー像はあくまで表の姿。裏では事業や私生活で様々なトラブルに巻き込まれ、ときに事業なんて放り出して逃げ出したいと思うことさえある、ちっぽけな生身の弱い人間です。今ではたくましく見える人であっても、若い頃に様々な失敗をしていたり、普通の人なら立ち直れないような経験をしています。なんでもできるスーパーマンが一人で成果を挙げてまちを変えてくれるなんてことは、あなたのまちでも、そして他のまちでも起こりえません。

何より、そもそも地域にスーパーマンは必要ないのです。それぞれの役割を果たす「よき仲間」を見つけ、地味であっても事業を継続していけば、成果は着実に積み上がっていきます。最初は二、三人のチームで十分です。その中核となる仲間と共に取り組みを続けていけば、気づかぬうちに地元を超え、全国、海外に仲間ができるようになり、人生は豊かになり、そしてその地域も新たな活力を持つようになっていきます。

「うちのまちにも、観光資源があったらなぁ」「うちのまちも、もっと交通の便がよかったらなぁ」などの声も、他力本願という点では同じです。あなたのまちにはスーパーマンは来ないし、突然名湯が湧いて出ることもなければ、埋蔵金が見つかることもない。ヒトなし・モノなし・カネなし、という困難な状況でもめげずに足を一歩前に出し進んできた「凡人」がいるかどうかが、各地域の明暗を分けるだけなのです。さらに言えば、いまは衰退しているまちも、長い歴史の中で誰かが栄えさせてきたはずです。自分たちで何もせずに文句だけ言う人ばかりがいる地域が栄えた例は、歴史上ありません。

もうひとつは「どの地域だって〝始めること〟はすぐにできる」ということです。成功ばかり積み重ねてきた地域なんてありません。というよりは幾重にも失敗しつつ、諦めずに取り組みそのものが破綻しない程度になんとか失敗を食い止め、ダイナミックにやり方を変えながら取り組むことところそが事業の成功なのです。メディアは、わかりやすいところを切り出すので、外からは一貫してうまくいっているように見えるだけです。

だからこそ大切なのは、「失敗せずに成功できるか」という発想そのものを捨てること。まずは一歩を踏み出してみることです。

どこかの組織から予算をもらうのではなく、自分たちの出せる手持ち資金を出し合い、自分たちがこれが正しいと思うことに挑戦していく（人のお金を使いながら自分たちのやりたいように挑戦するなんて都合のいい話はありません）。自分たちの責任だからこそ、間違っていたらすぐに修正をかけながら、とにもかくにも前に進んでいくのです。

最悪なのは、人の予算を活用して、いつまでも勉強会をやるだけ、ワークショップをやるだけで、自ら事業にまったく取り組まない人たちです。何をやったら成功するか、どうやったら成功するか、誰がやったら成功するかなんて、いつまで議論していても、わかるはずはありません。自転車に乗らない人は永遠に自転車に乗れないのです。

まずは、自分たちがやりたいと思うことを、自分たちの手でやり始めること。始めることは、どんなに追い詰められた地域だってできます。そして、多少の失敗も勉強と捉え、まずは始めた地域だけが、最終的な成功を手にすることができます。

私は建前が好きではないので、「いつか誰かが助けてくれます」「時間をかけて考えれば必ずうまくいきます」「頑張れば成果が必ず出ます」などと綺麗事は言いません。だから、ここまで読んで「そこまでして成し遂げる覚悟はない」「やはり自分にはできないのでは」と不安になる人もいるでしょう。でも、僕自身、もともと地域活性化には興味が一切ありませんでした。そもそも小学生低学年の頃は、友達の家に訪ねていくことも、クラスで手を上げて発言することも、初対面の大人には話すことすらできないほどの極度の人見知りでした。その後、成長と共に自分なりの主張はできるようになったものの、高校の時に商店街の取り組みに関わり、そこで会社経営までやることになったのもはっきり言ってしまえば「偶然」です。

最初は慣れない仕事にストレスで10円ハゲができたり、未熟さから株主総会で株主にブチ切れ社長を退任することになったり、投資した事業で関係者が夜逃げをしたり、地方に必要だという志から事業を立ち上げたものの代金を踏み倒されたり、「こんな若造に何ができる」とアイデアだけを取られプロジェクトから外されたり、数えきれない失敗や困難を重ねてきました。

だからこそ、この主人公の物語も、あえて「都市部で会社に言われたことをやるだけの弱気なサラリーマン」という設定にしています。実際、今地域で「ヒーロー」として注目される人の中にも、失敗を重ねて成長するまではあまり目立つ存在ではなかったケースはたくさんあります。つまり明日のヒーローは、今日の「凡人」なのです。

衰退する地域を変えることは、決して簡単ではありません。しかし、簡単ではないからといって、限られた誰かにしかできないものではありません。むしろ、普通に日々の生活をする「凡人」だからこそ、格好つけずに失敗してもその事実を受け止め、小さなことを馬鹿にせず積み上げ、利が生じても欲深くならずに継続できるのです。平凡である、そのこと自体が強みなのです。

どこにでもある地域に起こるこの物語を通じて、小さな一歩を踏み出してくれる人が一人でも増えれば、著者として何よりの喜びです。

最後に、本書は小説形式ではありますが、実際に役立ててもらえるよう、注釈やコラムに特に力を入れて書きました。他の本以上に、しっかり読み込んでもらえると嬉しく思います。また、それらの「付録」を充実させたことにより、多少物語の流れが途切れがちになってしまっているかもしれませんが、あくまで「実践のための本」であることを鑑みて、ご容赦いただければと思います。

著者

佐田隆二
Ryuji Sada
Age 33

瀬戸と同じ高校を卒業後、大学には進学せず飲食店修業に出る。実家を継いだうえで、今では地元で五つの店を経営し、人気を博している。物事に対する姿勢がはっきりし男気もあるため、慕う後輩たちは多いが、地元の上の世代からは言うことを聞かないやつとして厄介者扱いされている。

瀬戸 淳
Atsushi Seto
Age 33

高校卒業とともに上京、大学卒業後に中堅メーカーに就職。社内調整に明け暮れる毎日に疑問を持ちながらも、他にやりたいこともなく過ごす。目立つタイプでもなく流されやすい半面、はっきりと物申さないことで憎まれない性格でもある。実家が地元で商売をしているが、父が他界し、今は母だけで店を切り盛りしている。

森本祐介
Yusuke Morimoto
Age 33

瀬戸と同じ高校を卒業後に地元の国立大学に進学、その後地方公務員試験に合格して市役所に就職した。世渡り上手を自負している。日々、上司の顔色をうかがっているものの、実際には何か大きなことをなしたいという野心もあり、瀬戸たちを度々巻き込む。

鹿内 宏

Hiroshi Shikauchi
Age 51

官僚としてここまで冷や飯を食わされてきたが、課長となったことをきっかけに、新たな補助金政策で地方出身の有力政治家に食い込み、評価される。さらなる出世を目指し鼻息が荒い。「地方は国に指導されるべき存在だ」という歪んだ正義感を持つ。

瀬戸聖子

Seiko Seto
Age 58

淳の母。淳とは対照的に根っからの明るい性格で、夫の死後も客や取引先からの協力もあって店をつぶさず続けてきている。しかし、体力の限界を感じ、自分の今後の人生を考えて、店を畳む決心をする。

田辺 翔

Sho Tanabe
Age 31

芸大を卒業後、東京で中堅の広告代理店に勤める。地元に戻ってきてからはフリーペーパーの広告営業などをしていた。もともとは佐田の飲み仲間で、とにかくノリは軽く、顔が広い。しかし、仕事ではクリエイティビティ溢れるアイデアを次々と思いつく。

あらすじ

物語の舞台は、東京から新幹線で1時間、さらに在来線で20分という、人口5万人ほどのどこにでもある地方都市。主人公の瀬戸淳《あつし》は、高校卒業までこの街で育った。

大学時代は東京で過ごし、そのまま東京の中堅メーカーに就職。実家を離れて10年がたち、最近は年に1回帰省すればいい方だ。

淳の父は地元の商店街で小売店を営んでいた。5年前、その父が亡くなって以来、店の切り盛りは母の聖子が担っていたのだが、その聖子が突然、店も家も売り払い、友人と旅行でもしながら老後を楽しみたいと言い出した。

そもそも店のある商店街は、少子高齢化や人口減少の煽りを受ける地方都市の典型として、完全なシャッター街となっていた。淳の実家に限らず、長年続いた店を畳むというのは珍しくない。

「難しいことはわからないから」と言う聖子に代わり、淳は東京と地元を行き来し、廃業手続きや不動産売却といった〝実家の片付け〟に追われ、その過程で高校時代の友人たちと再会する。

友人たちを通じて、地元の置かれた現実と向き合ううち、淳は「自分の将来」、そして「地元の将来」について思いを巡らせるようになる。やりがいを感じられない東京での仕事。「仕事がない」と思っていた地元で活躍する佐田の頼もしい姿。果たしてこのまま、実家を売り払い、東京でサラリーマンを続けることが正しい道なのだろうか――。

そして、淳の「実家の片付け問題」は、シャッター街の再生、さらに地域全体の再生という思わぬ方向へと進んでいくのだった。

目次

第三章 見捨てられていた場所 89

第八章 本当の「仲間」は誰だ

第一章　シャッター街へようこそ

突然の帰郷

「……ちょっとお母さん話したいことがあるから、一度、家に帰ってきて」

スマホに珍しく表示された「母」の文字に驚いて電話に出たら、いつになくか細い声が聞こえた。深く話を聞いてはいけない気がした僕は、

「ひとまず週末にそっちに一度帰るから、いったん切るね」

とだけ伝えると電話を切り、手元の画面をじっと見つめた。

気丈な母の弱った声に、僕はあまり詳しいことは聞かずに帰省することにした。実家を離れてからもう10年以上。年に一度帰ればいいほうで、親父が死んだときも数日帰っただけ。母は放っておいても大丈夫なんだと思っていた。いや、そう思い込みたかったのかもしれない。

母が何を言いたいのか、僕には何となくわかった。ずっと頭のどこかにあったけど、見て見ぬふりをしてきたたくさんのこと。東京で余裕のない生活に追われ、若いつもりだった自分もいつの間にか30を越えていた。

スマホをポケットにしまって、ため息をつく。慣れたはずの新橋の賑やかさがうっとうしい。電話口から聞こえた虫の音が、まだ遠くに聞こえる気がした。

今日は勤めている中堅電機メーカーの新製品発表日ということで、その打ち上げのあと、数少ない気心の知れた3人の同僚と飲みなおしにきていた。母からの電話を終え居酒屋に戻ると、飲みかけだったビールはもうぬるくなっている。何も言わずに静かに席に座ると、仲間内から声がかかった。

「おい瀬戸、なーに浮かない顔してんだよ、女にでも振られたか」

もともと飲み会は得意ではない。僕は人並み以上の面白い話もできず、大抵はいじられるだけで終わる。うまく言い返すことができるわけでもなく、愛想笑いで返すのが精々《せいぜい》だった。

「い、いや、違うよ。実家の母親から電話があってさ」

「え？　何かあったのか」

同僚たちは心配してくれたが、「うん……。多分大丈夫だと思う」と何となく濁した。

その後なんだかんだで終電近くまで連れ回されたものの、酒はあまり進まなかった。カラオケに向かうという同僚たちと別れ、家へ帰る道のりは何となく電車に乗る気にならず、２駅ほど歩いた。

「お店は私がどうにかするから、あんたは東京で頑張りなさい」

親父が死んだのは5年前だった。報せをもらったときは、あぁついに逝ったかと思うだけで、自分でも驚くほどに深い感情は湧かなかった。

店の仕事ばかりだった親父とは一緒に過ごした記憶があまりない。親父は何を言っても「ああ」とか「そうか」くらいしか返さないため、引っ込み思案の僕との会話は弾まなかった。その反面、母はよく喋り、ちゃきちゃき自分で行動するタイプだ。独身貴族生活も長く、昔は相当にやんちゃをしていたらしいが、なぜか無口で職人肌の親父と見合いで収まった。本人は同情だと言うが、子どもにとっても不思議な夫婦だ。

「せっかくお父さんも頑張ってきた歴史ある商売だから、やれるところまでやるわ。ほら、結局、私がこの店を切り盛りしてきたみたいなもんじゃない。大丈夫、なんとかなるわよ」

その後も、あんたは自分のことを考えてればいいの、と繰り返し母は言った。どうにか自立したとはいえ、頼りない僕の姿のほうが店よりはるかに心配だったのだろう。

そんな気丈な母も、さすがにいよいよ体力が持たなくなったのか。まあ、無理もない。実家のある商店街は見るからに寂れていたし、もはや商売ができる状況ではなくなっていることはよくわかっていた。うちの実家がどうにか持っていたのは、昔からの卸先があったことと、家賃がかからなかったからにすぎない。

もともとうちの実家は、飲食店に食材を卸していた。15年くらい前からは、増加する老人ホームやサービス付き高齢者向け住宅などを新たな卸先にして、どうにか経営が成り立っていたが、卸先を持たない近所の小売店は次々と閉店していった。

鮮魚店として創業し、専門店が厳しくなった60年代に、祖父が仲間の肉屋と八百屋を集め、生鮮3品、つまり肉、野菜、魚の全般を扱う店に転換。当時にすれば画期的で、人口も急激に増加していた時代、店は大繁盛した、らしい。

80年代に親父が商売を継いだが、時期も悪かったし、商才もなかったのだろう。結局、かつての繁盛店も急速に商売を小さくし、最後は両親だけで切り盛りしていた。ただ、早めに手じまいしていったのはよかったのかもしれない。やせ我慢をして規模を維持しようとした店はみな、とうに潰れてしまっていた。

昔の武勇伝は、数少ない親父との会話でも一応記憶に残っている。普段無口な親父が唯一饒舌になるときだった。

「いいか、朝トラックで仕入れたものが夕方にはすべて売り切れたんだ。お金がレジや金庫に入りきらないからよく段ボール箱に金を投げ入れたな。一日に何度も取引していた信用金庫の担当が金の回収に来たもんだ。まあ、うちがやっていたのは今で言うスーパーの走りだな」

「スーパーにしては、ずいぶん小さいもんだよね」

と僕が言うと、

「小さいは余計だ」

とどやされた。

自分では人にはいつも「うちは小さい店なもんで」なんて謙虚に言っていたくせに。でも、今となっては、そんな小さな誇りもわかる。親父の中では、祖父のもとで店を回し、爆発的に儲かっていた時代のまま時計の針が止まっていたのだ。


僕が生まれた80年代には、地方にどんどん進出してきたダイエーをはじめとする大手スーパーに攻められ業績は落ちていった。つまり僕は、下がり調子の商売しか見ていない。

地元の商店街は、その後は郊外にできたモールの猛攻もあり、まったく太刀打ちできないまま衰退していった。


新幹線で東京から約1時間、新幹線の駅から在来線でさらに20分ほど行くと、見慣れた地元の駅に着く。駅舎だけは最近改装されて立派になってはいたが、ダイヤはスカスカだ。朝夕通学で使う人がいるだけで、車移動が中心となった地方社会では、駅はもうまちの中心ではない。

「あ、あそこももう更地になってる」

駅前は来る度に開いているお店が少なくなり、さらに最近は更地や駐車場も目立つようになった。更地になってしまうと、そこに何があったのかなんて不思議なほど忘れてしまうものだ。地元のはずが、地元ではないような錯覚に陥る。

駅前から実家までの道のりを歩いていくと、自分が中学生くらいまではそこそこ人が歩いていた商店街は、いまや完全なシャッター商店街となっていた。しかし、別に不幸なわけでもない。都会の人はあまり知らないが、意外とそういう店の所有者たちは豊かなのだ。

「いい人がいれば貸すんだけどねぇ」

「2階に住んでいるから1階は貸したくないね」

「年に何度か帰ってくる息子家族のために空けてあるの」

「今さら貸して面倒なことがあると困るしな」

近所の人たちが集まって話をすると、そんな話ばかりだった。

自分でさえ商売が成り立たないその立地に、バブルのときの影響①か悪気なく設定してしまう高すぎる家賃。貸し手へのアピールも

①日本の商業地区の不動産価値はバブルに向けて戦後1955年から100倍ほど跳ね上がり、その後価値は1/3とも1/5ともいわれるくらいまで低下した。ところによってはもはや値段がつかないような状態にまで落ち込んでいる。

やる気のない不動産屋に任せきりで、店のシャッターにはいくつもの不動産屋が貼った「貸し物件」のプレートがかかっている。

あるとき母に、

「こんなに不動産屋のプレートかけてたら、誰も借り手がいないことがあからさますぎて、逆効果だよね」

と言うと、

「みんな、困ってないからね。うちみたいに商売している人間が一番大変よ」

と、笑い混じりに言われたものだ。

ほとんどの不動産オーナーは殿様商売に慣れきっていて、まったくやり方を変えようとしない。いまだに借りる側より貸す側が有利と思い込んでいて、声がかかれば「貸してやる」という感じだ。

一方、地元の友人から聞いた話では、大手の**ショッピングモール**②の専門店街も楽ではなく、最近は有望そうな地元店にはフリーレントといって家賃なしで一定期間貸してくれたりするらしい。テナントからすればどっちがよいか、言うまでもない。**駐車場がない、人通りがない**③とぼやく以前に、テナントが入らな

②
かつて商店街の中小店舗が持っていた地方市場を、90年代以降規制緩和で出店の自由度が増したショッピングモールはその効率と規模で席巻した。しかし、今や地方小売市場の低迷と、モールが増えすぎたことによる競争激化、ネット市場の急成長などによってモール業態の売り上げ・利益ともに陰りが出始めている。そのため、既存店舗を統廃合したり、強い地元テナントを誘致するために好条件を出すようになっている。

い理由は明らかだった。


駅から歩いて5分ほどで、実家の前に出た。そのまま横の細い道から裏側に回り、小さな庭側の勝手口から入る。店側から帰ると怒られるので裏口から入る昔の癖が、今でも抜けない。

「ただいま」

と言うと、奥から
「はーい、おかえりなさーい」

と、聞き慣れた声が聞こえた。その声は、先日の電話口より元気なようで、まずは安心した。

「なんだよ、電話の声が暗いから予定を調整してまで帰ってきたのに」

あまりに元気そうな姿に拍子抜けする。

「ほら、そのくらいの感じ出さないと、あんた帰ってこないでしょ」

作業する手を止めないままに返す母。さすが、息子のことをよくわかっている。古ぼけた扇風機は大きな音を出しながら、食卓の上に並んだおかずの湯気をかき回していた。

3
商店街の一部の人たちは、「駐車場がないから客が来ない」などと言い訳を繰り返してきた。しかし、実際に国や自治体が駐車場施設を商店街近くに整備してみたら、誰も利用せず潰れたケースは多くある。一方で、駐車場が満足になくても客が絶えない店は路地裏などに多く存在している。結局は、競争力。モールに人が行くのはそもそもモールに行きたい人が多いからであって、無料の駐車場は競争力の補完的機能でしかない。

一段落ついたところで、「あのね」と、母が話を切り出した。

「お父さんが死んでからもう五年。頑張って続けてきたけど、そろそろ商売はやめて、せめて何年かは昔の友だちと旅行したりまた遊びたいと思ったのよ。けど、そんな話しても、どうせ聞き流されるから、少しだけ演技しちゃった」

「なんだ、心配して損したよ」

「あらやだ、なかなかの名演技だったってことね」

「そんなことより、この店はどうするつもりだったの？」

「そうね、店と家を売って、私はどこかの家借りて住もうかな。……そのあたりはこれから決めるわ。とはいえ、商売やめるためには銀行と話したり、取引先と話したり、いろいろあるからそっちが先ね。あなたも一応長男なんだから、どうするか相談しなきゃと思って来てもらったの」

「相談するっていっても、もうやめることは決めたんだよね。けど、伝統ある店だから、とか親父が死んだときは言ってたのに……急にどうしたの？」

「いや、お父さんが死んだから、はい店やめます、店も家も売りますなんて言ったら、親戚から何言われるかわかったもんじゃないわ。だからすぐにやめなかったのよ。そもそも、あなたが店継がなかったことでいろいろ言われないように、私が継ぐってことで話を収めたわけ。石の上にも三年のところを五年も頑張ったんだから、もうお父さんもまわりも、許してくれるでしょ」

石の上にも三年。いつも母が口酸っぱく言う言葉だ。そんな母が、筋だけは通してやめることを決断したのだから、もう意思は変えられないのだろう。

「会社の廃業手続きとかってどうやるのか、調べてみるよ。会計事務所の先生とかに話はしたの？」

「あなたに話したのが初めてよ。私難しいことわからないから、そのあたりは調整してやってちょうだい。一人息子なんだから、頼むわよ。さーて、今晩は何にしようかしら」

「いや、いま昼ご飯食べたばっかじゃん！」

大胆な母だけに、細かなことにはまったく関心がなさそうだ。

事業を始めるとか、事業を継ぐとかいう話を聞いたことはあったが、事業を畳む方法は聞いたことがない。

「店ってどうやめるんだろうな」

こうして年に一度も帰らない実家の整理のために、月に何度か東京と行き来する生活が始まった。まさか店を閉める手続きのためだけの帰省が、後に自分の人生を大きく変えることになるとは、このときはまったく知るよしもなかった。

不本意な再会

久々に実家を訪れ、いきなり家業を畳むことが決まってから2週間。気づけば仕事が忙しいのにかまけて、ほとんど手を付けることもなく時間だけが経ってしまった。税理士との打ち合わせを控えて何となく重い気持ちを抱えながら実家に帰ると、母から声がかかる。

「なんか本が届いてたから、机の上に置いといたわよ」

そう、何から手を付けていいかわからなかったから、2週間前、ひとまず「廃業」と名前のついた本を実家に配送されるように頼んでおいたのだった。このまちから本屋がなくなって久しいが、今はアマゾンで注文すれば、翌日か翌々日には本が届く。地方は見た目とは裏腹に、確実に便利になっている。だからこそ、まちで小さな会社が大手と勝負するのは難しい。潰れる前に店をやめられるのであれば、やめたほうが身のため④だよな、とあらためて思う。

昔の自分の部屋に入る。もう何年ぶりだろう。かつて使っていた机もそのままだ。ここでラジオを聞きながら受験勉強してたんだよな。

④ 日本では廃業はよくないこと、と思われがちだが、儲かりもしない家業を闇雲に継ぐよりは潔く畳んでしまうことも一案だ。日本では年間約3万件近くの企業が休廃業・解散している(帝国データバンク調べ)。倒産件数は8000件程度だから、世の中では潰れる前に事業を畳む意思決定をする経営者が実は少なくない。今は事業を売却するなどの中小企業M&Aも増加傾向にある。

感慨にふけりながら、机の上に乗った本をぱらぱらと眺めてみる。さびついた椅子が、キイキイと音を立てた。

いくつかの本を読んでみてまずわかったのは、商売はそう簡単にやめられるわけではないらしい、ということだった。気持ちが落ち込んでいくのを隠せない。

商売は始めるのにも金がいるが、やめるときにも金がいる。商売を始めるときに知人や銀行から金を貸してもらうことはできるが、商売をやめるときに金を貸してくれるお人好しはいない。儲けた手元の金で、仕入れや運転資金などのために借りていた金など一切合切を関係者に支払い、借入金を返済してこそ、人さまに迷惑をかけずに商売はやめられるのだそうだ。

「きれいさっぱり商売やめられる人って、お金持ちなんだな」

もし、借りていた資金を清算できなければ、結局は家や車など持てる資産を売却して現金化するしかないという。幸いにして父は野心的に事業を広げていなかった分、多額の負債は残っていなかったが、それでも運転資金などそれなりの額を借り入れていた。

本をそっと閉じてため息をつく。窓の外にみえる裏庭の柿の木は、昔と変わらぬ姿だった。

「ご飯よー」

お決まりの呼びかけも、今となっては懐かしい。急な階段を降りて、右手奥の台所脇の食卓に座る。あんまり落ち込んだ感じを見せるのはよくないよなと思ったが、母はこういうときは勘がいい。

「なに、浮かない顔してどうしたの」

「えっと……。本を読んだんだけど、事業やめるのにもたくさんお金がいるみたい。うちにそんなにあるのかなって不安になって」

「まぁお金はそんなにないけど、この店もあるし、裏の小さなアパートもあるじゃない？　売ればどうにかなるんじゃないかしら」

こんな寂れた商店街の土地を買ってくれる人はいるのかなぁ、と不安になりつつも、

「一回、税理士の先生と話さないとわからないよね」

と話を終わらせた。あんまり後ろ向きな話ばかりしていてもしかたない。

うちは自宅と店舗がひとつになった、典型的な昔のつくりだった。手前が店で、奥が家。老後のことも考えて父が建てたアパートがすぐ裏手にあり、多少空き室もあるが、そこからのあがりはありがたい副収入だった。建てたときのローンの返済はほとんど終わっていて、母が生活する上での年金の足しとしては十分だ。ただ、現在の借り主が住み続けてくれるとは限らないし、建物も古くなる。地方ではどんどん資産価値なんてなくなっていく時代だからこそ、売り払うことも必要なのかもしれない。

冷蔵庫からとったビールを開けながら、ほうれん草のおひたしに手を伸ばしたら、今朝とな

りの山根さんからもらったのだと母が言う。僕はあまり重みを持たせず、聞いてみた。

「母さんって、ここにずっと住むつもりなの」

「うーん、もう私一人じゃ大きいし、別にここに住み続けたい⑤とかはないわ」

じゃあ、実家とアパートをすべて売るという選択肢もあるわけか。

「あ、いけない、忘れてた！　そういえば、今夜、商店街の若手の集まりがあるんですって。若手といってもみんな40代以上だけど。淳が久々にうちに帰ってくるって話をこないだメガネ屋の佐藤さんにしたら、ぜひ顔出させてよって言われちゃってね。もう始まってるから、ちょっとだけ行ってあげてよ」

「は？　ふざけんなよ、なんでそんなこと勝手に決めんだよ」

……なんて勇ましいセリフを言う勇気は、残念ながら僕にはない。

「え……僕がそういうの苦手だって知ってるでしょ」

「ほら、小さい頃いろいろと一緒に遊んでもらったんだから、顔くらい出してきなさいよ。もう若い人も減っちゃって青年部も去年解散したんだから」


高校時代は商店街のイベントの手伝いをよくさせられたな、なんて思い出しながら、2軒となりにある商店街の古ぼけた会館にサンダルで向かう。その会館はかつてそれなりに活気があった時代に建てられただけ

⑤ 事業を清算したあともそこに住み続ける人は少なくない。年を重ねてからの引っ越しは家への愛着、金銭的な理由などからハードルが高い。その結果、店だった場所に暮らす住人と商店街に残った店の間に騒音問題が生じることも。また、最近、活性化に成功した地域で「貸してもらえる空き店舗が少ない」という問題が起きているが、これも、1階が空いていても2階に住んでいたりするケースがあるためだ。

に、今のシャッター商店街からすれば相当に立派な建物だった。とはいえ、その1階もいまや空き店舗となっている。階段を上がると、開いている会議室のドアの先からやりとりが聞こえてきた。

「そろそろ今年の年末大売り出しの予算をどう使うか、決めていただければと思います」

シャツにスラックスをはいて、首からカードケースをぶらさげた真面目そうな男が、若手とは名ばかりの40～50代のおじさんたちに説明している。役所が商店街に「年末大売り出しをしませんか」と予算の説明にきているようだった。

「あーもうそんな季節か。今年はいくらの補助金ついたんだっけ？」

「毎年同様200万ですね。みなさまの負担のないように、事務局長と協議して決めさせていただきました」

手もみするかのように役所の人物が丁寧に説明をしている。その話を聞いて、一番の年配者が指示を出す。

「じゃあ山本、チラシとかのぼり旗とか毎年のやつ、適当にうまいことやっといてよ」

「まぁ～たおれか。はいはい、わかったよ」

山本さんは地元の印刷屋さんだ。イベントとなると、いろいろと印刷物が必要になるから、昔から彼がいつも全部とりまとめていた。そう、いまだに僕が高校生だった頃から役割分担が変わっていないようだ。

役所が用意している予算は200万。ただ、あくまで「補助」のためのお金だから、全体予算の半分は商店街の組合で用意しなくてはならない。しかし、ただでさえ余裕のないこの商店街はできるだけ予算を削減したい。そこでまず、200万の内容を400万に膨らました見積もりをつくり、役所から200万を補助してもらう。見積もり、請求書上では400万としながらも、実態は200万だけしか使わない。いったん支払った400万から200万はあとで取引業者から別名目で戻させる。こうすれば、自分たちの負担分は実質ゼロだ。彼らが言う「うまいことやっといて」というのはそういうことだった。

役所もつけた予算は執行したいから、薄々わかっていてもそういった問題には口を出さない。これもまた僕が高校時代に関わったときにはすでにあった、昭和の時代から続く商店街の「**表に出せないお金問題**⑥」だった。

この日の会議はその話で終わりのようだった。会議室横にあるテレビがつけられ、野球中継を眺めながら話題は地元のゴシップと悪口に移っていった。なんだもう終わりか、とこっそり引き返して階段を降りかけたところ、いきなり呼び止められた。

「あれ、瀬戸じゃん！　本当に来たか。でももう会議は終わったぜ。どうせ時間でも間違えたんだろ？」

⑥ ほかにも、昭和の時代には利益が出たときに税金をできるだけ少なくするため、架空の取引をもとに利益を少なくみせて、裏帳簿でお金を溜め込んでいたりした。が、今となっては世の中にそのお金が出れば、当然出所が怪しまれることから結局使えず隠し資産となっていたりする。また、駐車場事業や販促事業など規模の大きい予算を抱える商店街では、それぞれの事業の担当理事職が利権化し、業者から個別接待などを受けていることも。

ドキッとして振り返ると、先ほどの「ザ・役所スタイルの男」が細いフレームのメガネをかけ、ニヤけながらこちらを見ていた。いきなり失礼なことを言われさすがに腹が立ったが、誰だかまったくわからない。

「おい、忘れたのかよ。おれだよ、おれ、森本。も、り、も、と！」

「え……あぁ、森本か！　役所で働いていたんだね。全然知らなかったよ」

森本のことは、昔から嫌いだ。もともと調子のいいやつで、根暗な僕のことをネタにしてクラスで笑いをとるいやなやつだった。訝しげに、あらためて胸にぶら下げているカードケースをみると、「経済局産業振興部商業振興課係長」と書かれていた。な、ながい。

「そうなんだよ、おれ今商店街担当でさ。ま、簡単に言えば役所予算でついた補助金の営業だ。お前久々だけど相変わらずだな〜。東京に行って垢抜けたかと思ったけど、人間変わらないもんだ」

久々に会ってよくそんなスラスラ嫌味が言えるもんだ。ムッとしたが、なぜかそれを察しとられたくないという思いが勝り、笑いながら返事をした。

「いやあ、うちの実家、商売をやめることにしてさ。その手続きで定期的に帰ってきてるだけだよ」

「あー、そりゃそうだよなー、もう役所か銀行くらいしかまともに働けるとこ残ってねーもんな、このまちは。商売なんて継いだら終わりだよ」

はっは、と森本は大きく笑った。商店街の事務所でよくそんなことを言えるなと思ったが、肝心の商店街のおっさん連中は、テレビの野球中継を観ながら缶ビールを飲んでバッティングが冴えないだなんだと騒いでいてまったく聞いていない。二人で暗くて狭い階段を降り、外に出た。

「まぁ、また戻ってくるとき連絡してくれよ。たまには飲みにでも行こうぜ。高校のときのやつらも何人か戻ってきているからさ」

「そ、そうなんだ。うん、予定があったらまた」

誰がお前なんかと。どうせいじられるだけだろう。何も変わってないなんてことはない。適当な社交辞令を言える程度には、僕も東京で成長したのだ。

翌週、再び実家に戻った。中腰での作業が続き縮こまった体を伸ばすと、まだ高いところにあった太陽が僕の顔に強く照りつけた。店の奥の裏庭には、今となっては倉庫になっている小さな離れがある。そこに、整理もされずに数十年置き去りになったままの昔の店舗什器や皿などが山ほどあった。今週末で整理してしまおうと考えいざ中に入ると、店の歴史を感じさせる細かなメモなどが残っていた。誰かに譲れないものかと思い、いったん捨てるのはやめることにした。ひとまずホコリを払って整理しなおすと、もう午後3時を回っている。

店のほうから麦茶を持ってきてくれた母が、夕飯がいるかどうかを聞いてきた。

「あ、そうだ。言い忘れてたけど、今夜、飯いらないや。こないだ商店街の事務所で偶然会った森本からしつこく飯に誘われててさ。もう他のクラスメートも集めちゃったって言うし」

今日遅刻したら何を言われるかわからない。約束の5時の15分前には到着できるよう、指定された居酒屋に出かけた。

「おーおー、きたきた。おせーよ」

早めに来たつもりが、居酒屋では森本と3人の男が奥の小上がりにすでに陣取っていた。地元の国立大学に進学して今は地銀に勤める後藤、実家が商売を廃業して今は商工会に勤める山田、地元の私大を出て地元にある老舗不動産屋に勤める沢田というメンツだ。出身高校の、かつてあった見えない固定的なヒエラルキーが蘇る。僕にとっては、あまり心地のよい空気ではなかった。

「じゃあ、酔っ払う前に、次回のイベントの話だけ決めちゃおう。沢田にステージとかの準備まわり頼んでたけど、できてる？」

と、何やら森本が急に紙を配り始めた。

「え、何かやるの？　今日」

話がまったく見えないので思わず口をはさむ。

「あれ、話してなかったっけ？　ちょうど2か月後にイベントがあんだよ。役所が予算出して、地元の商工会とかを巻き込む活性化イベント。ただ、商店街にしても商工会にしてもあの状況だから、組織として使うのはいいけど、実務は役所がやれって話でさ。そのくせよりによって開催日が連休の初日だから、役所のクソ上司どもは土日に出たくないとか言いやがる。結局おれがほとんどやることになったから、頼れる高校の友たちにお願いして手伝ってもらうってわけ」


沢田が巨体を揺らし、お通しに出てきた茹でたての枝豆を口一杯にいれながら、

「なーにが、『友』だよ」

とツッコんでいる。そうだ、何が友だ。お前は仕事かもしれないけど、こちとら関係ないじゃないか。森本は人の顔色などまったく無視してそのまま続けた。

「で、飲む前に、かるーくそれの打ち合わせだよ、打ち合わせ。お前も連休ならまたこっち戻ってこれるだろ？　よろしくな」

「え、あ……うん」

勢いに押された僕は、うっかり話を聞くことになってしまった。いつもそうだ、僕はなんだかんだで人にバシッと言われると、瞬発力がないので断れないまま話が進んでいってしまう。そして、あのとき断ればよかったといつも後悔する。

話を聞けば、今回のイベントは昨年あった市長選挙のときに市長が勝手に約束してしまった「地域活性化の起爆剤」になるものらしい。昨年となりまちで、B級グルメイベントが開催されて10万人ほどの人が来たということに対抗心を抱いているそうだ。

森本の企画は地元の飲食店を巻き込んで新しく「ご当地B級グルメ」をつくり、そのお披露目をするというだけのなんの工夫もないものだった。予算を割いて、地元のテレビ局なども協力して、当日地元の情報番組が取材にきて大々的にPRするところまでは決まっているそうだ。しかも予算の1000万は全額国の交付金が使えるということで、地元負担はゼロ。東京で働く身からすれば、地方でこんなお金の使い方をしているから税金が安くならないのだと腹が立つ気もする。

「市長の肝いりプロジェクト⑦だから役所内はみな、この件だけは表立って文句を言わない。以前市長に楯ついて給食センターに飛ばされた職員もいたからな。1日のイベントで1000万だ。せっかくだからどーんと大きなことやってやろうぜ」

柄にもなく熱っぽく語る森本の話に、ほかのやつらも乗っかり、打ち合わせという名の飲み会は大いに盛り上がっていく。結局、僕

⑦ 地方活性化事業の怖いところは、テレビで成功事例を見たお偉いさんの「なぜあれをうちではやっていないのか」という思いつきの一言で予算が確保されたりすることだ。民間と違い売り上げがないため稼がなくても飛ばされはしないが、下手に反論すれば人事的に飛ばされる。とくに長期政権のトップがいるところは、中間管理職も含めて硬直的になり、過去にノーを言って損をした人も多いため、ほとんどの人は何も反論しなくなる。

はステージ企画のアイデア出しと当日の設営を手伝うことになってしまった。

家路についたのは午前3時。途中で抜けたかったが、完全にタイミングを逸してしまった。自宅に帰ると、忍び足で台所にたどりつく。いい年して、まだコソコソ隠れて帰っている自分がなかなか情けない。コップに注いだ水を一気に飲むと、都会と違って水道の水が冷たかった。


翌日、掃除機の音で目が覚めた。

「今日は何時頃帰るの？」

母がのんびりと話しかける。もう時計の針はお昼頃を指していた。しまった！　今日は東京に戻らなくてはならないというのに……。僕は、大慌てで準備をした。

「また再来週戻るから！　じゃ」

急いで実家を飛び出して、駅まで走る。

予定していた新幹線に乗るためには、最寄り駅からでる1時間に2本の鈍行に乗り遅れたら致命傷だ。

自分がまだ住んでいた頃はもっと本数があったが、しかたがない。完全な**車社会**⑧になってみな車で移動しているのに、鉄道なんて高校生が朝と夕方に使うくらいがせいぜいだ。本数がこれ以上減らないように沿線の市長や町長は運動しているそうだが、そんな運動をしている本人たちがもう10年以上は使っていないというのだから、説得力なんてあったもんじゃない。

実家の整理さえおぼつかないのに、めんどくさいことに巻き込まれてしまった。こんなイベントを開催しないのが、一番の地域活性化じゃないのか。電車に乗り込んだ僕は、遠くなっていく寂れた風景を見ながら心の中でつぶやいた。

⑧ バイパスが通り、高速道路も整備され、全国に60を超える空港ができた今、地方の移動手段は基本的に自動車だ。決まった時間に駅までいかなくてはならない鉄道は相対的に不便になった。JR北海道の経営不振は、道内移動は基本自動車であることから考えれば自然なことでもある。もはや駅前はまちの中心でも、まちの顔でもなくなったのだ。

名店は路地裏にある

「あのさぁ、どうにか前日に戻って来れないのかよ」

電話口から聞こえる森本の声は、明らかに苛立っていた。語尾に舌打ちさえ聞こえる。

「わ、わかってるよ。けど、連休前に休みとって帰れるわけないじゃんか……」

「だから、そこどうにかならないのかよ。やると言ったことはちゃんとやってもらわないと困るんだよねぇ、ほんと。瀬戸はさぁ、そういうところがダメなんだよ。設営はやるって言ったんだからさぁ、きちんとやってもらわないと」

吐き捨てるように言って、電話は切れた。


調子のよかった同級生たちは、当日手伝うと言いながら、結局準備はあれやこれや放置している。ある意味、みんな要領がよい。森本は結局小心者で、やれステージ企画のアイデアを資料にまとめろだの、前日に来て設営を手伝えないかだの、催促と確認の連絡を毎日よこす。いろいろと心配でしかたないらしい。しかし森本よ、僕はお前の部下ではない。が、そんなことを面と向かって言える性格なら最初からこんな苦労はしなかった。

もともと潤沢だと言っていた肝心の予算とやらも、蓋を開けてみたらたいしたことはなかった。予算のほとんどが地元テレビ局の番組制作と枠をとるのに使われるそうだ。当日取材をしてもらい、それを地元情報番組の特番にするだけでほとんどの予算がなくなったとのことだった。

まぁ、今思えば自由な予算がないから僕らに声がかかったのだろう。体のいい「ボランティア」活用だ。いや、別に僕はやりたくもないから「ボランティア」でさえない。

仕事をどうにか早めに終わらせ、上司の冷たい視線を振り払って下りの新幹線に飛び乗った。翌日のイベントを考えると気が重いまま、ようやく地元駅につく。時計の針は10時を回っていた。

そのまま寝てしまいたい気もするものの、意味のないイベントの片棒を担いでしまったことへの罪悪感にも似た気持ちから、そのまま実家に帰る気分にどうしてもなれなかった。そもそも、本来の目的である肝心の実家の事業整理はほとんど進んでいない。どうして自分はこうも要領が悪いのだろう。

実は、以前帰省したときから行ってみたいバーがあった。このあいだ飲んだとき商工会の山田が言っていたのだが、今、同級生の一人が地元で人気の店をいくつか経営しているんだそうだ。そのバーは、そのうちの一軒らしかった。Ｇｏｏｇｌｅマップに登録しておいた場所をあらためて検索して、その店があるらしい場所まで歩いてきたのだが……スマホとにらめっこして何度も行ったりきたりするも、どうにも店らしい建物がない。おそらくここだろうという場所にあったのは、路地裏にある古い木造の2階建てで、入り口の扉には小さなすりガラスの窓がひとつあるだけ。中は明かりこそついているが、様子はまったくわからない。完全に「入りにくい店」だった。

どうしよう……と入り口近くをうろうろとしていたら、見知らぬ若い女性が一人扉を開けて入っていった。若い女性が一人で入れる店なんだから自分も安心だろうと、恐る恐る扉を開けたら、目の前がいきなり壁だった。またしても戸惑ったが右手に見つけた階段を上る。上りきったところで、突然視界が開けた。店全体が吹き抜けになっていて、天井では大きなサーキュレーターが回り、下に長いカウンターが見える。廃墟のような商店街とは打って変わって、この店の中だけは賑わい、ほとんどの席は埋まり、多くの客がグラスを傾けながら談笑していた。

こんな雰囲気のお店が、このまちの路地裏にあることに、ただただ驚く。

バーといってもフードも充実しているようで、少人数ではしごをして2軒目に飲みにきている人も多いようだった。とくに若い人が多いのが印象的で、昼間は人通りがないだけでなく、若い人などとんと見ないこのまちで、こういう人たちが集まっているというのは意外だった。

でも、山田によれば、この店は繁盛しているけれど「地元」の評判はよくないという。商工会の会長が「あそこの店主は自分勝手で話を聞かない」とか、「まちのイベントに協力しない」とか、散々文句を言っているらしい。ただ、来てみてわかったのは、お客さんにとっての店の魅力と、ご近所の評判は別ということだった。

メインストリートは商店街組織などがあって毎月の加盟料、アーケードや街路灯があればその維持費まで支払わなくてはならないらしい。不動産オーナーも高飛車で「うちのまちの一等地」という過去のプライドが残っている。一方で路地裏は面倒な会費も付き合いもなく、不動産も安い。最近では路地裏の空気感が「味がある」と再評価されていることもあって、もはや、**昔とはメインストリートと路地裏の関係が逆転**⑨していているらしい。そして商売が厳しいまちで繁盛するお店は嫉妬されるのだ。あの店だけズルい、と。

「地方であいつはいいやつか、悪いやつか、という情報ほどアテにならないものはないんだよ」と地元にい続けた山田は実感をこめて語っていた。

⑨ 車社会の地方では、店前の人通り頼りで商売していた店はほとんど潰れてしまった。逆に人通りがない路地裏であろうと山の上だろうと、しっかりと顧客を絞って、いいサービスを提供する店は経営が成り立っている。ものがない時代のように、店の前を歩く人がたまたまものを買ってくれることを当てにした商売をするのではなく、自分の店を目指して来てくれる人がいるような商売をしなくてはならない。

一人でカウンターに座る。

「こんばんは、お客さま、あの、瀬戸……さんですか」

奥から出てきたバーテンダー風の男がいきなり自分の名前を呼んだのでびっくりした。薄暗い店内、顔を見ようと思ってもカウンターに並ぶキャンドルの光が頼りなく、よくわからない。

「え、ええ、そうですが」

困惑しながら返答すると、急に口調が変わった。

「あー、やっぱりか。おれ、佐田やけど、覚えとらんか」

特徴ある関西弁で、すぐに思い出す。

「え、さ、佐田くん？　店に出てるんだ」


この店を経営する同級生の名は、佐田隆二。高校時代から、気づけばクラスの中心にいて、不良っぽく先生からは言うことを聞かない厄介者扱いのいわゆる「ヤンキー」だった。ガタイがよく豪快な性格の割に意外と面倒見がよく、後輩からは慕われていた。それにしてもまさか繁盛店の経営者が店に出ているとは思わず、戸惑いを隠せない。生まれ育った大阪で身につけたというこの関西弁が、僕は昔から怖かった。

「ひ、久しぶりだね」

昔の怖いイメージが消えないので、いつも以上におどおどしながら、声も小さくなった。

「あー、週に何度か店に立ってんねん。さっき店入ってきたときに、あ、瀬戸やって気づいてな。いやー、久しぶりやのう。何年ぶりや、卒業以来か？　そういや、高校のときはようパンとか買いに行かせとったよなあ。今さらやけど、ありゃあすまんかった」

一応形式上謝ってはいるが、顔は完全に笑っている。そう、忘れもしない。僕はヤンキーの佐田に、よくパシリに使われていたんだ。

「おどおどしながら入ってくるやつがいるから気になったんや。お前が地元にちょくちょく帰ってきてるって噂聞いてたから、ひょっとしてと思って。どうせ、ええ年してバーにも入れんと店の前でもじもじしとったんやろ……ほんま、瀬戸はあんときのままやのう」

「い、いや、お店がここで合ってるかわからなかったから、その……」

説明するのも情けなくなり、口をつぐんでお酒を選ぶ。よくわからなかったので、適当に知っている名前のカクテルを頼んだ。

「なんや浮かん顔しとるな。何かあったんか」

「な、なんでわかるの」

「こういう客商売やっとると、顔つきでわかるんや」

本当か嘘かわからないが、そのとおり。明日のイベントがいやで、せめてもの気晴らしに一杯だけ飲みに来たのだ。

「いやぁ、まちのイベントに巻き込まれちゃってさ……。市役所の森本くんっているじゃん？

なんか、変に熱入っちゃってて。会議という名の飲み会に出て何となく安請け合いしちゃった手前、断れなくなったんだ。まあ、面倒な下働き要員だよ」

「はは、相変わらず瀬戸らしいなぁ。昔からそういうのによう巻き込まれて困っとったよな。お前、頼みやすいんやわ」

笑いながら佐田が言う。

「つーかさ、あんなイベントやったってまちは活性化なんてせんぞ。ほかのやつも適当に体よう逃げとるやろ。ああいうイベントがこのまちには多すぎる。春から秋とかにかけて毎週末、なんかしらのイベントばっか。正直、あんなんとまともに付き合っとったら、店潰れてまうわ」

僕は圧倒されて聞き入っていた。佐田は手に取ったグラスを光にかざし、曇りを拭きながら淡々と話を続けた。

「そもそも、それで人集めたところで、かけた予算以上に儲かる企画なんて聞いたことないからな。ちゃんと儲けが出るなら民間でやっとるゆう話や。役所が予算なんか出してやってもあかん。誰も身銭切ってないから本気にならへんねん。儲かりもせんことにみんなで時間使ってりゃ、そりゃ活性化どころか衰退するわ。だから、おれは一切役所の予算頼みのイベントなんか付き合わんことに決めとる」

まさにそうだと僕も思う。けど、僕には佐田のように自信もないし、思ったことをその場で伝える力もない。自分が情けなくなり、ますます明日が憂鬱になった。

「てか、瀬戸は自分とこの店の整理でこっちにきてんねやろ。お前んちの裏庭とかめっちゃええのに、もったいないわなぁ」

「いや、ただのボロ家だよ」

苦笑いしつつも自虐的に返す僕に、佐田は同調しなかった。

「いやいや、何言っとんねん。ここの店なんてもっとボロ家やったんやぞ。10年近く放置されとって、もうこのままやと屋根まで落ちてまうって話やったんや。ほら、うちもともと実家が居酒屋やっとったからそのとき取引してた酒屋がここの物件持っとんねん。それで何か使えへんかって相談がきてな」

そう、佐田は高校を卒業したら、成績が悪いわけでもないのに大学にも行かず、東京の飲食店を展開する企業に就職したのだった。僕は驚いた。別に家が貧しいわけでもなく、勉強ができないわけでもないのに、さっさと仕事をしようとしたその決断に。

「おれが東京から地元に戻ってきて3年目のときやったかな。もとの居酒屋も今の時代に合うよう変えてから繁盛し始めて、次の店出そかと考えとってん。ほんでここのボロ家の相談がきてやな、そしたら、家賃が月3万でいいちゅうからまあ、やってみるかって始めた」

そんなボロ家がこんなに魅力的な場所になって、しかもお客さんがたくさんきているなんて信じられない。

「魔法みたいな話だね。けど、そんなボロボロだったら工事にお金かからなかったの？」

「自分と仲間でやるんや。実はこの店借りてから、オープンするまでに3年かかっとる。店やりながら仕事終わりとか休みの日にずーっと工事やって、近所の人がいつ開店するの、って聞きにきたりしてな。わざわざ工事しているところにお茶まで持ってきてもらったりしたこともあったわ。それもあって、ここの裏庭側は小さな小屋建ててカフェとか昼間のテナントも2軒入れとんねん。飲み屋以外もつくったほうが近所の人が来やすいからな」

「すごいなぁ。自分で工事とかできるんだ」

「おれ、高校卒業したあと東京に出て、親父の知り合いの人が始めた飲食店の会社に勤めたわけよ。出勤初日、潰れたスナックの跡に連れていかれて、これから店つくるから、って急に言いおんねん、そこの社長が。つまり、改装して新しい店に変える工事から自分らでやるんが、その会社の強みやったんや。無茶言うわな、普通に高校卒業しただけの若造に工事させんねやから。社長は言ったきりで、ほとんどこーへんもんやから、先輩社員と毎日仕事の合間に工事作業や。びっくりしたわ。せやけど、何件かやったら、店は自分でもつくれんもんやないとわかってきた」


僕が大学に行ってバイトとサークルに明け暮れていたあいだに、佐田がそんな経験をしていたなんてまったく知らなかった。

「けど、こんなまちでテナントなんてどう集めたの？」

「それがな、おれ、もとの居酒屋の前の路地を使って、月一で小さな『市』をやっとってん。まあ、現代的にいえば『マーケット⑩』ってやつや。そこに毎月自宅でものつくってネットで売ってるやつが30くらい出てきてくれるんやけど、その仲間に声かけたら、ネットだけじゃなくてリアルで店出してやりたいってやつがおってな。その中から選抜しただけや」


　そんなことができるのか。


「けど、こないだイベントの打ち合わせのときも、『うちのまちに出店したい人なんていないから、空き店舗対策事業はいくらやってもダメだ』とか言ってたよ」

「そんなもん思い込みや。そもそも店やりたいやつはようけおんねん。みんな、うちのまちには新しく商売やりたいやつなんていない、とか言うけど、商売やりたいやつの目線に立って、このまち、この商店街、この路地裏を選んでもらうための努力をしてへんだけ。結局、商売やったときにここが儲かる場所かどうかや。まずは市でもなんでもやってちゃんと儲けが出れば、もっと儲けたいやつは出てくる。意味不明な予算消化イベントより、補助金で立派に改装した店をつくるより、まずは儲けさせる機会をつくるほうが確実や」

「そうかー、テナントが入るかどうかじゃなくて、自分でちゃんと呼

⑩ 商売を始めるとき、いきなり店を借りれば初期投資もランニングコストも高くつく。多くの自治体は新規出店者向けに家賃や改装費への補助金などを出しているが、そもそも売り上げが伸びなければ経営は続かない。明治・大正から昭和の初期の頃までは、まずは路面販売や丁稚奉公の間に実績をつくり、それらのお客さんを持ったうえで固定費を抱える店《たな》持《も》ちになるのが商売人の基本だった。店を出す前にマーケットで一定のお客様を掴み、固定費を抱えられる規模にまで売り上げを拡大したところで、実店舗を持つのが合理的だ。

び寄せなきゃいけないのか」

佐田の話は、なんというか自分でやってきた男の説得力というか、凄みがあった。ただ、やり方が僕の理解を超えすぎていて、まるで魔法のように聞こえた。

「せや。だから、お前んちも商売やめるんはええけど、あの建物どうするのかちゃんと考ええよ。どうせもう**建物の価値なんてゼロ**⑪で解体費がかかるから、差し引いて土地が売れるかどうか、とか銀行に言われとるんやろ」

図星だった。明日のイベントにかまけて進んでいない店の整理。取引先の金融機関からはまさに、佐田の言うとおり、足りない現金を確保するための資産処分方法について相談されていたのだった。

「あんま銀行の言われるままに考えるんやなくて、もう少し使えるものは使って稼ぐんもありやと思うけどな。今日はちょっと時間ないから、今度、ゆっくり一緒に飲みに行って話さんか」

高校卒業後、大学に惰性で進学した僕らとは違う道を選び、社会の荒波に揉まれながらも、自分で稼ぎ、自立した佐田の話を、僕はもう少し聞いてみたくなった。

⑪ 価値のない建物が放置されるのには、いくつか理由がある。まず、そもそも解体費をかけても土地がそれを上回る金額で売れない。加えて、住宅として利用していることにしておけば、宅地として割安な固定資産税課税の特例が適用されるが、更地になると特例が外されて税金が高くなる。結果としてすぐに売却や貸し出しをしなくても生活が可能な人は、放置しておくのが合理的という場合が多くあり、空き家は増える一方だ。最近では相続放棄、権利放棄などをしたり、所有者不明になる土地建物も増加している。

「あ、ありがとう。佐田くんが相談に乗ってくれたら頼もしいな。ひょっとして、明日の夜とかは空いてたりしないかな？」

「お、いけるで。ほなまた連絡入れるわ」

　渡してくれた名刺の裏には、5店舗ほどの店のロゴが並んでいた。ここから1時間圏内の場所ばかりだ。店に立たなくてもいいんだろうけど、カウンターで話しているあいだにも、何人もの客が声をかけてきていた。きっとそういうやりとりも大事にしつつ、店の状況なども細かく見ているのだろう。

❖

　怖かったはずの佐田は、見事にあたりが柔らかくなっていた。そして、同い年とは思えないほどに自信に満ちていた。佐田の話を聞いていると、物事は要はやりようなんだと思わされる。条件が悪いから何もできないなんていうのは、言い訳をしていても飯が食えるやつの言い訳なんだ。

　等距離に並ぶ小さな街灯に群がる虫たち。その日は、ぼんやりと夜風に吹かれながら、路地裏を歩いて帰った。佐田の店から出て、裏側から実家に帰ってみると、普段とはまったく違う印象だった。ただのボロ家だと思っていたうちの家も、何か可能性があるのかもしれない。

店を閉めてすべてを売り払って終わりにする。それでいいのだろうか。自分は大きな間違った思い込みの中で物事を進めているのではないか、そんな気持ちになった。

コラム 1-1

どんな地域にも「人材」は必ずいる

地域活性化分野では、「地元にはいい人がいない」という声をしばしば聞きます。しかしながら、実際にそのような地方にいくと、小資本でスタートし、古い建物を活用して魅力的な空間をつくり、広域から人を集める仕掛けで売り上げをつくり、大きなレバレッジをかけている人がいます。魅力的な飲食店オーナーたちです。参入障壁が低く競争が激しい環境で、それでも稼いでいる人たちの中には、地域の市場性を感じ取っている未来の担い手が数多くいます。その自治体の人口が減少したとしても、魅力的な商品・サービスを求めて広範囲から人が来れば、都市圏全体で新たな稼ぎを生み出すことは十分に可能です。

しかしながら、独自のコンセプトの店を、自らのリスクで立ち上げ成功しているオーナーは個性豊かです。前例や和よりも自らが「こうだ」と思ったら、それを優先します。だからこそ、地域の政策決定などの委員会に呼ばれることはほとんどなく、地元の経済団体において「浮いた」存在と目されます。結果として、冒頭に書いたような地元の偉い人たちは力がある若い経営者がいるにもかかわらず「地元にはいい人がいない」と嘆くのです。地域全体が衰退しているのは東京が悪い、イオンが悪いといって補助金をもらって溜飲を下げている人たちからすれば、「いやいや、まだこの地元でも十分に店は成り立つし、大手に勝てる店はつくれる」という人は、大変「都合の悪い人」です。なぜなら、責任が、地域の外ではなくほかならぬ自分たちにあるという事実と向き合わなくてはならなくなるから。

しかし、そのような従来の既得権益にとらわれず、支援もあてにせず、自らのコンセプトと人間的魅力で人を集める飲食店経営者が地域を変えていくことが最近増えてきています。困難な地域で市場と向き合い成果をあげ、偉い人たちに何を言われようとやるべきことをやる佐田のような人材こそ、地方にとっての未来を切り拓く「担い手」なのです。

コラム1-2

地方は資金の流出で衰退する

人口減とともに、地方の衰退は避けられないこととして語られがちですが、まちをひとつの会社に見立てて考えれば、その原因の根本は「経営音痴」にあると言えます。

まず、貸借対照表の目線で見れば、地方では資産持ちが事業に熱心ではありません。投資や融資を通じて資産形成し、その資産を活用して利益を生み出すという基本的な「お金の巡り」が滞っています。たとえば、地方の不動産を所有する人たちは当分の生活に困らないだけの現金を保有しているため、本来であれば様々な工夫をして新たな事業に活用したり、もしくは他人に貸したりして「売り上げ」を作る資産にしなければならないものを、空き家のまま放置してしまいます。

実際に、国土交通省実施の「平成26年空家実態調査」では、空き家にしておく理由の3分の1以上を占める37.7%の人が「とくに困っていないから」と回答しています。お金は回し、資産は使ってこそ価値があるわけですが、そもそも所有している人がそんなことやらなくても飯が食えるため、経営に消極的になっているのです。

一方で、P/L面でも収支が合わない事業を続けてしまっています。地域をひとつの会社として見たとき「外」から来る稼ぎは何か。地方によっては年金が一番の稼ぎ頭である地域もありますし、国からの交付金・補助金が稼ぎの大半を占める地域もあります。怖いのは、このように毎年配られる予算で、地方に「稼ぐ事業」ではなく「金食い虫の事業」がたくさん生まれることです。結果として、「儲からない事業」だからこそ国からの支援がつくという歪んだ構造が生まれ、赤字を拡大して支援をより多くもらうという、まさに「貧乏父さん」を地で行くような構造になっています。

このように資産があっても売り上げをつくり出すことに熱心ではなく、また赤字を出して国から事業外収入をもらってくることばかりに精を出すからこそ、地方は衰退し続けてしまうのです。

第二章　たった一人の覚悟

役所の誤算、自立する民間

「それでは、開会のご挨拶をお願いします」

市長が壇上にあがって挨拶を始めた。

イベント当日はあいにくの雨。地元のテレビ局が予定どおりに取材にきて、ご当地アイドルグループが各店舗を回っている。


パイプ椅子が並んだイートインコーナーには、まばらに人がいるだけだった。昼時にはB級グルメを求めて少しばかり人が増えたものの、となり近所と似たような企画に住民も飽きているのか、期待していたような人数は来なかった。必死で市役所が動員に回った関係者の数のほうが多く、だらけた空気が会場に漂う。新たに開発されたB級グルメも、つくり方に慣れておらず、たいした人出もないくせに提供時間は長く、売り上げ見込みが立たずに仕入れが絞られたことで出せる数も少なく、結局2時くらいには売り切れてしまった。夕方までのイベントのはずが、客足はそこで途絶えた。

「……予定より全然人が来ない」

森本は青ざめた表情で、知り合いなどに土壇場で電話をかけたりしているが、今日は連休だ。みんなそれぞれ予定があるだろう。食べるものがなくなってしまえば、やることはまったくないこのイベントに今から人がくる理由なんてないのは、運営側でもわかる。すでに予算の大半を費やしたテレビ取材は終わり、雨が降り続ける中で、静かな時間が過ぎるだけになっていた。市役所職員が交代で入っているという、なんとも時給の高い市のゆるキャラのまわりに、虚しく子どもが群がっている。

これだけ徒労感を感じるのも珍しい。変に巻き込まれた挙句、客さえこないイベントの片付けをしていると、いたたまれない気持ちになった。予算をかけなくても、自分からお金を使いに人が集まる佐田の店に対して、税金を使っても人が集まらないこの企画。どちらがこのまちに必要か、よくわかった。

◆

「だからあれだけ、私は動員見込み数は少なくしておいたほうがいいと言っただろう！　いったいどうしてくれるんだ」

部長は課長に、ほら、お前もなんか言え、と目配せをする。

おそらく、森本も心細かったのだろう。なぜか僕までオブザーバーとして終了後の反省会に参加することになってしまった。様子を見て回った役所のお偉方は、森本など現場の担当を集めて相当おかんむりの様子である。僕はこういう空気が本当に苦手だ。

市長が鳴り物入りで企画したイベントで、堅く見積もった動員数さえ達成できなかった。まあ、達成したところで大赤字イベントであることに変わりはないのだが、部長はじめ役所の人は当初予定の動員数に敏感らしい。

「ただテレビなどには露出していますので、広告宣伝効果などを算定すれば十分に成果は打ち出せると思いますから」

森本は返答するが、課長は顔を紅潮させ激怒している。

「何を言っとるんだ！　君、あれだけ集客は手堅いって言ってたじゃないか。となりまちで3万人集まったのに、うちで3万来なかったとなれば、市長のメンツを潰すことになるんだよ。それに、うちみたいなまちは定住人口が減るからその分交流人口を増やすしかない、そのためにもまずは日帰り観光客数を伸ばそうという狙いのイベントだったんだから、その目標人数さえ達成できなかったとなったら一大事だ。この企画は観光政策とも連動していたし、市長もそこをよく強調していたのは、君だって知らないとは言わせんよ。部長のおっしゃるように、動員見込みを少なく設定すればこんなことにはならなかったんだ。君はいつもそうやって調子のいいことを言うだけで、実際にはまったく役に立たない。いいかね、これは企画をまとめた君の責任になることを忘れないように」

いくら内輪とはいえ、ひどい言われようだ。全部の責任を部下に押し付ける上司の姿に、自分の会社がダブって見えた。非営利の行政組織だろうと、利益に向けて動く企業組織だろうと、結局は個人がやることは同じだ。手柄は上司のもの、失敗は部下のせい。むしろ表向き地域のために動いている役所は、ボランティアを動員してやり甲斐までも搾取してしまっている。善意で関わった僕の前で、内輪の責任のなすり合いが平気で行われるのだから困ったものだ。

慣れないメンバーが準備期間もなく組み立てたこの企画。そもそも予算配分などすべて決まっていて、ほとんど何もなすことができない中で、ボランティア頼みのイベントへの過剰な期待が仇となったとしか言えなかった。

こういうときは沈黙を守るにかぎる。幸い、僕が座っていたのは端の席で、出口に一番近かった。実行部隊でもないのだからと、部長が同じ話を蒸し返している間に電話がかかってきたフリをしながら静かに席を立つ。森本がじっと僕の顔を見たが、申し訳ないがお前は被害者ではない、加害者の一人なのだ、と心の中で唱えその場を去った。

こんなことを続けていれば、そりゃ佐田の言うとおり地域は活性化どころか、むしろ衰退するのは間違いない。その佐田と、今夜は飲むことになっていた。まだ高校当時の怖いイメージが拭えないが、イベントに参加するよりはよっぽど興味がある。こんなまちで、佐田はどうして事業を発展させられたのか。

来るように言われたのは、佐田が経営するもうひとつの店だった。かつて地元の銀行が使っていた堅牢な建物を活用したレストランだ。店に入ると、すでに多くのお客さんで埋まっていた。今日あった憂鬱な出来事を抱えながら訪問するには、少し華やかすぎる気もする。

「こんなに繁盛してるなんてすごいね。昼間のイベント会場と比較したら、笑っちゃうくらいだよ」

本当に、同じまちとは思えない繁盛ぶりだ。

「ここの店は、ちょうど1年前にオープンしたんや。もうこの地元にちゃんとした料理を出すところが減ってきとってな。どうにか自分でやりたかったんやけど、なかなかいいシェフがおらんかった。そんなときに、東京でよう行ってたレストランで働いていたこのまち出身の腕のええシェフが、独立して店やりたいって話しとってな。それなら一緒にやろうと口説いて、思い切ってオープンしてやったんよ」


たしかに、このまちもとなりまちも、**かつて「いい店」と呼ばれた店がどんどん閉じてしまっている**⑫と聞く。

⑫ 交際費の引き締めで、地元でお金を使う有力者や社用族も減少。残った地方の金持ちも絶対数が減ってお金を派手に使うと目立ちすぎるため、地元では使いにくくなったことも閉店の一因だ。

「このくらいの規模のまちやと、どこの誰がいつどんな飯を食べて、どんなワインを開けたかなんてすぐわかってまう。地方の金持ちは、地元でボッタクリにあうことさえあるんや。『この人はようけ金持っとる』なんて地元では知られたもんやから、時価ならぬ人価によって高額請求を受けたりするんやな。そういう匿名性のなさを嫌って、わざわざ東京に出てお金を使う人は少なくないんや。誰がどこで何を食べようと、東京では気づかれへん。金持ちだってゴロゴロおるから、たいして目立ちもせん」

「でも、なんでこのお店はこんなに成功しているの？　それだけお金を使える店がなくなってしまったのにこのまちにこんなお店があるなんて、なんか違和感があるくらいだね」

こういう店は人のいるまちだからこそ成立する、つまり、都会じゃないと無理なんじゃないかと思っていた。

「お客さんって地元の人なのかな」

まわりを見ても知り合いはいない。同じまちなのに、昼間のイベント会場とは１８０度違う空気がここにはあった。まるでまったく別のまちに来たような客層の違いだ。

「人はうまいもんがあったり、明確な目的があれば、車で1時間、距離にして30キロメートルくらいは軽く移動する。市町村の単位なんて行政上だけのもんで、人の移動なんて都道府県も普通に越えるんや。とはいえ、6割はこのまちのお客さん。けど逆に言えば4割のお客さんは地元ではないところからわざわざ車走らせてここまで来てくれてる。あとは、そもそも昔からあったいい店がなくなってもうたからこそ、チャンスが巡ってきたってところもあるわな。減ったとはいえ、近所でたまにはいい店に行きたいという客はゼロではないんや」

まちというものは、何となく固定されているというイメージを持っていたけど、それは思い込みだった。人が移動して「まち」は常に変わるのだ。昼見たのもこのまちだし、今いるこの店もこのまちだ。店内を動き回るスタッフも機敏で、飲み物の聞き方からして気持ちいい。

「接客もすごいいいよね。こんないい店員さんってどう集めてるの?」

「うちは繁盛しとるからどんどん店増やしてるように思われとるけど、実際ここのまちでは闇雲に増やさんようにして、**新しい店を出すときは、いまある店をひとつ閉める**⑬ことにしてるんや。新しい業態をつくりたいなと思ったら、スタッフは一時的に別の店に異動して働いてもらいつつ、新しい店をつくる。オープンしたら再集結してもらう。いいスタッフは絶対手放したらあかん」

そんな工夫までしているのか。佐田たちのような民間と、イベントで付き合った役所の温度差が、肌で感じられた。同じまちにいて、ここまで違う。

少し恥ずかしくなったが、僕は今日の昼間の出来事を打ち明けた。

⑬ 店舗数が多くなると、全体を管理するための中間管理コストが発生する。各店長からバイトの管理まで気を配ることが多くなり、とくに人材難の昨今、いい店員を集めるのは至難の業だ。闇雲に店舗を増やして潰れた店も多いため、あえて店舗数を絞り、いい店員をプールしながら、業態を常に変更する方法が合理的なのだ。

「あ、あのさ……。急に暗い話で申し訳ないんだけど、今日のイベント、やっぱり佐田くんの言うように、まったく意味なかった。むしろみんなで時間を費やしているだけでも、本当にマイナスだと思った。そんなことに少しでも協力した自分が虚しくなったんだよね」

暗い顔をして話す僕を見ながら、佐田は笑った。

「まぁそんな腐るなや。おれも昔、その手のイベントに駆り出されていやな思いをした。けど、あるときに一切、あの手の企画には関わらないことに決めたんや。ま、今回の一件で瀬戸がわかっただけでも上出来や。別に、今後関わらんければいいんやからな」

たしかに、言うとおりだ。佐田は笑っていた表情を引き締めて続けた。

「だからおれは店をやっとる。この店の食材のために農家と契約して、耕作放棄されてた土地を借りあげて作物をつくってもらってな。月に50万円でも買い取れれば、年間にすれば600万円地元に金が回る⑭ことになる。小さな店やが、お陰さまでそれなりに繁盛しとるやろ。自分で商売やれば、自分が考えるように地域に関われる。こっちが普段から地元の人のものを使っとれば、ハレの日には農家の人もこの店を使ってくれる。農家のおっちゃんやってな、いつも日本酒とか焼酎だけでなく、たまにはワイン

⑭ 駅前再開発ビルやロードサイドやショッピングモールにチェーン店が立ち並ぶと立派なまちになった気になるが、結局のところ利益は都市部のそれぞれの本社に戻り、もっと儲かりそうな別の都市に投資されていく。地元の店、企業が発展していかない限りは、常に利益をどこかの地域に取られていく。地域の経済構造を意識し、地域にお金が回り、残る事業に取り組むことが大切である。まちをひとつの会社に見立て、（1）地域外からヒト・モノ・カネを稼ぎ、（2）地域内で取引を拡大させ、（3）地域からヒト・モノ・カネが出ていかないようにする「三位一体」の考え方が必要となる。

も飲みたいんやで！」

「なるほどなぁ、イベントなんかよりよっぽどそっちのほうが地域のためになるね」

お世辞じゃなく、僕は心底感心した。

「たとえばな、この店のメニューを開発するために提携している農家と議論して、ほかでやってない特殊な品種を作付けしてもらったりするんや。スープに合うかぶの品種もあるし、温めるとうまいレタスもある。普通のスーパーに並んどるのは流通のために日持ちがよくて、傷つきにくい品種やったりするけど、ここでは傷つきやすくても、うちのメニューに合う品種のほうが特徴になるし、何よりそっちのほうがうまいからお客さんも喜ぶ。実は地方都市ってな、作物を生産できる田畑に近いところで飲食店を経営できるっていう強みもあるんや。何もB級グルメなんてする必要あらへん。地元のものを地元でちゃんと料理して出す店は意外とない。だからこんなこと始めたんや。始めたときは地元中から3日で潰れるって言われたけどな。ははは」

潰れるなんて言われたら僕ならビビってやめちゃいそうなものだが、佐田は笑ってばかりで何も考えていないようでいて、実際誰よりも考えている。だから挑戦したらきちんとカタチになるのだろう。何より、明るい佐田のまわりにはいい人が集まる⑮。暗いやつより、明るいやつのほうがいい。もとは怖いと思っていたけれど、もう今日の話を聞いたら、頼り甲斐のある印象が勝っていた。

「ところで、昨日、話が途中になっとったんやけど、今度店閉めるっていうお前の実家使って、一緒に事業やらへんか？」

あまりにストレートな突然の提案に、僕は飲んでいたワインを吹き出しそうになった。

「え⁉　う、うちの実家で？」

「そうや言うとるやないか。前々から気になっとったんや。絶対にあのまま壊して売るのはもったいないって。あのちょっと安っぽい外装とか剥がしたら建物やって立派やし、裏庭だって活用すれば、絶対にいい店ができると思うんよな。あとちょっと知り合いが何人かオフィスも探しとってさ、２階をオフィスにして貸し出せば回るやろ」

あまりの話の展開に思考がまったくついていかない。けど、佐田となら何かができるのではないか、いや、やってみたいという気持ちはどこかにあった。問題は、すでに実家を解体して売っぱらう話を銀行にしていたこと、そしてその銀行との打ち合わせは明日だということだった。前向きな話からの落差が大きい。現実に引き戻され、僕は再び頭を抱えることになった。

⑮
結局、地域活性化の成否は、明るく楽しく、覚悟を決めて事業に取り組むメンバーが集まるかにかかっている。私は地方に行ったときに「地元のイケてる店のオーナーと親しくなれるかどうか」を、事業ができる地域か、できない地域かの判断基準にしている。そのまちでセンスのいい人が集まり、儲かっている店はどこか、を聞いてそこにいき、オーナーと話をする。そこで話が合えば、そのまちでできることはいくらでもある。何より、イケてる店には感じのいいお客さんが集まり、そのお客さんが口コミで呼ぶお客さんもまた感じがいい。そういう店のまわりには、同じような事業に取り組む気のいい経営者が集まる。地方における企業経営、店舗経営においてはこういう人的資本の集積がとても大切だ。

嗤《わら》う銀行

「いやぁ、そんな勝手に方針変えられましてもねぇ、ええ」

あからさまなしかめっ面で、さきがけ銀行の担当者は渋った。土地を売却し、これまでの借り入れをチャラにする相談をしていたのに、急に売却せずに物件を人に貸す事業を始めたいと言い出したわけだから、僕だって無茶を言っているのはわかっている。

「まぁそうしましたら、瀬戸さん、これまでの融資分の返済をどうにか『別のカタチ』でしていただかないと、当行としては到底受け入れることはできませんねぇ、ええ」

昨晩、佐田から、まったく予期しなかった「実家再生計画」とも言うべき提案を聞かされた。そのときは面食らったものの、やはり試しもせずに実家を壊したら、ずっと後悔し続けるのではないか、というのが一晩経っての結論だった。

「えっと……まだ細かなところはこれから考えますので。うちの持っているアパートのほうを売って、返済に充てようかなと思っています。そのうえで、今の物件を一部改修工事して、貸し出して運用するカタチであれば、当初の実家を売って、アパートをそのままにする予定とは変わってしまうけど、できるかもなぁと思っていまして」

自信なさげに話す僕に対して、担当者はファイルを叩きながら語気を強めた。

「まぁ、いきなり計画変更されると、上にも通していたのでこちらも困るんですよ！　そんなできるかどうかわからない事業に勝手に変更されても、ね？　しかもたいして儲からないじゃないですか。まぁ、もう少しだけ待ちますので、来月までに整理の方法を明確に決めてください。ただね、瀬戸さん、あなた地元に住んでなくてわかっていないんだと思うけど、そんな簡単にこのまちで、ボロ家に入るテナントがあるなら誰も苦労しませんよ、ええ」

そんなことできるわけないだろ、馬鹿か、と言いたかったのだろう。僕もまだできるかどうかわからない。だけど、佐田がこのまちでやってきたことを知って、自分も何か挑戦したいという思いが湧きあがっていた。

「資産売却についてはお付き合いのある不動産仲介に当たり、すでに見積もりなどもとっていましたので、方向が変わると多方面に迷惑がかかるんですよねぇ。自分勝手に考えずに、ちゃんとまわりのことも考えて判断してくださいよ、ええ」

幸いにしてアパートは8室しかないものの、6室は埋まっている。すでに建設にかかった借金は完済しているし、それなりの利回りだ。昨晩佐田に相談したら、こぶりな物件だけに引き受け手はいるだろう、と話してくれた。銀行はこちらの生活や、今後を考えてくれているわけではない。彼らが考えているのは、融資を、面倒くさくない手段で、てっとり早く回収することだけだ。

問題は、もともとアパートで回すはずだった収益以上の額を、実家の再生事業で稼ぎ出せるかどうかだ。ほかにも空き店舗はぞろぞろあるし、別にうちの建物がきれいなわけでもない。いくら佐田が成功しているからといって、同じことができるのか。

❖

東京に戻ると、地元で起きていた話がまるで遠い夢の中の出来事のように感じられた。

ただ会社の日常業務をこなしていても、ふと気を許すと、実家の活用方法についてあれやこれやと考えてしまう。前に買った事業清算の本の上に置かれているのは、飲食店経営や不動産経営に関する本だ。いろいろな飲食雑誌も見てみたが、東京都内の路地裏の名店を特集する記事が少なくない。都内でも大きくて派手な飲食店より、路地裏の住居を改装した隠れ家レストランが人気だったりする。地元も東京も大きな流れは同じ⑯なんだ。

水曜日、少し仕事を早めに片付けて、気になっていた谷根千の路地

⑯ 近年、路地裏や密集市街地の人気が高まっている。従来であれば汚いとされたような横丁の価値が見直され若い世代に人気を博したり、チェーン居酒屋よりも独立店舗の地元店が注目を集めたりしている。東京23区内でいえば谷根千、大阪市でも裏なんば、福岡市で屋台が再評価されるのも同じ構造だ。再開発されたビルなどは、家賃が高いゆえに、どこでも安定的に同じものを提供するチェーン店舗しか出店できず均質的になってしまうが、古くからの路地裏は独特の雰囲気と安価な家賃によって地元店舗が集積し、その多様性が評価されるようになっている。

裏を回ってみることにした。

雑誌の情報によれば、東京とは思えないような木造の建物がひしめく下町エリアに、センスのよい店が立ち並んでいるらしい。職場のある新橋駅から山手線に乗り、いつもは品川方面に帰るところを逆行し日暮里駅へ向かう。普段なら絶対に降りない駅だ。日暮里の駅を出て坂を少し上っていくと、すぐに頂上に達しいきなり階段で下る。そこに広がっていたのは、ビルばかりの東京というイメージとは異なった、昔の地元のような雰囲気のまちだった。階段を降りて商店街に入ると、ほどよい道幅に小さな店が軒を連ねている。この道幅、うちの地元の裏通りと同じだ。雑誌を頼りに路地裏に入ってみると、急に落ち着いた住宅街になった。住宅街のど真ん中に、古い建物を改装してカフェとギャラリーにしている店まである。

「こんな住宅街に、外からお客さんがくるのか」

ぶらぶら歩いているだけでも発見がたくさんあった。

上野方面に歩いていくと、芸大がある関係か、ギャラリーが増え、昔からやっているらしい店構えが目立つ。小さな一角では3棟ほどの建物が改修工事されて、庭でつながっている。何やら人が並んでいると思ったら、クラフトビールの店だった。東京でも最近増えたよなぁ、クラフトビール屋。歩いて喉も乾いたから、こりゃ一杯飲まずにはいられない。列に並んでつまみと一緒に頼むと、思ったよりすぐに出てきた。つまみはハムカツ、最高だ。

そそくさと外に出て、植え込み脇のベンチに腰掛ける。ラムネを頬張って喜ぶ子どももいれば、ビールを一人で飲んでいるおじさんもいた。新しくはまったくないが、そういう空間が都会でさえ乏しくなって、地方ではほぼ皆無に近い。こういう場所が、時代的に一巡して希少なものになっているのか。

「え、うちの家みたいだ……」

たまたま路地裏で出合ったその家は、僕の実家そのものだった。古ぼけたなんてことない木造の家だが裏庭があり、1本の欅《けやき》の木が生えている。裏庭は垣根がなく道路へと続いていて、多くの人に開放されていた。1階には飲食店とカフェ、2階には小さなアクセサリーショップやオリーブオイルの輸入会社のショップなどが入っている。道路続きにして開放された裏庭は、ちょっとした小さな公園のようになり、多くの人がそこで涼んだり、語らうための場になっていた。なんてことのない木造の建物で、派手なメインストリートでもない路地裏にあるその家は、たしかに生きていた。

僕は、実家を単に古くて、なんの変哲もないただの家だと思っていた。けれど、親父も、そしておじいちゃんもそこで商売をしてきた。何も目立つことはないけど、しっかり商売をしていたからこそ残った空気感がある。古くて普通の木造でも、使い方次第でどうにでもなるんだ。

活用できないのではない。活用する気が僕になかっただけだ。佐田の店の方向性には、単なる思いつきを超えた意図がこめられているのではないか。興味は膨らむ一方だった。

スマホを取り出して佐田に連絡をいれる。

「こないだの話、悩んだけどさ。やっぱり進めてみたいんだ」

すぐに返事が返ってきた。

「よっしゃ、ほな段取り進めていこか」

「あとさ、佐田くんたちがやっている、月一のマーケットの手伝いさせてもらってもいいかな」

「もちろん、ええで。仲間も紹介したいし、店出したいと思っとるやつもおるから紹介するわ」

「銀行からはそんなことできっこないってはっきり言われちゃってさ。正直、僕も事業なんかやったことないし、自信はなくて……。けど、今日も東京の路地裏回ったりしていたら、すごい面白いことが起きてた。実家に似た店なんかも見つけてさ。試してみたいと思ったんだよ。自分もここで何もせずに後悔だけはしたくない、とだけは思ってる」

僕の声の小ささとは対照的に、佐田は笑いながら、

「瀬戸！　お前、これから何かやろうっちゅうときは、普通楽しいもんなんや。今が一番楽し

い。事業は始まったら大変やぞ。あれやろう、これやろとう思ってるときに楽しまんで、いつ楽しむねん。銀行が積極的にやりましょうなんて言ってきたら、そっちのほうが危険やから安心しとけ。そもそもこんな地方で事業やるゆうたら、誰もが反対⑰するる。おれと銀行、どっち信用するんや。何をやるかより、誰とやるかやで」

僕は楽しむことより、不安に思うことのほうが多い。悩んだときにはなんでも抱え込んで、結局うまくいかなくなってしまう。仕事でも、できないくせに自分ですべてやろうとして、とんでもない失敗をしてしまってばかりだった。

❖

時計をみると午前3時。一人ＰＣに向かって、明日の社内向けのプレゼン資料を自宅でつくっていた。僕は、いったいこんな夜中まで何をしてるんだろう。

⑰ ただでさえ衰退するまちで、事業を仕掛けることに不安を感じない人はいない。さらにまわりからは親切心で確実に反対される。いろいろな人の意見を聞く人がいるが、特段関係ない人たちに意見を聞いたりして回っているうちに、マイナスの意見ばかりを言われて諦めてしまうケースも多い。石橋を叩いて渡るどころか、石橋を叩き壊すタイプの人だ。事業が成功するか失敗するかなんて誰もわからない。ましては別に投資や融資をしてくれるわけでも、事業を手伝ってくれるわけでもない地元の重鎮などに意見を聞いても、適当に自分の経験と感覚で意見されるだけだ。不安があるからといって人の賛成を精神安定剤にしようとせず、自分で覚悟を決めてやるしかないのだ。

気分転換に、つくりかけの実家の再生計画の資料を眺めてみた。

僕は何がしたいんだっけ。自分でこうしたいという選択をして生きてこなかったツケがこの歳になって回ってきたような気がする。できる範囲で勉強し、先生が「受かる」と言った範囲で受験し、内定をもらえた会社に入社した。自分の意思ではなく、流れのままに、できる範囲のことだけやってきた。けど、実家の話は別だ。始まりは佐田からの提案だったけど、結局どうしたいかは、僕が決めなくてはならない。

新聞配達か何かだろうか。遠くでバイクが走る音が聞こえてきた。ぐっと伸びをして、またＰＣに向かう。実家の話が気になり、仕事の資料作成はまったく進まなかった。

日常すぎていつの間にか考えないようになっていた、**仕事への漠然とした疑問**⑱が大きく膨れあがってくる。親父は55で死んだ。同じ年で死ぬとすれば、あと自分には20年余りしか残されていない。だとしたら、今日やっていることは本当に意味があることなのか。自分がやりたいことなのだろうか。

朝日で徐々に白くなる空を見ながら、僕は深くため息をついた。

⑱ 積み重なって膨れ上がる「漠然とした不安」は漠然としている限り解決できない。不安に思うのは、収入面か、「やりたいことをやれている」という仕事への充実度なのか、その不安の源泉を明確にしなくてはならない。収入が不安であれば、今の仕事を続けたまま新たな仕事をできる範囲でスタートして、新たな仕事での収入が一定レベルを超えた段階で大きな挑戦をすればよい。原因を追求せず、漠然とした不安をそのまま放置してしまえば結局のところ何も変化が生まれないので、状況は悪化するしかない。問題の明確化が、解決の入り口である。

「逆算」から始めよ

「え、えーと、ここが裏庭で、ここに小さな小屋があって、ここが母屋になります。えーと、できれば地域における賑わいの核のような施設にできないかなと……」

つくってきた資料をプロジェクターで投影しながら、佐田たちが主催するマーケットに出店している30人ほどの人たちに解説をする。急にこんなことをするはめになったのは、僕が佐田に「本当にうちに出店してくれるなんて人がいるかわからない」と言ったことに端を発していた。わからへんならやってみいや、と言われ、単なる手伝いのはずが、マーケットの終了後、打ち上げの前に出店者たちに実家再生計画について説明することになってしまったのだ。ほとんど何も決まっておらず、おどおどしながら説明する中、一人の出店者が手を挙げておもむろに質問を始めた。

「あのー、瀬戸さんちは、このどこをいくらで借りられるのですか〜?」

「え、えと、まだ改装費とかが決まっていないので、家賃とか細かなところは決まっていなくて、これから決めていきたいなと思ってて……」

「お店に使うところの改装も瀬戸さんがしてくれるんですか。どこから自分で負担しないといけないんでしょうか」

「え、えと……それもまだまったく決まっていません」

「はは、それじゃ何も決まってないじゃないすか」

みんながどっと笑い、僕はものすごく恥ずかしくなった。そのほかにも次から次へと質問されたが、ざっくりとしたことしか考えておらず、どれも「これから決めます」としか言えない。むしろ、質問されて初めて気づいたこともたくさんあって、最後は自分が情けなくなり下を向いてしまった。

「まあ、今日は無理やりおれが瀬戸に話してくれって頼んだんや。だからまだ何も決まってへん。けどな、おれらが新しく何かできる場所ができるかもしれんねや。こいつが実家を壊して売っぱらうんやなく、何かを仕掛けたいって思い始めてるんはたしかや。また詰めて話するから、頼むわ」

質問が一巡したところで、佐田がいつものようにガハハと笑いながら助け船を出してくれた。

「今度、瀬戸んちにみんなで行って、現地を見て回る機会つくるから待っとってくれ。いやー、あそこ絶対めっちゃええ場所になると思うわ。おれが言うんやから間違いない。まあ、今日はひとまずお疲れさんでした！」

「カンパーイ!」

乾杯をしたあとも、出店者の何人かは現地の写真を見せてくれと言ってきた。関心を持ってくれる人がたしかにいるということは自信になる。マーケットについても、今日の売り上げがこれだけあったとか、次回はここをもっと工夫しようとか、前向きな声ばかりが聞こえてくる。さすが佐田のまわりに集まってくる人は明るい。佐田が言っていたとおり、結局、何をするかも大切だけど、誰とやるかのほうがもっと大切なのだ。

2時間ほど経つとさすがに朝から動いていたこともあって、みな、三々五々帰っていった。後片付けを手伝っていた僕に、佐田が手を動かしながら話しかけてきた。

「瀬戸、お前な、なんで事前におれに相談せえへんねん? 自分だけで抱え込んで、当日ぶっつけ本番で、今日のあれはないぞ。やったことないんやから、わからんことがあんのは当たり前や。すぐ聞かんかい」

「う、うん。なんか忙しそうな佐田くんに相談するのは気が引けて……。でも、逆に迷惑かけちゃったね。ごめん」

「さっさと決めていかんと、時間ないんや。銀行にもどうするかハッキリ伝えなあかんのに、こんなスピードで進めとったら、やれるもんもやれんくなるわ。次は、瀬戸んちの現地内覧会や。それまでに大枠のプランを決める。小屋と母屋の貸出スペースを決めて、裏庭の活用方針を決める。入ってもらいたい店のイメージも何となく決めて、その業種業態に合わせて家賃を設定する。よし、今日、この場で決めるぞ」

「えっ、こ、この場で決めるの」

「そんなもん、この場で決めても1週間後に決めても内容変わるか?」

「け、けど、そんな決め方してもうちお金ないし、失敗する余裕なんてないからさ」


慌てて言う僕に、佐田は普通に返した。


「逆算や、逆算」

「え、逆算?」

「ようわからんままに、誰が入るかの営業もせんと改装費かけようとするから不安になるし、失敗するって思うねん。それは考えてるんやなくて、単に悩んで不安になっとるだけや。最初に家賃がとれるであろう場所を決めて、その家賃総額から何年で投資回収するかを決める。あの場所なら母屋の1階に2店舗、2階に4店舗、小屋に2店舗の8店舗は入るやろ。うちのマーケットに出しているいる今日のメンバーもおるし、おれも1階の1店舗分は借りて店やるから安心せえ」


逆算の意味より、佐田が借りてくれるという話のほうに驚いた。


「さ、佐田くんも借りてくれるの?」

「せやから、一緒にやろう言うたやろ。けどな、それはお前がおれに営業して言うべき話や。

なんでおれから言われて、しかもびっくりしとんねん。ええ加減にせえ」

佐田は呆れた顔をしつつ、おもむろに近くにあったイベントチラシの裏を使って、ボールペンを走らせた。

「逆算っちゅうんはこうや。ええか、8店舗で月に30万は家賃収入があるカタチになったら、年間360万が収入になる。そのうち半分の180万を改装費に充てるとしたら、3年の投資回収なら180万×3年の540万が改装の予算。暫定的に5年の利用計画で考えれば、ざっくり360万の収入×5年=1800万で、改装投資部分の540万を引いても、1260万が手元に残る。その中から瀬戸んちに払う金と、この事業の儲けを決める」

「なるほど……けど、そんなにうまくいくかなぁ」

「うまくいくかちゃう、これは失敗せんための原理原則や。あとは、瀬戸、お前がうまくいかせんかい。誰がやっても、自動的に成功する手堅い方法なんてない。けど、やるべきことははっきりしとる。営業して、入る店決めて、その人らが支払える家賃から逆算して改装費を決める。そしたら、次はその資金をどうするかや。売り上げを決める、そのあとに利益を決める、そこから差し引いた金額が使っていい経費や。昔から言うやろ、『入るを量りて出ずるを制す』って」

「けど、正直な話、逆算しても僕のところはもう540万をぽんと出せる余裕はないよ。無理だよ」

「お前はほんまにできへん理由を考えさせたら一流やな……。そんなもん、別で集めればええ。さっきの計算を基本に、お前が200万、おれが150万出資して小さい会社をつくる。おれがもっと出してもええ。そこに350万融資をつけて700万の資金にすれば、初期投資の540万を引いて手元に160万残る。毎月30万が現金で入ってくるから、これで当座はなんとかなる。転貸やし、入居時に保証金とかとれば運転資金に困ることはほぼないやろ。新規創業やし、逆算営業で入居者が先に決まっていれば収入の確度は高い。それに、おれが一緒にやると言えば銀行も貸すはずや」

「……すごい。佐田くんは今までもそうやってきたの？」

「だはは！　お前、東京の大学行って、働いて10年経つのにそんな計算ひとつすぐできんで何やっとったんや」

冗談めいた佐田の言葉は、悪気がなくともぐさりとくる。本当にそのとおりだと、思わず自分で笑ってしまった。

東京の大学に行って東京の会社で経験を積めば、地元のためにできることも増えるだろうと昔から何となく思っていたけれど、高校卒業後そのまま働いて、自分で事業をやっているやつにはまったく敵わない。

「流れはわかったな？　ほんまの勝負はここからや」

佐田の話は励ましにもなったし、プレッシャーにもなった。小さいまちだからとか、やったことがないからみたいな言い訳はもうきかない。

どういう場にするか、プランをつくっては佐田からメッセンジャーでダメ出しを受け、修正する毎日が続いた。佐田の店を手伝っている建築、工務店のチームが簡単な画面もつくってくれ、具体的な画も少しずつ見えてきた。あとは関心を持ってくれた人がやりたい内容に合わせて、最終的な家賃を決めればいい。

「ここが土間です。2階にあがると、結構景色がいいんですよ」

内覧会まではあっという間だったが、佐田やその仲間が告知に協力してくれたこともあって、20人ほどが集まった。

各部屋を回りながら説明すると、「へー風が通って気持ちいいですね」とか「裏庭にある木が大きくて気持ちいいですねー」と、自分では当たり前だと思っていた景色一つひとつに感想が寄せられる。自分が褒められているわけでもないのに、何となくこそばゆい気持ちになった。

縁側にスクリーンを置いて、一通りプロジェクターで投影しながらプランの説明をした。前回の反省を踏まえ、今後ここをどう活用していくのかというビジョンの話から始めて⑲、どこが使えるのか、表通りから裏側への動線を通して人が通過できる場所にすること、裏庭の活用方法などを話した。今回は、特段質問は出なかった。

「すごい気持ちいい場所ですね。今店をやっているところがちょっと身に余るほど大きくて。このくらいのスケール感でできるなら、すごくいいなぁ」

「裏庭を使って、夏は映画上映会やったり、秋には焼き芋でもしたいね！」

話しているうちに、いろんな意見がどんどん出てきた。貸し出すフロアや家賃の大体の基準はもう定まっている。水回りや電気などの最低限の設備についてはこちらで投資することになったけど、それほど建物が傷んでいなかったこともあって、全体の投資額は500万円くらいに落ち着きそうだった。その分、家賃にも余裕が出たのがよかった。

おもむろに、一人の女性が立ちあがる。

「私、自宅で子ども向けの英会話教室をやっているんですけど、今度独立しようと思っているんです。ここ、2階からの景色がとっても気持ちよくて。こういう場所で子どもたちに教えた

⑲ 地域でのプロジェクトでは、関わる人すべてがひとつの会社の社員であることはほとんどなく、複数の仕事を掛け持ちしていることが当たり前で、むしろ無償で協力するだけの人も多くいる。強制的な業務ではないので、なぜこれが必要なのか、何を目指して取り組むのかというビジョンで共感を得られなければ、人は動かない。ビジネスモデルだけを考えるのでは不十分なのだ。いかに動機を多くの人に伝えられるかが問われる。

いな、と思いました。借りたいです」

「も、もちろんです。どこをご希望ですか」

簡単な図面を開いて説明を始める。ほかにも、実に10人以上の人が関心を持ってくれたのだった。やってみるからわかることが世の中にはたくさんあるんだ。**不安だからとやらなければ、いつまでも不安がただそこにあるだけ**⑳。店を閉めて売ることは簡単だけど、簡単だからいいわけじゃなかった。親父たちが商売をやっていたその場所を、次の時代に商売をやる人たちに使ってもらう。少し前には考えてもいなかったことが、実現するかもしれない。そして何より僕が人生で初めて、自分の手で物事を決めて取り組むことができるかもしれない。始めてみれば、不安よりも楽しみのほうが、ずっと大きくなっていた。

内覧会のあとにはみんなでバーベキューをしながら語り合った。酒のせいもあるのか、今ならなんでもできるような気がする。こうして、実家再生計画の歯車はいよいよ動き出したのだった。

⑳ 悩んで暗くなっている人を、誰も助けてはくれない。むしろその暗さから、さらに協力者がいなくなる。だからこそ、不安であるときほど明るく前向きに考えて、不安の原因を特定し解決する方法を試してみるなど自ら動き出すことが必要になる。そうして、明るく、一つひとつ前に進んでいけば次第に仲間が集まり、問題解決もスピードアップする。

コラム 2-1

なぜ、今の時代に「逆算開発」が必須なのか

人口が拡大し、各地域の消費市場が拡大する時代においては、地域活性化は「成長市場の獲得合戦」でした。都市圏で生活する人口が増加する際に発生する市場を、その都市圏に所属する複数の都市中心部が獲得しあう構図です。この時代には、いち早く資金調達して、大きな商業施設開発を進め、より多くの店舗を集積させた地域がその成長市場を獲得し、富を呼び込むことができました。マイカー時代より前には、都市中心部に投資することは極めて合理的で、先行投資した者勝ちといっても過言ではありませんでした。公共交通の充実している都市中心部や徒歩・自転車での移動可能な範囲しか人々がアクセスできなかったので、競争が緩かったためです。団塊の世代を中心とした急速な人口増加、「東洋の奇跡」と呼ばれるほどの経済発展による平均所得向上を背景に、供給を先にしたほうが確実に勝てました。需要はあとからついてきたのです。

その後、マイカー時代が到来すると、安価に駐車場が確保できるロードサイドや郊外などが優位になり、ここに先行投資した者が中心部から消費を奪い、勝ちました。そして今や、インターネットやECの登場によって、高速道路やバイパスアクセスが可能な郊外に開発された配送センターが、今度は郊外大型店などから超超広域で消費を奪うようになっています。

現在のように人口減と所得減で需要が減少し、熾烈な競争により供給が拡大している時代には、需要が拡大し供給が限られていた過去の方法はもう通用しません。

むやみに先行投資をして、競合施設より効率の悪い開発をすれば、現代の地方では確実に破綻します。住宅、オフィス、商業施設すべてにおいて、まずは需要を獲得するための営業を先に行い、確実な収入を確保した上でリスクとリターンを明確にし資金調達を行う必要があります。だからこそ営業を先回りし、それに即した事業計画を組み立て投資をする逆算開発が今の時代には求められているのです。

コラム 2-2

地方に必要なのは、「天才」ではなく「覚悟」である

成功した地域の事例を見ると、どうしてもリーダーたちの能力の高さが目立ちます。「あんな人がいないから、うちの地域は成功しないんだ」という言い訳を聞くことも多いのですが、20年近くこの分野で仕事をしてきた経験から言えば、最初から天才的な能力を持っている人はごく稀です。地方中小企業の二代目三代目が試行錯誤や失敗を重ねながら、中興の祖のように新たな事業の柱を通じて地域に大きな可能性を花開かせることも少なくありません。

成功事例は、どうしても成功してからメディアに取り上げられることが多いので、よい部分しか見えないのですが、挑戦の初期段階からプロセスを見ていけば、最初から天才だったわけではないのです（佐田も同様です）。覚悟を決めて、失敗も重ねながらも、学ぶことを諦めず、常に工夫をしながら前に進んでいくと、気づけばすごいレベルに達していたというケースは多くあります。逆に、責任から逃げて、失敗することさえためらい、大学卒業後に学ぶことを放棄すれば、どんなに優秀なキャリアを持っていても自分の立場を守ることばかりに必死になり、地域の衰退に加担する存在になりえます。

もう一つ重要なのは、目立つリーダーの背後には必ずそれを支えるチームメンバーがいるということです。自分がリーダーになれなくとも、メンバーとして地域を支えるという選択肢があるということは、多くの人に見落とされがちなのではないでしょうか。

どんな取り組みも最初は孤独な一人の覚悟から始まりますが、試行錯誤の中で志を共にする仲間を集めるからこそ、大きな成果が生み出されます。逆に人数だけ多く、誰も覚悟を決めていない会議から地域が変わることはまったくありません。

第三章　見捨てられていた場所

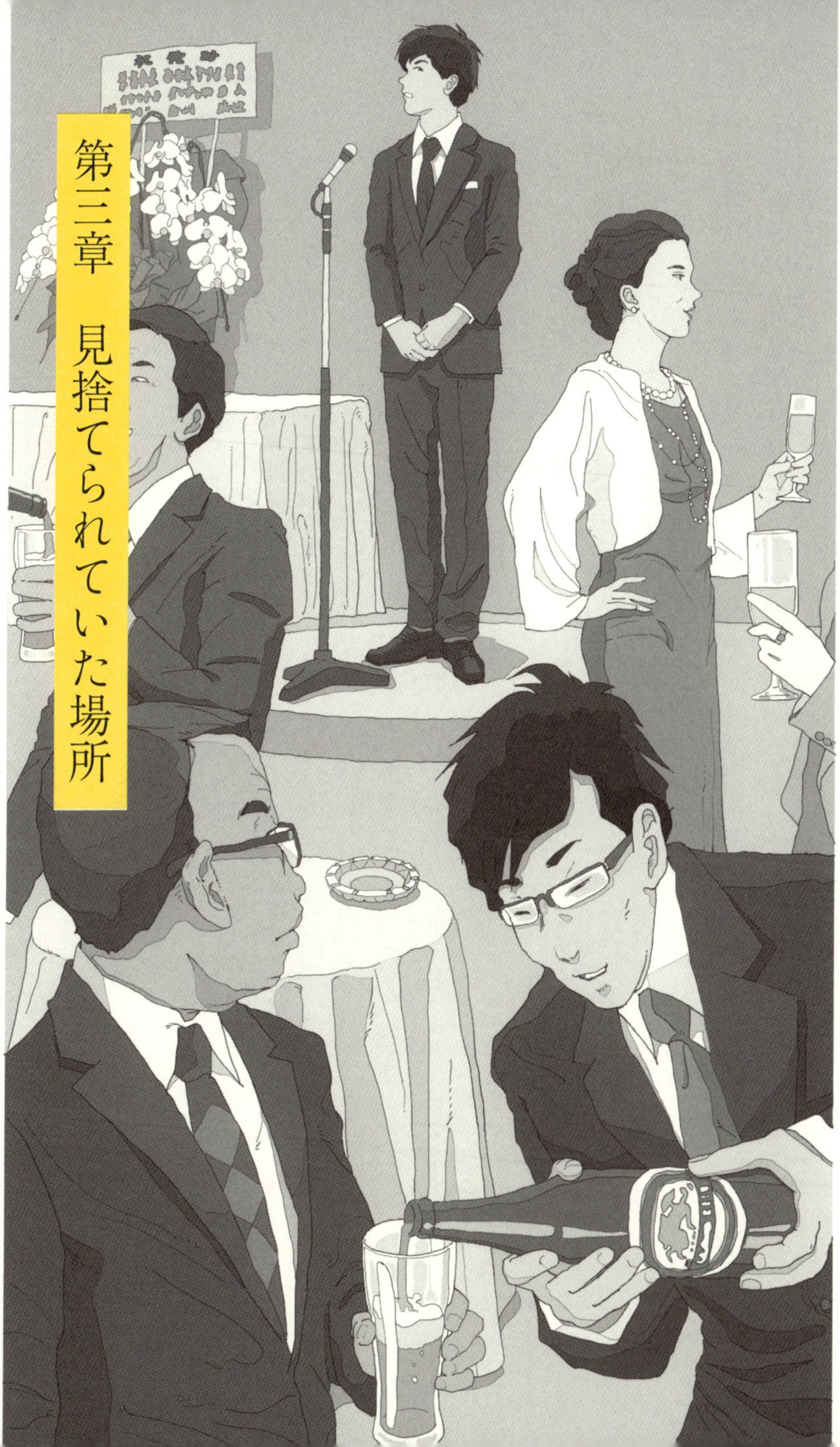

そこでしか買えないもの

「みなさん、それでは、ここにハンコを押してください」

入居希望者はその後増加して、合計18人となった。

半数以上はマーケットに出店している人たち。それ以外にも、周辺ですでに店をやっている人たちが、このあたりに店を出したいと申し出てきた。この盛況はひとえに佐田がこのまちですでに事業で成功していること、そしてマーケットの活況でこのあたりに「商機」があると見込んでもらえたことによるのだろう。

佐田は、その意図を以前こう語っていた。

「マーケット㉑みたいな企画はときどき、まちの賑わい創出とかの曖昧な話として語られたりするけど、全然ちゃう。誰もそこでは商売が成り立つように見えへん立地で、やりようによっては十分にお客さんが集まり、商売が成立することをみんなに実感してもらうための機会なんや。中には1日で30~40万以上儲けるやつも出てくる。そうなれば、自分で店を出せ

㉑ マーケットは、場所代（＝出店料）と電気などのインフラ利用料のふたつから料金設定すること。出店料は、立地によるが3000円から1万円程度が多い。テントを主催者側で購入し貸し出しを行って空間の統一感を出したり、ロゴなどのブランディングを行うことも大切だ。初期はまず出店者に対して営業をかけつつ、オンラインでの発信やDMで集客基盤をつくるのが基本。

る目算も立つし、まわりの商売人もその立地に注目し始めおる。まちに変化の兆しが生まれるんや。補助金で単に人を集めるイベントと、一日勝負とはいえ出店料も払ってしっかり売り上げを出そうとする事業者たちとの『本気度』の違いが、まちの勢いを変えんねん。こっちからしても、個々の事業者の力量をテストする機会にもなるから、誰が商売上手で、誰が下手か、この時点でおれにはある程度見込みが立っとる」

東京にいる僕は、深夜にテレビ会議で佐田と連携し計画を進めていった。実際に入居する事業者の見立ては佐田が出店希望者たちのマーケットでの実績、もしくは既存店舗の状況などをもとにして12人ほどに絞り、最後は条件が合い、互いの方針も一致した8人を一緒に絞った。正しく言えば9人で、ひとつだけ二人一組で1店舗を回すという提案があった。佐田は難色を示していたが、そういうのもあったほうが面白そうだという僕の意見に、最終的に佐田が折れた。

そして秋めいてきた今日、9人の出店者を集め、最終的な説明会が開催された。何しろ、一人ひとりがこの拠点に共同で集客して商売を伸ばしていくための同志㉒だ。雑居ビルとは話が違う。共同店舗には、チームになり得る関係が不可欠だ、という点については佐田が事前に強調し、十分に理解してもらえていた。毎月売上報告も共有し、集客企画にも互いに協

㉒ 共同店舗は雑居ビルにはない事業成長のシナリオをつくり出せるかが問われる。合同で販促活動を行い、売上情報を共有し、ときには互いの顧客融通などしつつともに成長していく必要があるため、コンセプトを共有できる人に入居してもらい、毎月の定例店長会議を行うことが必須。

力する。単に家賃を払えばオーケーではないのがここのルールだと、佐田と僕とで決めたのだった。

みんなへの説明が終わり、それぞれ入居に関する契約書㉓に印鑑を押してもらった。手続きという儀式をしっかりと行う。

「いよいよ、これでスタートや。頑張ろな！」

佐田の大きな声で、高揚感はさらに高まり、説明会は上々の雰囲気で終わった。

㉓契約書では、金額面、契約期間、保証金、仮契約後の契約破棄についての違約金など一般的な賃貸契約同様、基本的な項目をはっきりとさせ、拘束力を持たせなくてはならない。

佐田の皮算用はさすがで大ズレはせず、月の家賃合計は43万となった。5年プロジェクトで、投資回収は3年間に設定。43万のうち15万を家賃として受け取り、母の生活費の足しにした。母はもともと実家の商売の傍ら、結婚前に働いていた会計事務所からの経理作業の依頼もいまだにあって、多くはなくとも年金もあった。当座のやりくりはそれでどうにかなるだろう。残りの28万から改装費を捻出し、さらに残りが僕と佐田の取り分となる。

「もともとずっとお前とこのおかんがきれいに使ってくれとったから、改装もあんまり必要はないやろな。ただ、水回りと電気系統はさすがに手を入れんとあかん。あと、今のダサいファサードは剥がそう。細かな工事は出店者も多いことやし、みんなでＤＩＹや。もともとの建物の味を生かしたほうがええ。４００万もあれば十分やろ。最初の事業ってのは、手堅くいくんが定石や」

改装費が４００万ですむとなれば、家賃からのあがりで2年で十分回収できる計算になる。僕が２５０万、佐田が２００万出して４５０万を出資し新会社を設立して、工事投資をした上で管理運営するのだ。細かな料金徴収や経理作業などについては、佐田の会社に業務委託で出させてもらうことで話がまとまった。小さな事業だから人一人抱えるほどの業務量はないし、僕も東京にいるから、それが一番合理的だった。

地方で小さく事業をスタートするときに大切なのは、先回りして営業し明確な顧客がいる商品・サービスを選択すること、優秀なメンバーと立ち上げること、そして最初にお金を使いすぎないことの三つだというのが佐田の持論だった。今回は最初のふたつはすでにクリアしている。これからの投資を徹底してスリムにできるか否かが勝負だった。

「見てたらようわかるやろ。結局、地域での小さな動きも、思いだけでは動かへん。数字が伴わんと何も変わらへん」

「本当、そうだよね。数字が見えてきたら、僕、とたんにいけるかなって実感が湧いてきた」

「はは、意外と現金なやっちゃ。ちょっとは商売人っぽくなっとるやないか。まあ、まだまだ皮算用なんは忘れんなや」

佐田に軽口を叩かれながら外に出る。改装前の実家を振り返った。

いよいよ、ここで10月下旬から工事が始まる。オープンは年明け1月20日と決まっていた。

残っていたのは、銀行との協議だけだ。

冷めた表情と、デザインセンスが感じられない無機質なカウンター。何度来ても銀行には親しみを感じられない。

「それでは、こちらの書類にもハンコを押してください」

もともとの計画から大きく変わったこともあり相当に渋い顔をされたが、アパート売却によって借り入れていた運転資金は完済できる見込みが立ったため、銀行も承諾した。あとは何枚もの紙に作業的にハンコを押し続けるだけだ。

アパート物件は複数から購入希望が入ってきたのがありがたかった。親父は特段商売はうまくなかったとはいえ、その分派手な経営もしていなかったことが救いになった。事業整理をきっかけに、実家にいるときは大して話もせず反発ばかりしていた親父の存在を、ようやく認められたような気がする。

ただ、ひたすら窓口と紙とＦＡＸだけで進む地元銀行㉔とのやり取りには本当に辟易した。途中、担当者が変わり、話がまったく引き継がれておらず、ゼロから説明し直したときは心が折れそうになった。東京にいると、ほとんど話が進まない。資金返済の手続きが、いまだにこれほど非効率だとは。気長で忍耐強さには自信があった僕も、さすがに「もう資金を返すのだからそれで終わりでいいじゃないか」と何度も思ったが、そう簡単にはいかなかった。ようやくすべての手続きが済んだ頃には、心身ともに疲れ切っていた。

「いやあ、新しい事業もうまくいけばいいですねぇ」

薄ら笑いを浮かべながら送り出す担当者の姿に一瞥をくれる。二度とこの金融機関とは取引しないと誓った。というのも、今回実行する実家再生は、借り入れは特段必要ない。すでに入居者が決まった上での「逆算開発」で、しかもマーケットや固定店舗で事業実績のあるメンツへの転貸だから確度も高く、何よりもともとの建物を活用していることで、投資規模も小さくて済む。自己資金だけで十分に経営がなりたつリノベーション案件だ。投資回収も2年未満で見込める。もしこれが回収に20年かかり巨額の借り入れを必要とする想定だったら、僕は決断できなかっただろう。

㉔
成長が続いた時代には、地方銀行は互いのテリトリーを守ってさえいれば十分に融資機会があり、預金も順調に集まった。さらに第一地銀の多くは都道府県、市町村業務の給与支払いや決済業務などで毎年手数料収入が確保されていた。預貸《よたい》できない資金は国債などで運用していけば、着実に利回りもあった。しかし、今はこのすべてが逆転。黙っていては収入は得られず、互いのテリトリーをおかしながら、M&Aもせざるをえない。

ただし、この時点であえて借り入れを行ったのは、佐田から「実績があげられると次の借り入れがしやすくなるから、少額でも借り入れたほうがいい」と提案があったからだ。佐田はまんべんなくいろいろな金融機関と付き合っていたが、一番取引していたのは地元信金だった。金利こそ地方銀行と比べやや高いものの、担当者はころころ変わらず、経営状況をしっかり理解㉕してくれるらしい。その理事長も立派な人で、金融庁から監査を受け「これは不良債権だろう」と指摘されたときも、「十分経営状況を理解して貸しているから大丈夫だ、戻ってこなかったら私が辞任する」とまで言って頑として聞かなかったという伝説を持っていた。多少金利が高くても、そういう金融機関本来の仕事をきっちりこなすところと取引していこうというのが佐田の判断らしい。今回もまずは地元信金から借り入れることにした。

佐田の会社を担当している担当者がそのままこちらも担当してくれたことで、話は早く進んだ。一口に地域金融機関といっても、カラーがまったく違うようだ。

㉕ 地方銀行は、カバー範囲が広く、担当者や支店長の異動が多いため引き継ぎも完璧ではなく、そのたびにゼロから説明をしなくてはならない。過去の融資時の判断基準や事業内容や取引先との関係は考慮されないことが多い。一方、信用金庫はカバー範囲が狭く、担当者が数年間ほぼ変わらず、過去の事業推移や経営者の性格を含めて理解してくれる場合が比較的多い。とはいえこれも組織間で差があるため要注意。

「よっしゃ、これで完璧や！」

佐田の掛け声が通りに響いた。

トタンのファサードをきれいに剥がし、木造建築そのままの姿に戻っていた店頭に、新たに一枚板の看板を掲げる。名前は「欅屋《けやきや》」。裏庭にあるこの場所のシンボル欅の木にちなんで名付けた。

みんなで店の前に集まり、集合写真を撮る。開店記念の小さなイベントを開催し、各店舗が自分の店の紹介をしていった。


1階には、佐田が経営する農家が営む、野菜中心メニューが売りのカフェが入った。とくにビーガン向けのメニューがうまいという。さらに、厨房は菓子製造の免許がとれるように設計し、キッシュや野菜でつくったケーキを週末開催のマーケットで売り歩くための行商の拠点にもするそうだ。

さらにもう1店舗はマーケットで大人気の、1回で30万円以上を売り上げる輸入食材のお店だ。主力は旬を見込んで毎月世界各地から仕入れて売るオリーブオイル。これまではマーケットとネットで売ってきた。2階には、主としてお教室とアパレルを中心に入れた。ひとつはセミオートクチュールの子ども服のお店、未就学児に特化した英会話教室、ヨガ教室、そして最後のひとつが二人で共同経営したいという提案があったフラワーアレンジメントのお店だ。倉庫には帽子店と革製品のお店が入った。

店舗選びの基準については佐田に口酸っぱく言われていた。

「いいか。まずは売っている商品そのものでほかと違いを出せる、製造小売りかサービス型業態であるかどうか。とんでもなく尖ったセレクト店舗でもええ。つまり自分のところでつくってるもんか、**地元のほかのお店にはない魅力的なものを売れる店**㉖に絞らんとあかん」

「けど、そんな店あんまりないんじゃないの？　都会じゃないんだし、こんな田舎でそんな変なものって売れるのかなあ」

「あほ！　逆や。今は地方ほどとんがったコンセプトが大事やし、中小零細の店ほど、大手がやる一般的なビジネスと違うことやらんとあかん。お前は地方を馬鹿にしとるけど、車で行けば大きなモールもあるし大抵のものは手に入る。ネットを使えばなんでも明日か明後日には届く。馬鹿にしたらアカンで。実際に儲けとるんは、そういうことをわかった上で自分の商売を選んどる店や」

「でも、そんな店は佐田くんのところくらいじゃん。僕、全然見ないし聞かないけど」

「おれの店もそうやけど、もっとようけある。家とか、倉庫とか使ってそこでつ

㉖ 商店街の小規模な店が有名メーカーの製品を仕入れていては、商品の差別化ができず、価格競争でもモールより不利なため勝てない。

くってネット使って売って発送したり、販売会をやったりばっちり儲けてるやつ㉗は確実にいる。けど、『おれが儲かってます』なんて絶対言わん。そんなこと言って得することなんかひとつもないからな」

「なるほどなぁ……。たしかに別に店に来る人を相手にしているわけじゃなきゃ、店はいらないよな」

「そうや。ただそういうやつらもやっぱり実店舗を持って信用力をあげたいとか、面白い店舗つくって伸ばしたいとか、リアルでできる挑戦にも興味があったりする。せやからマーケットに出てきたりもするし、店出す場所ないかって相談にもくる」

「僕らはそういう人を仲間に引き入れろってことなんだね」

「ふつうの卸小売ではまず商品自体をメーカーが製造して流通させとるから差別化ができん。それに、小売りの粗利率は20～25％が精々や。それやと量を売らんと商売にならんが、そんな力はそもそも中小零細資本にはありゃあせん。せやから、おれらは大型店舗が狙ってこれへん、規格化されていない独自の商品をつくり出しつつ、かつ規模は徹底して小さい、粗利率60～80％を狙えるような商売を集めるんが定石や、ええか」

佐田は実際に、その視点で店舗を徹底的にふるいにかけ決めていった。

その判断ができない僕は、目立たないけどやるべきことをちゃんとやれる

㉗ とあるまちには、専門商社の社員すら驚くほど子ども服や海外のおもちゃが揃っている店がある。そういう店は店頭ではなく、年何回かの百貨店での販売会で一気に稼ぐ。また、都内の家具セレクトショップが安い家賃を求めて地方に移転、EC中心に商売を拡大した結果、再度都内にサテライト店舗を出す例も。売り方や販路の工夫で稼いでいる企業はある。

かどうかが、試されているように感じていた。この店舗の特徴である裏庭はきれいに草を刈り、芝に植え替えた。伸びていた木は、木陰が残るように剪定した。こういう地味なことは得意だ。

裏側にあった木製の壁は取り払い、表通り側から入り、土間を抜けて裏庭に回ればそのまま路地裏に抜けられるようにした。母屋側の戸を開いておけば、夏には気持ちのよい風が吹き抜ける。そこにテーブルと椅子を並べたり、子ども向けの遊具もいくつか置いた。実は、これは僕がやりたくて佐田にお願いしたことでもあった。

「こういう空間つくりたかったんやろ、瀬戸。これはまさに『なんちゃって公園』やで」

「うん、小さい頃は、親父が大切に芝を養生しててさ。その上で友だちと遊んだりしていて、楽しかったんだよね。親父は芝が傷むって怒ってたけど。もう今は芝も禿げて誰にも使われなくなった裏庭をみるのが寂しくて。こうやってまた芝植えて、いろんな人がここにきてくれれば親父も喜ぶだろうなと思ってさ。東京で庭をうまく使っている路地裏の店を見つけたときにこれだけは絶対にやりたいって思ったんだよ」

大きなところにお金はかけられない分㉘、看板や案内板といったサインボー

㉘ リノベーションはお金のかけ方のメリハリが問われる。DIYでできるものは自分たちでやる一方、看板のデザインや電気や水回りなどは出店するお店の経営にも影響するので、プロに頼むのが基本。

ドのデザインだけはしっかりとやって、質感をあげた。電気系統の容量が少なかったのと水回りが2階にはなかったため、それらも整備し直した。

また、当初の予定にはなかったが、木造ということで断熱があまりに弱かったため、屋根裏と1階の床下の断熱を強化する作業をワークショップ形式で行った結果、夏と冬が大分快適になった。その他内装については各店舗が自分たちで追加工事をしてくれた。

小さな場所なのでそのあたりの進捗管理がものをいうが、そこは工務店の川島さんがうまく調整してやってくれた。まさに手づくり。お金がない、というのは言い訳にすぎないんだと僕は身をもって学んだのだった。

もともとの家業の会社は、屋号はそのままに主たる事業を自社不動産賃貸の会社に鞍替えし、同時に周辺不動産管理運営も行う新会社を佐田と僕の名前で設立した。会社名は「株式会社まままま」。広い庭を核としていろいろな人の「間」をとりもったり、適度な距離感の「間」を確保したり、そういう場所にしてくつろげるまちにしようというのがスローガンだ。空き店舗や空き家ばかりのまちなんだから、道路も生け垣も取り払ってその余裕のある空間をあえて残してまちの「間」を意識した開発をしていけば、もっと面白いことがたくさんできるはずだと、自分たちで勝手に盛り上がって決めた。

「あとは、いかに欅屋の宣伝をして、スタートダッシュをかけられるかだね」

「あほ、焦るんやない。こっちが慣れてへんなかでいきなりスタートダッシュかけて下手なサービスしたら一回で見限られんぞ。会社勤めやったら自分の持ち場だけ守っとったらええけど、この事業はどこで何が起こっても全部の責任をお前が持たなあかん。そこが分業が基本の会社勤めとの一番の違いや」

ぐうの音も出なかった。佐田のアドバイスどおり開業日は初日からの混雑を避けるため土日ではなく平日に設定。1月から3月は数量も限っての慣らし運転、4月から本格始動とゆっくり進めることにした。

地元新聞やテレビなどにプレスリリースを打ったのがよかったようで、お店はよく取りあげられ、1月、2月は思った以上の滑り出しとなった。僕も、楽しくてしょうがない。そんな3月の昼下がり、急に1通のＬＩＮＥが僕と佐田のもとに届いた。

「こんにちは。もうこの環境では続けられないので、私、やめたいと思います」

「え、えええええ!?　や、やめる!?」

何もかもが順調だと思っていた矢先の、青天の霹靂。仕事中だから後で対応しようと思ったものの身が入らず、トイレに駆け込んで佐田に急いで連絡を入れた。

「ど、どうしよう……」

何が起こっているのか、僕には想像もつかなかった。ただただ、不安で仕方なかった。

仲のよさこそ命取り

スタートから3か月。急に「やめたい」と連絡してきたのは、2階に入ったフラワーアレンジメントの店を共同経営する女性二人のうちの一人だった。

「ねぇ、佐田どうしよう。まさかあんな仲のよかった二人がもめるなんて……」

「瀬戸なあ、せやから言うたやろ。初めての店を二人でやるなんて、絶対にもめる㉙って。まぁ起きてしもたもんはしゃーない、もう一人と話して続けてもらうか、続かないなら退店してもらって、次の候補にあたっていくしかない。店を出したいやつはほかにもいたし、くよくよしても何も解決せえへんわ」

「ごめん……」

この二人を2階に入れることについて、佐田はかなり明

㉙
出店者の選定における失敗のパターンはいくつかある。仲のよいコンビは、互いにわかりあえている気になっているがゆえに詰めが甘くなり、失敗が多い。また、店舗の詳細を最初の段階で具体的に語れない人も、結局自分がやりたいこと、やるべきことがはっきりせず頓挫する。また、楽観視して家族や親族にちゃんと話を通していない人は、土壇場になって夫婦でもめて出店できなかったりする。また、資金に余裕があるマダムなども、週に数度しか店を開けず、趣味の店にしてしまうため要注意。さらにシェア型の店舗は雑居ビルではなく、出店者同士の信頼関係も大切なため、出店前から互いのやる事業の内容や考え方を共有する場を意識的につくる必要がある。出店してから関係がこじれては修復が困難なため、スタート前に関係構築を先に行い、互いの相性も含めて確かめる必要がある。

確に反対していたのだ。

二人から「誕生日などのパーティーや冠婚葬祭専門の出張フラワーアレンジメントの仕事をしているがお店を持ちたい」という相談があったのがすべてのはじまりだった。それぞれ家賃を2万ずつ出し合って4万を支払うと言うし、平日は出張希望の顧客との面会の場として使い、土日にはアレンジメントの教室も開催したいとのことで、付加価値も高かった。

何より二人は息がぴったり合っていて「絶対に頑張りますので」と熱意を持って話していた。ただ佐田はその場では、うーん、と悩んだまま首を縦に振らなかった。その後二人で別室で話をしたときに、僕は珍しく自分の意見を主張した。

「僕はあの二人に入ってほしいな。ムードメーカータイプだし、やろうとしてる商売の付加価値も高いでしょ。女性がいるほうが全体も華やかになるし」

「うーん、まぁ二人が熱心なんはようわかるけど、ひとつの店を二人で共同経営するんはほんまに難しいぞ。おれも何度も痛い目におうてきたからな。まあ、瀬戸が自分の意見言うんも珍しいし、ここはひとつ賭けてみるか」

結果は、3か月も経たずに出た。

二人それぞれに電話で話を聞いてみたところ、店に出る曜日のシフトや店舗売り上げの分配と費用負担でもめたそうだ。必要に応じて出勤していた今までと違い、店を持ったからには毎日出なくてはならない。しかし、どちらがいつ店に出るのか、出ているときの売り上げをどう分けるかなどの話はまったく決めていなかったらしい。それぞれが抱える依頼もあるため店に出ることに負担感があり、結局は金の話でもめたようだった。

「大抵共同事業でもめるんは、最初に金の話を決めとかんかったときや。それぞれ、自分は貢献していて、相手よりも報酬をもらう権利があると思うんが大概で、最初に取り決めときゃまだブレーキがかかるものの、決めとかんと不満はあっちゅう間に膨れあがってまう。注意はしたつもりやったけど、どう決めたかまでおれも確認しとくべきやった」

僕はただ、うなだれるしかなかった。

「結局、私がほとんど全部やっているのになんで売り上げの半分を渡さなきゃならないんです？　もう意味不明すぎますよ。これからはそれぞれ別々にやることにしました。私は、自宅でやることにしたので、明日からもう行きません」

「え、えーと、じゃあお店はどうなるのかな」

僕はその剣幕に押されて、しどろもどろになってしまった。

「私は抜けますけど、『あの人』はそのままやるって言っていたので、そっちと話してもらえます？　私、もう関係ないので」

話が急すぎる。あれだけ熱意のあった人が、こんな簡単にやめますと言うとは思わなかった。ただ、契約は二人としているから、一方だけが勝手に抜けるのは契約的にはあり得ない。いったん電話を切って佐田に相談したら、すぐに明快な返事がきた。

「まぁようある話や。結局、仲がよさそうな二人やからこそ危ない。お互いが信頼してるから大丈夫だよね、とか言って肝心の金の話を詰めんかったり、問題が起きたときの対処法を明文化せんかったりする。そういうのはあとで決めればいいよねー、とか言って。それで、結局最後はもめる。大体いつもそうや……。ま、二人連名で契約してたんやから、片側だけ抜けるってのは通らん話や。こうなった以上は退店してもらおう。ほかの店にも悪い影響が出る」

思わず躊躇したが、結局このような事態を招いたのも僕のせいだと思うと、僕が折れざるをえなかった。

「たしかに、そうだよね。最初の話と変わっちゃうし、一人で毎日お店に出られるとも思えないし。退店してもらうしかないよね」

「瀬戸、今度の週末は戻ってくるんやろ？　そのときに二人それぞれと話をして決めよう。こういうのは直接会ったほうがいい」

僕たちは二人に電話で結論を言うのはやめ、週末それぞれと話をする時間を調整することにした。

　土曜の朝、冬の日差しが心地よい。流れる気まずい空気に逃げ出したくなるが、そうはいかなかった。僕はこの事業の当事者なのだ。そう思いつつも、店に残ることになった女性を前に、なかなか切り出すタイミングを見出せない。しばらく手元のコーヒーカップを意味なくいじっていたが、意を決して口を開いた。

「え、えーと、お店のことなんですけど、もう一人でやっていくというつもりなのかなぁ……？」

「そうです。もう、私だけでやります」

　一緒にやっていた女性はもう店には来てないらしく、これからは自分だけで店を切り盛りするつもりだという。店をやめてもらう話は、なかなか切り出せずにいた。

「えーと……だから、そもそも二人でやるというから出店してもらったわけで、一人になったら話が違うんで。ちょっとこのままやっていただくのは難しいのかなぁと。1週間のうち半分もお店が閉まっている状況だと困りますし……」

　曖昧ながらもそう伝えると、かなりの剣幕でたたみかけられた。

「じゃあ、なんですか、結局私には出ていけということですね。私だけでもやると言っているのに、そういうことなんですね。そんなのひどくないですか」

僕はあまりの気迫に怖気づく。

「い、いや、そういうわけでもないですが……」

「じゃあどういうわけなんですか！」

まったく話が進まないのを見かねて、佐田が助け舟を出してくれた。

「まぁ今回のことは、いろいろと大変やったゆうんはわかるけど、最初に話したわな。ここのお店はみんなで場所を共有して使うという前提でやっとる。だから家賃も安く設定した。もちろん過去の実績は見ているとはいえ、このまちを発展させることに挑戦できる人たちだけを選んだんや。だから自分たちの都合で仲違いして、週の半分も店が閉まってるというんではほかのお店からすると迷惑になってしまうんはわかるよな？　毎日店を開けて頑張りたいという人がほかにもっといるんやから、その人たちにチャンスを譲ってあげてもらえないですかね」

何分間かの沈黙のあと、彼女は渋々退店することに合意してくれた。

結果としては、内装の一部を買い取り、さらに3か月分の家賃もすべて返すことにした。予期しない問題には費用がかかる。そして、情に流された意思決定㉚には必ずしっぺ返しがくることを僕は痛感したのだっ

㉚ 事業の内容と関係ないこと（その人の置かれた環境など）に同情して家賃を引き下げてしまったり、保証金の条件などをゆるくしてしまったりすると、借り手は事業を強くするのではなく、融通を利かせることばかりに労力を費やすようになる。甘えが生まれると、その後も次から次へと家賃の値下げ交渉や支払いの猶予を願い出たりする場合が多い。まわりから冷たい、厳しいと言われても最初からちゃんとメリハリのある関係を築き、断固とした姿勢を保つべき場面は度々ある。そのとき何と言われても、放置したほうが後々もっと大きな問題になり、回復不能になる。交渉の局面で空気に飲まれそうになったら、その場で結論を出さずに持ち帰って協議をしたうえで戻すこともときに大切。

た。

その後、無事事態は収束するかと思ったが、そうは問屋が卸さなかった。退店したあと、彼女たちは「私はあそこから追い出された」やら「いいことばかり言っているが、結局はお金の話だけですまされた」やら「結局、管理する人だけが得する仕組みになっている」やら、様々な話を地元の人たちに言って回っていたのだ(31)。よかれと思って投資して始めた事業で、別にボロ儲けなんてしていないのにそんな言われ方をされるとは思いもよらず、驚くとか、頭にくるというよりは、率直に悲しかった。

そんな噂を聞きつけたのか、久々に市役所の森本から連絡が入った。

「おい、瀬戸さぁ、なんかうまくいってないみたいだけど、大丈夫かよー。いろんなところで悪い噂聞いてんぞ。なんか騙されたとか言ってる人もいるから、気をつけろよ」

本人は親切のつもりかもしれないが、そういう話をされた側の身になって考える想像力はないのか。他人に悪口を言われていると報告されて気持ちいい人は誰もいない。

今後も続けていけるのか不安になった僕からの電話を受けた佐田は、いつものことだと言わ

(31) 地域での事業に取り組む中で、怪文書が流されたり、地元のネット掲示板にある事ない事書き込まれたりする、「人格攻撃」的な出来事はよく起こる。人間だから傷つくことはしかたないが、まともに取り合って心を病むことはない。また、組織の上層部の人が組織内の人間に「あいつとは付き合うな」と明確に取引妨害を指示したりすることもあり、フェアな市場競争ができないケースもある。しかしこのときにも下手に迎合して、相手の言うようなやり方で妥協して事業性を犠牲にすることは決してあってはならない。

んばかりにまったく気にしていない様子だった。

「誰かに反対されたり、悪口を言われる[32]ってことは気にされとるってことや。なんも言われへんより、確実にこの地域に動きをつくっとる。成功したって文句は言われるし、失敗してもほらみたことかと言われる。それが地域で事業に取り組むってことや」

地域で何かをするというのは、思った以上に大変らしい。自分のひ弱な精神力でこの先続けられるのか、少し不安が募った。

❖

幸い、その後は大きな問題は起こらなかった。とくに、未就学児向けの英会話教室は大人気だ。自宅で始めた当初は生徒が4人しかいなかった教室は、先生の明るい性格に魅了されたまちのおじさん連中がバンバン口コミ営業を仕掛け、半年で60人を超えるまでに成長していた。1階の飲食店も人気で、最近は様々な地元情報誌で取り上げられるようになった。また出張販売も順調で、マーケットに出れば大行列ができ、一度で30万円以上を売り上げる人気店に成長していた。

[32] 悪い噂を聞いて取引をやめる人、こちらが困っていると思い込んで助けてやると言ってくる怪しい人、はたまた「こういう噂があるので要注意」とわざわざ聞いてもいないのに言ってくる、正義を振りかざすタイプの人もいたりする。

夏が近づいてきた頃、出店者の人たちとの定例会議で、夏祭りの企画が提案された。8月のお盆の時期に開催されるまちの祭りに合わせ、うちでもナイトマーケットをやろうというのだ。昨年の説明会でのアイデア、映画の上映会がいよいよ実現できるかもしれない。

この頃になると、佐田と僕のもとに出店希望の連絡がちらほらくるようになっていた。募集もしていないのに、空いていないのかと問い合わせてくるのだ。ナイトマーケットでは、そういう希望者にも1日限定で店を出してもらおうという話になった。佐田はすでに次の一手を考え始めているようだ。

梅雨の合間の晴れた日、そこまで湿気もなかったので、裏庭で飲もうと佐田に誘い出された。

「瀬戸、ここまで店出したいって問い合わせがくるんなら流れは止めたらあかん。次の場所を用意する準備を始めよか」

現状でそこそこ満足していた僕は、そんなこと考えてもみなかった。

「ただこのまちの問題は、前にも話したように貸してくれる人がおらんことや。じいさんがやってる不動産屋しかなくて、あいつらと話しても茶飲み談義に付き合わされてしまいや。実際に所有者に個別で交渉に行ったり、おれも頑張ったこともあったけど、住んでないのに『いつか使うかも』とか、当事者のばあちゃんはいいって言ってんのに最後の最後で東京にいる息子が出てきて**とんでもない家賃**㉝を請求してきたり、話にならん。そもそももう空き家になって、持っているやつがわからんから交渉しようもないところも増えてきてもうてるからなぁ」

「探し方を変えないといけないのか……。ひとまずホームページに物件募集の情報を入れるようにしとこうかなぁ」

「ははは、そんなんでくるんなら誰も苦労せえへんわ」

たしかに、そもそも誰もウェブで借り手を探そうなんて思っていない。役所が予算で**空き家バンク**㉞なるものを整備しているが、朽ち果てたボロ家ばかりでまともな物件は載ってなかった。

「空き家バンクもそうやし、役所のやることはピントがずれとる。行政の主導でやる空き店舗対策は、空いている店を埋めればそれでしまいや。せやけど、店を出すほうも儲かると思うから店を出すわけで、出店しても儲からんなら意味がない。事業経営やから、当然最後はそれぞれ

㉞ 昨今各自治体がバラバラにつくってきたサイトを国土交通省が予算を出してまとめ、「空き家バンク」がつくられた。しかしながら、もともと持ち主がわからない、あるいは貸したくないという物件については解決できず、さらに積極的に貸したい物件はすでに民間の賃貸物件検索のポータルサイトに出ていることから、立ち位置がみえない部分がある。

㉝ 横並びで月の坪単価などの家賃を見て、「あいつが安く貸したから相場が落ちた」みたいな悪口を言われたくないがために、みんなで値段をつり上げて、空き店舗を放置する困ったケースも。

の店の経営者の責任ではあるけど、できるかぎり口コミなんかで関係者が協力して、事業の成功を目指すんが筋やろ？　そうやって成功者が一人でも出れば、『あのあたりに出店すると儲かる』という話が広がって、出店希望者が集まってくる。その結果として空き店舗がなくなっていくねん。空き店舗がなくなってからも店を出したい人が増加していけば、今度は家賃が上がっていく。単純な話や。けど、この原理を理解せんと、単なるもぐらたたきみたいな補助金漬けの空き店舗対策が全国に乱発しとる。それでは何も変わらんどころか、単に補助金でみかけ上安くなった家賃に惹かれただけの出店者が、補助金が切れたと同時に出ていってしまいや」

どうやら地方が衰退するのは人口が減っているからだけではないらしいということを、佐田のおかげで僕も少しずつ理解しつつあった。地方のこと、地域のことは行政がやればいいと思っていたけど、そう単純ではないようだ。もし行政に頼れないなら、自分たちでなんとかするしかない。

「あ、今度東京でこのまちの出身者の集まりがあるんだ。実家を再生した話をしろって県人会の人から言われててさ。そこで物件持っている人いませんか、って直接聞いてみるよ」

「なんや、そんな話があったんか。まぁたしかにいろんな人も集まるやろうしええかもしれんな。明るく発表してこいよ！　お前声小さいからな」

佐田は豪快に笑いながらキンキンに冷えたハイボールを飲み干した。

あっという間に梅雨明けがいつかが話題に上る季節になった。それにしてもこの半年でまったく考えもしなかったところまできてしまったな。自分の家をどうするかという切実な問題からスタートした事業が、いつの間にかこのまちをどうするか、という話にまで大きくなってきている。

東京で開催される市長と出身者との懇親会なんか今まで一度も誘いがきたことはなかったが、今回、急に声がかかった。地元で情報誌を出している地元新聞社の子会社がイベントを担当していて、そこから推薦が行ったらしい。ただ、市長の堅苦しい挨拶なんてまったく聞きたくないし、イベント以来疎遠で、しかも嫌味なメッセージを時折送ってくる森本も来るのではないかと思うと、何となく気が重かった。けれども、東京にいる不動産オーナーと出会える可能性を考えると、少しだけ前向きな気持ちになれた。何かが、起こるかもしれない。

次の一手

「それでは、まずは市長からご挨拶をいただきます」

そういえば、市長の挨拶を聞くのも久しぶりで、例の失敗した地域活性化イベント以来だ。東京で地元出身者を募るこの集まりは、毎年地元で新たにつくられた商品などを紹介したり、出身者たちでそれを応援する目的のもと、30年以上続いているのだそうだ。最近UターンやIターンばかりがよく取り上げられるが、実は機会があれば地元のために協力したいと思っている地方出身者は少なくないという。東京や海外で活躍する出身者の力を借りていくという発想自体は素晴らしいことなんだろう。

ただ、このイベントを始めた「市の中興の祖」とまで言われた3代前の市長（自ら運送会社を創業し、税収を伸ばしながら歳出も適切に縮減した）と違い、現在の市長はバリバリの土建市長。考えていることは国からいかに金をとって、地元にばらまくか㉟だけのようだった。

㉟新しい予算を獲得するのに必要な企画書の作成などは、基本的に役所で優秀な人材が集められる企画部が担当する。しかし、実際に思い切った事業や政策を提案すれば、上司から、議会から、ときに市民代表を勝手に標榜する様々な団体から横槍が入り、打算的な計画にせざるをえなくなる。また、そのような打算的な計画に予算を獲得しても結局大した成果は出ず、優秀だとされた若手職員たちは消耗していく。そのうち、諦めるのが大人だと勘違いし、妨害をする側に回る。打開するには、トップが既存組織のヒエラルキーとは別にした幹部、中間管理、現場のチームをつくり、国からの予算獲得ではなく、公共資産の活用などで稼ぐ事業に注力させ、それを人事的に評価すること。

「えー、先の政府が発表した地方向けモデル事業に見事、我が市は認定を受けることができました。これによって新たな地域活性化の拠点整備に関する予算も手厚い支援を受けることが可能になります。えー、この大きな予算を活用して、活力を生み出したい。えー、東京にいらっしゃるみなさんの協力も、ぜひともよろしくっ」

予算を多額にもらってまちが再生するのなら苦労はしないよ、と僕は前のイベントを思い出しつつため息をついた。また無駄な施設がひとつ増えるのか。会場には冷ややかな空気が流れ、市役所職員など一部からまばらな拍手が起こった。現市長になってからというもの、うちの市には、飾る美術品がなくて企画展や地元のアマチュア作品の展示しかできない美術館やら、名ばかりで誰も憩っていない「憩いの広場」やら、活動する市民のいない市民活動協働センターやらが続々とできて財政は厳しくなる一方だった。さすがに悪い噂も聞こえてくる。公共開発の怖いところは、開発時に国からいくらもらおうとも、その**維持費は自らが負担**[36]しなくてはならないということ。そして、開発費より維持費のほうが高いという事実だ。

[36] 施設開発は、建てるときより建てた後のほうがコストがかかる。開発後の維持管理、定期的な大規模修繕、解体などトータルでかかる生涯費用を計算すると、一般的に建てるときにかかる開発費に対して3〜4倍かかる。たとえば、30億円の公共施設に国から15億円がでたとしても、維持費を考慮すれば、トータルでは90億円のうち15億円しかもらえていないことになる。「残りの75億円を自治体の予算、民間のテナント料などで賄えるか」という議論さえせず、国からの15億円をもらうことだけを手柄とする地域がいまだに多い。しかし本当は15億円もらって、75億円を自分たちの財布から出すことになるとんでもない買い物なのだ。

退屈な挨拶のあとは立食形式のパーティーとなり、会いたくもなかった森本が目ざとく僕を見つけて近くにすり寄ってきた。

「おい、瀬戸。お前、おれのこと避けてるだろ」

普通の人間は気づいていてもそういうことは本人に言わないものだ。

「そんなことないよ」

「てかさ、あの地元での悪い噂は大丈夫かよ。こっそり教えてあげたおれの親切を無駄にするんじゃねえぜ。あ、今日、お前発表するんだろ？　この空気感で発表するのはやりにくいよなぁ。お前知らないだろうけど、毎年こんな立食パーティーのど真ん中でプレゼンしても、誰も聞いてねーんだよ、あははは」

これから発表するやつに、誰も聞かないということを得意げに言いにくるとはどこまでも嫌味なやつだ。

「だ、誰も聞いてなくても、やると引き受けたんだから、しっかりやるだけだよ」

「ま、精々噛み噛みにならないように頑張れよー。あ、課長！　ご無沙汰してます！　いやぁ、ご相談に乗って頂きたいことがあったんですよー」

ぽんっと僕の肩を叩くと、森本は市役所連中のいるテーブルのほうに戻り、偉いさんたちにヘコヘコしながらビールを注いで回っていった。

「それでは、懇親会の最中ではありますが、毎回恒例の、今年我が市で注目される商品や事業に取り組んでいる方による発表です。まずはご実家である瀬戸商店を改装して、新たな『欅屋』という商業施設をつくられた瀬戸じゅんさん、お願いします」

僕は壇上にあがりマイクを受け取り、話し始めた。

「あ、こんばんは。え、えーと私の名前、瀬戸『じゅん』、じゃなくて、瀬戸『あつし』です。よ、よろしくお願いいたします」

簡単に調べられる名前すら先に調べないところが、イベントのしまりのなさを象徴している。司会者は聞いていないのか、貼り付けたような笑顔のまま手元の紙を見つめていた。


親父が死んで、母が一人で商売をやっていたがそれを閉じなければならなくなったこと、いまは七つの事業者がそれぞれ育ち、決して人口減などのマクロ的な要因ばかりを見て悲観する必要はないということを順を追って話した。そして、今の課題はまちなかに多数の物件があってもそれを活用できないという点にあるから、若い人たちに新たな機会を与える気があり、実家などを貸してくれる方がいれば声をかけてください、と呼びかけるのも忘れず、無事僕の番は終わった。

正直、森本の言っていたとおり誰も聞いてはいなかった。それぞれ食事をとったり、知り合い同士で話をするのに必死で、壇上の声など届いていない。拍手しているのはほぼ司会者だけだった。招いた市役所のテーブルでさえこっちを向いているやつは誰もいない。ひどい話だ。

ま、しかたないか……。こんなもんだよな。あとは飯だけ食べて帰ろう。

何を食べようかと皿を持ってうろうろと物色していたら、急に背後から声がかかった。

「あの、先ほど壇上でお話しされていた瀬戸さんですよね？」

振り向くと、年配の女性が名刺を差し出していた。

「は、はい。す、すみません、ちょっと待ってくださいね」

慌てて皿を置いたものの名刺を出すのにもたついていると、その女性は先に話し始めた。

「ほんと、この会場、おじさんとおじいさんばかりよねぇ！　私、苦手なのよ、こういうとこ。そもそも私、中学のときには引っ越してしまって、特段の思い入れとかはないのよねぇ〜、で、その後東京で出会った人と結婚して引っ越したのがたまたまあのまちだったってわけ。ほんとたまたまよ、奇遇って怖いわよねぇ。旦那の実家がもともと文房具屋やってたの。まぁ姑がうるさくてあんまり行かなかったけど。ほんとそういうときに限ってまぁ旦那は役立たずでねぇ、そんなんだからいつまでたっても……あ、私、望月っていうの、よろしくね」

聞いてもいないいきなりの身の上話になんと言っていいのかわからなかったが、商店の名前は僕も知っていた。

「え、文房具屋さんって、駅前通りと国道の交差点のすぐの角にあったお店ですよね。僕知ってますよ」

「あら、ご存じだったかしら？　実はうちの旦那が一昨年にぽっくり亡くなったのよ！　それでね、義理の両親が亡くなったときに、旦那がお店の建物と裏手にあるちょっとしたマンションを相続してたから、それがそのまま私のところにきたの。けど、本当はもっと別にいろいろといい不動産があったのに、がめつい兄弟が沢山いてね、うちの旦那はまぁ四男坊で気も弱いし、とんだ貧乏くじを引いたってわけ。ったく、今思い出してもイマイマしいわ！　結局、お店の建物なんて使えやしないし、マンションなんて空き室だらけ。使えない不動産屋のジジイは、『改装しないと貸し出せない』なんて言ってとんでもない改装工事の提案とか持ってくるもんだから追い払ったの。ほんとうに空き室埋める気ない(37)のよ。信じられない！　で、結局は毎年固定資産税を支払わされるだけ。ほんとここにいる役所の人たち見ていると、こんなちんけなイベントに税金使うもったいなさに腹が立ってしょうがないわ！　あなた、どうにかしてくれない？」

おばちゃんというか、おばあちゃんというか微妙な望月さんのマシンガントークに僕は少し怖気づいたが、どうにか言葉を絞り出した。

「活用できる物件があるって、ほんとうですか。ぜひ今度詳しくお話聞かせてください」

(37) 不動産屋のおじいさんによくいる困ったタイプは、たとえ誰かが「貸してください」と言ったところで、「うちは両手持ち（貸す側と借りる側双方から手数料をもらうこと）じゃないと仲介しない」とか自分の手数料収入も確保するために「家賃は絶対に下げられない」とかいまだに言い続ける頑固者。長らく続いた、需要が供給に追いつかない時代の商慣習が染み付いてしまっている。賃貸仲介よりも、売買仲介で儲けたいため、空き家のテナント募集には精を出さない。何より自身もいい時代にいくつも物件を購入し生活に困っていないため、最初から熱心ではないことも。エリアを変えていくときには、やる気ある不動産屋を仲間につけることも大切。

「あら、ぜひそうしましょう。私、基本、東京にいるのよ。今日はこのあと、大手の保険会社の社長さんたちと会食の予定があるから、あなたとはお話しできないの。ごめんなさいね〜、じゃ連絡してね。わかった？　くれぐれも忘れないようにね」

女性はこちらの返事を聞く間もなく、会食とやらのために颯爽と会場を出ていってしまった。な、なんだったのだろうか……。パワーに圧倒され、僕はしばらく呆然としていた。ほんとうに貸してくれる気があるのか、そもそも困っているのかどうかもよくわからなかったが、とにかく悪い話ではない。

置いた皿もそのままに走って騒がしい会場を出て、佐田に電話をかける。メッセージを送る手間ももどかしかった。

「おい、佐田、すごいよ！　物件の相談がきたんだ。今、こないだ話していた出身者のパーティーで発表したら、いきなり摑まってさ」

「おっ、ほんまか！　なんでもやってみるもんやな」

「交差点の角にある3階建ての古い鉄筋コンクリートの建物、わかる？　もともと文房具屋があったとこ」

「おうおう、わかるわかる。あの小さいビルか」

「そうそう、あとその脇にあるマンションも持ってるらしい。そこのオーナーさんからどっちも困ってるから相談したいって、今さっき言われたんだよ。ただ、早口すぎてよくわかんなかったから、今度東京であって細かな話をしてみる」

「おっしゃ、ちゃんと話詰めてくれや。また連絡くれよ。いやあ、ええ兆しや！」

大声で笑い声を響かせながら電話は切れた。ほんとうに、何事も前向きに試してみることが大切(38)、まさに佐田が言っていたとおりだ。何か口に出して言わなければ、誰も気づいてはくれない。何か伝えるからこそ、何かしらの返答がある。発信なくして進展なし、だ。

意気揚々と会場に戻ると、さっき置いておいた皿はもう片付けられていた。

あらためて皿をとり、もう残りわずかになった料理にようやくありつく。会場の端にある椅子に座って食べていると、今度は森本が走り寄ってきた。せっかく飯を食べ始めたのに、邪魔ばかりするやつだ。

「瀬戸、お前どこにいたんだよ。ずっと探してたんだぞ」

「え、ごめん。外で電話してただけだよ。ど、どうしたの？」

(38) 客が来ないとか、協力者がいないと愚痴をこぼす人にかぎって「じゃあどれだけ積極的に営業をしているか」「結果がすぐに出ずとも定期的に説明会を開いているか」などを聞くと、何もしていないことが多い。愚痴を言うときは、手間を惜しんで勝手に悩んでいるだけなので、余裕がある証拠。理解してくれる人が組織内にいないと嘆くなら、組織内の人、100人にまずは説明してみたらいい。地方の役所に勤めるある人は実際に実践し、トイレの前で部長を待ち伏せしたり、会議の後に5分だけと言って説明するなどして50人超えたところで市長に直接説明をする機会を得た。今や専門部署が開設されて活躍している。思い悩む前にできることはある。

どうせ嫌味のひとつでも言いにきたのだろう。

「いやー、市長がさ、直々にお前に挨拶したいって。ちょっとお前、なに飯食おうとしてんだよ。そんなんあとでいいだろ、ほらっ皿置いて！　こっちこいって！　急げっ」

無理やり立ち上がらされ、手を引かれて市役所関係者のテーブルに連れて行かれる。ほんとうにこいつはいつも強引なんだ。

席には市長だけでなく、役人やら議長やらが勢揃いだった。森本はヘコヘコと「こいつ、同級生だけど昔からトロいんすよ～」とかなんとか、自分の手下ともいわんばかりの説明をしている。

市長はそんな話は聞きもせず、脇にいた秘書がさっと手渡した名刺の束から1枚とってこちらに差し出し、ガラガラ声で話し始めた。

「渡部です。いや～、お名前なんでしたっけ。え？　あ、瀬戸くん？　君の先ほどの話を聞きましてね、我が市でもまだまだ様々な商業施設の開発の可能性があるのだと、勇気づけられましたわ。今、市もうちの国交省からきてる副市長㊴の八木原君たちと、我が市の中心部再生に関する計画をいろいろ策定しているから、参考になりました。いろいろと相談もしたいから、ぜひ今度うちの連中と話すように。頼むね」

おもむろに手を差し出されたので、こちらも慌てて右手を出すと、グ

㊴
地方自治体には、歴代、国の各省庁から派遣されてくる官僚用のポストがある地域がある。もしくは大きな事業などを想定している時期に、市長が直談判で省庁に人事派遣を要請したりすることもある。通常の狙いは、国からの予算を獲得しやすくするためだ。しかし、派遣され副市長などを務める官僚が地元市長と動いて国からの予算をつぎ込んだ、時代時代の「モデル事業」が、結局は地方の重荷になっていることも少なくない。

ッと力強い、政治家独特の握手をされた。分厚い手だ。別れ際、どん、と背中を叩きながら、「よろしくな」と言われた。何をどうよろしくなのか、そのときの僕にはまったくわからなかった。

梅雨明けの日、物件の相談をしてくれた望月さんと東京の田町で待ち合わせをすることになった。待ち合わせの場所は、路地裏に入ったところにある小さな蕎麦割烹の店。少し時間より早く着いたので、PCを取り出してメールを返信していると、

「お連れの方、お越しです」

と店員が声を張る。早足で入ってきた望月は、席に座る前からいきなり話し出した。

「いやー、お忙しいのにごめんなさいね〜。もう、前に会ってた友だちが、次があるって言ってんのに、なかなか話が終わらなくてね。ほんと、おばちゃんってのはいやよね。話が長いったらありゃしない！　けど、その知り合いね、息子が孫の学校の相談してくるから自分の意見を伝えたら、嫁が急に、おばあちゃんの時代とは違うのよ、なーんて言ってきたらしいのよ。進学に関してお金は支援してほしいとか言うくせに、口は出すなって、ほんとふざけた嫁よねえ。そう思わなくて？」

「え、ええ。そ、そうですよね〜……」

いきなりのマシンガントークっぷりに、二人きりでついていける自信がなくなってしまった。

「あ、そうそう、今日の本題。忘れてたわ。あなた、ビール飲むわよね」

「あ、はい、の、飲みます」

「すみませーん！　ほんと気の利かない店員よねぇ、そのくらい聞きにこないのかしら、もうっ」

声の大きさから客の性格を読み取ったのか、店員が足早にやってきた。

「あ、ビールふたつちょうだい。早くね」

ひとまず、何事にもせっかちなのはよくわかった。

「そうそう、こないだどこまで話したかしら」

「えー、旦那さんが亡くなられて不動産を持て余してるというところまで……」

「そ！　困ってるの。先日のあなたの話を聞いて、どうにかしてほしいと思ったのよ！　税金ばかりとられて何が資産よ、マイナスにしかならない資産なんて話にならないわよっ！　ほんとにうちの旦那はっ」

これ以上ヒートアップするのを避けるため、なんとか割って入る。

「ぼ、僕らも困ってたので、うまくお持ちの物件を使わせていただければ嬉しいです。仲間にも電話したら、すごい喜んでて」

実は、うちの母にもいろいろ聞いてみたところ、望月さんの家とうちとは親父の生前、商売上の付き合いも少なからずあり、先代のほう、つまり望月さんからすればお義父さんには商店会や町内会の集まりなどでとてもお世話になっていたそうだ。ただ、息子さんが東京の大学に進学して立派な会社に勤めているところまでしか知らなかったらしく、まさかその息子さんがもう亡くなられていたなんて、と驚いていた。

そう伝えると、より一層話は弾んだというか、まぁ1割しか僕は話していないが、トントン拍子に話は進んだ。

「先日お電話で言われた、手元にある物件に関する資料は一応持ってきたわ。ただ、もう古い物件なこともあって、正確な図面とかはそもそも私の手元にないんだけど、どうにかなるかしら？　ってどうにかしてもらわないと困るんですけどね」

「そ、そうですね、我々の仲間に建築士もいますから、現地で見てみるしかないかなと思います。うちの店もぜひ見ていただきたいので、一度現地でお会いするのはいかがですか？」

「そうね！　決まり決まり！」

40

日本の建築基準法は、「古いものは壊して新しく建て替えるのが一番」という設計になっていて、建築ならぬ「新築基準法」だと揶揄されることもある。米国では全不動産取引のうち90%が、イギリスやフランスでも60%-80%が中古物件取引だ。近年、日本でもようやく中古物件流通を加速させる政策も動き始めたが、いまだ15%に満たない。空き家対策にも予算を割きながら、他方で農地であったところに住宅開発が許可されたり、高層分譲マンションが開発されたりと矛盾している。ドイツでは人口減少する都市では開発許可は出さない、もしくは公共施設を解体して民間不動産を借りるなどの政策を行う。需給を調整し不動産の価値を保つ欧州から学ぶことは多い。

バッグから革の手帳を取り出すと、望月さんは早速予定の候補を挙げてきた。

佐田によれば古い物件は大抵細かな図面がもう保管されていなかったり、建築確認や建てたあとの検査済み証なども揃っていないものがほとんどだったりで、そのせいで物件を大幅に直すことができなかったりする㊵ので、書類があったのにはひとまず安心した。

団塊の世代も続々と年金生活にシフトする時代、今の地方の不動産の多くは、かつて大学進学や仕事を求めて地元を離れた息子、娘たちに相続されることがほとんどだ。そのため、地元に不在の地主もかなり多い。さらに厄介なのは兄弟でひとつのビルを共同保有するケースで、区分所有物件㊶も少なくない。一見すれば空いていても、いざ使うのがとても難しいことも多いらしい。

そういう意味では、今回の相談はラッキーなほうだった。不在地主から相談が舞い込み、しかも区分所有でもない。

こうして、いよいよ佐田による「次の一手」が動き出したのだった。

㊶

ひとつのビルのうち、部分ごとに持ち主が異なる物件を「区分所有物件」という。ひとつに見える雑居ビルも、フロアごとに所有者が異なったり、分譲マンションのように、同じフロアでも部分部分で所有者が異なる物件が多く存在している。小さな土地を持つ所有者がそれぞれビルを建てれば、各々に階段やエレベーター、通路などの共用部をつくらなくてはならないために、貸し出せる面積が少なくなる。そのため、共同のビルを建てることで共用部を圧縮し、貸し出せる床を増やすのだ。しかし、建て替えやリニューアルの投資の際の合意形成が難しく、朽ちていくのを待っている場合が多い。

コラム 3-1

地方のビジネスにおける「場所選び」で重要なこと

衰退地域が、人気地域と比較して優位な点がひとつあります。それは「不動産が安い」こと。当然ですが、これは大きいです。事業において最も大きなコストは人件費ですが、それに次いで大きいのは物件費、つまりは不動産を借りる値段です。

しかしながら、衰退地域でもかつての中心商店街エリアなどは、不動産所有者たちがお金に困っていないため、空き店舗を無理して貸さなくてもよいとの判断からとてつもなく高い家賃を設定していたり、高額な保証金を請求したり、もともと老朽化しているにもかかわらず退去時の原状復帰が必須など杓子定規な貸し方をしています。だからこそ、需給が一致せず、いつまでも空き店舗のままとなっているとも言えます。

また地方は文字通り車社会なので、ロードサイドが便利と考えられがちですが、逆に言えば車で移動するため、「目的」さえあれば広範囲で人は移動します。そのため、目的客を主力とし、偶然通りかかるお客さんには依存しないことを前提にすれば、メインストリートでなくて路地裏であっても、極端な話山の上であっても立地としては変わりません。

栃木などで人気の日光珈琲を経営する風間氏は、自分でカフェを開業する際、最初は地元のシャッター商店街を訪ねました。しかし法外な家賃を提示され、手持ち資金がほとんどなかった風間氏はそれでは開業できないと判断。空いていた自宅の一部を改装して、日光珈琲の本店となる「Cafe' 饗茶庵本店　根古屋路地」を開業しました。内装も不用品として捨てられていたものを知人友人から集めつつ、DIYで店舗を設計。人通りも何もない、地図があってもたどり着きにくい立地ですが、最初はご近所さんが来るようになり、その後口コミで、広域から人が集まり、今や出店要請も受けるようになっています。人通りの多寡にかかわらず、初期の事業規模に即した格安条件を引き出せる場所こそが地方におけるよい立地と言えます。

コラム 3-2

資金調達で悩む前にやるべきこと

地方では「お金がなくて事業ができない」という話を聞くことがありますが、「そもそもその資金は本当に必要なのか」からよく考える必要があります。地域の経済状況やその人の過去の実績や経験からいって過大な投資を想定している、簡単に言えば「お金の使いすぎ」であることも少なくないからです。投資回収が難しい内容にもかかわらず、自己資金をほとんど用意せず、人の金でそれをやろうとしている。地域活性化は、なんとなくその地域のため、人のためになるという想いを持っている人も多く、人のお金でやることが当たり前だと思ってしまうことが少なくありません。しかしながら、事業はあくまで仕掛ける人の責任のもと進みます。

自分の資金を投資して始められる範囲のものをまずは試す。成功すれば、利益が生まれて資金は育ちます。新築で建てずにリノベーションで新たな空間を作ったり、もしくは小資本で可能な新たなネットサービスを立ち上げて現地のアクティビティなどで稼ぎをつくることだって可能です。小資本しか集まらないのであれば、その資金でできることを考えるのが第一歩です。

小さくとも一回実績をつくれば、まわりの見る目も変わります。知人友人から投資してもらうなどさらなる自己資本を確保した上で、銀行や信用金庫、もしくは近年であれば政策金融など様々な金融機関からの融資を受けて事業に取り掛かることもできます。こうして、徐々に大きな事業へと挑戦の幅を広げていくのです。

また、最近多く見られるクラウドファンディングも、安直な利用は危険です。自分なりの資金や実績を積んだ上で、先回り営業の一環で先にお金を受け取り、かつ確実に顧客に満足感を与えられるプロジェクトでなくてはなりません。単にお金が足りないから他人から集めよう、という短絡的な姿勢では、必ず問題を起こします。資金調達で悩むその前に、最初の事業の仕掛け方そのものを考え直すことが地方の事業では大切です。

第四章　批評家たちの遠吠え

田舎の沙汰も金次第

不思議なもので、**小さくても成果が生まれると、まわりの目はよくも悪くも変わってくる**㊷。

「あんなもの、3日で潰れる」とか言っていた人が、いつの日からか「おれも最初からうまくいくと思っていた。むしろ応援していたよ」と、言ってきた。また「あんな小さな店が儲かるわけないだろ。おれらは何十年もやってきて苦労してんだ」と言っていた人が、言い分を180度覆して「あの店ができたお陰で、うちの客がとられた」と被害妄想気味に飲み会で話していたという情報も耳に入ってきた。自分でとれるリスクを負って、自分でやりたいと思う小さな事業に取り組むということが、濃密な人間関係、地域のヒエラルキーの中では大きな波紋を呼び、様々な面倒事を生み出す地方の現実を、僕は身をもって知った。心のどこかで、挑戦することを誰かに褒めてもらえるのではないかと思っていたけど、むしろ逆だった。何をしても批判されたり、ズルいと言わ

㊷ よくあるのは、事業をスタートするときはうまくいかないと言われ、うまくいけばあそこだけ儲けていると言われ、少し業績が悪くなれば調子こいていたからだと言われるパターン。だが、結局何を言われようとお客様に支持されれば事業は続けられ、納税すれば社会に貢献することはできる。さらに、儲けがあれば協賛や、協力したい事業に投資することだって可能だ。「地域全体で悪くなる」のが正しくて、誰かがうまくいっていると足を引っ張る、というマインドがはびこっている地域は多い。そのような魑《ち》魅《み》魍《もう》魎《りょう》の囁きに毒されないことが大切だ。

れるのは結構心理的にこたえる。もちろん、だからこそ、応援してくれる人、共に挑戦してくれる人を大切にしていこうという気持ちも日に日に大きくなるのだが。

地元出身の望月さんの物件再生は、当初スムーズに動きそうだったものの、家賃やオーナーとしての投資可能金額を巡って、いきなり硬直状態に陥っていた。

望月さんは、

「私、事業とかよくわからないのよねぇ」

の繰り返しで、投資する気がないというか、そもそも投資なんて一切わからないし興味もないと開き直っている。そのくせ、いや、それゆえに利益分配の話になるとできるだけ多くを要求してくる。気持ちはわからないでもないが、そもそも利用する人のいない物件で、投資なしで利益だけもらおうなんて話は成立しないだろう。しかし、佐田が言うにはただ成り行きで相続することになった不動産オーナーの中には、経営についてまったく知識のない人も少なくないそうだ。とはいっても、僕だって、少し前までは似たようなものだったから、馬鹿にはできない。世の中、不動産や経営について知っている人のほうが少ないのだ。

今思えば、僕も甘かった。現地を一緒に見て回ったりしながら、望月さんと意気投合したつもりでいた。次の案件の実現を急いでいたこともあり、「つもり」だけで動き出してしまったのだ。

しかし、改修計画とそれに伴う投資金額、利益分配などのお金について話を始めたら、いきなり望月さんの顔色が変わった。おそらく、投資する気なんてまったくなかったのだろう。全部、僕たちがやってくれ、自分はお金だけもらえると思っていたようだった。

互いの「思い」はすれ違っている。自分の物件を再生するのも大変だが、人の資産となれば、なおさら難易度が増していくのは無理もないことだった。

僕と佐田が考えていた改修計画は次のとおり。まず、フロアの活用計画を決める。3階部分は佐田の会社のバックオフィス機能を移転させ、佐田の会社で「まままま」の管理運営をしている社員を常駐させるかわりに、彼らに経理作業や電話番もするシェアオフィス業務を兼務してもらうことにした。単に業務量がアップするだけでなく、基本給もアップさせ彼らの手取りも多くする。募集を行ったら地元の小規模事業者からかなりの引きがあった。

さらに、2階部分には「シェア型美容室」を入れようと動いていた。数年前に、一度美容室が入っていたため機材がそのまま残されており、多少の改修工事をすれば使えそうだったから

43

サービス業のスタッフの給料が安いために、優秀でも資金がなく独立できない構図はよくみられる。全体の生産性が低い状態を経営者が放置し、お客さんのついている「できる人」の稼ぎにぶら下がる。しかし、設備投資が必要な分野は、独立資金がない限り独立できない。シェア型店舗は、このような構造に対して設備とスタッフを複数の「できる人」が共有する事業モデルだ。設備投資は居抜きを活用し、利用した分だけを支払う。さらに受付や窓口、アシスタントなどの費用もシェアする。不動産や設備などが余っていく時代、雇われている方も考え方を変えて、より合理的に事業を展開すれば、できる人は地方でも十分に稼げる。

だ。佐田の知り合いにも美容師がたくさんいるのだけれど、みな給料はとてつもなく安く㊸、歩合も少ない。中には月に何十人もの指名をとっているにもかかわらず薄給な人もいた。なんでも、もし独立すれば嫌がらせを受けるといって独立もできないそうだ。その結果、生活のために夜はキャバクラなどでバイトをしている若い美容師も少なくないことを知った佐田が考えたのが「シェア型美容室」だった。

「なあ、自分で独立してみーへんか？　内装の投資とかもこっちでやるし、そっちはなんもせんでええ」

そう知り合いに声をかけたら、あっという間に100人ほどの指名客を持つ若い美容師が4人ほど集まり、6席はすぐに埋まりそうだった。

1階部分は、うちの実家の物件がうまくいっていたこともあり、かなりの事業者が興味を持ってくれた。悩みに悩んだ末に入れたのは、地元の魚の卸売業者が直営するすし店㊹。その手前のファサード部分には3坪分だけ花屋を入れ、ビル全体の印象を華やかにした。4階以上はひとまず放置し、まずは1～3階を運用した上で、段階的に6階まで改装していくことに決めた。

だが、肝心の物件交渉がうまくいかない。今さらやらないと決

㊹ 地元で魚の卸先が減少していく中、卸売会社が自ら飲食店を経営し、垂直統合で成功している企業は実在する。酒屋なども同様で、地元の店が減少してチェーン店ばかりになると卸先がなくなる（チェーン居酒屋は本社調達だから）ため、自ら飲食店やバー経営に乗り出していたりする。卸価格で仕入れができ、バックオフィス機能は既存会社のリソースで可能。あとは魅力的な店ができて売り上げさえ確保できれば、当然利益率は高くなる。地方には近年このような卸売会社やメーカーが直営する飲食店などが増加している。

めたら、声をかけている入居予定者たちに迷惑がかかる。かといって、投資もしてくれないオーナーに利益の多くを持っていかれたら、今度はこちらの投資回収期間があまりに長くなってしまい、リスクとリターンが見合わない。僕の実家の投資回収パターンとは違ったもうひとつの解決策が必要だった。


「ほんま、やっかいやで……」

「ほんとだね……」

佐田の事務所で、僕と佐田は資料を睨むように見つめていた。

さっきからそれぞれぶつぶつぶやいたり、部屋の中をぐるぐる歩き回ったりしながら考えてはいるが、なかなかいい案が浮かばない。佐田が物件の図面を見ながらつぶやいた。

「そういや、そもそもあのビルって今、どれだけ維持費かかっとんのやろな。望月さんがこんなに家賃管理費払ってくれってくるってことは、実際、かなりの金払っとるんとちゃうか?」

「たしかに、今どれだけ払っているのかは聞いてなかったよね」

「ひとまず家賃の話じゃなくて、今のビルの維持費の話を望月のおばちゃんにゆうて、いくら手元に金がほしいんかざっくばらんに話してみようや。もし維持費を安くする提案ができれば、うちも向こうも負担なく、しかも削減できた経費は利益として増えるし、言うことない」

考えてみれば、「自分たちからいくら払うか」の前に、望月さんがいくらビルの維持費㊺に金をかけてしまっているのかまったく聞いていなかった。あちらが投資に乗り気でない以上、各種契約を整理してその「流血」を止める方策を探るほかない。

「望月さん、このビルのエレベーターの管理費とか、機械警備の契約ってどうなってるんです？」

佐田はためらうことなく単刀直入に聞いた。予想していなかった質問に、いつもは間髪を容れず聞いてもいないことにまで答える望月さんが、一瞬目を泳がせる。

「……管理費は、毎年銀行口座から引き落とされているのよねぇ。けど、相続したときにはもう細かな契約書とかが手元に残ってなくて、そのときのままで毎月落とされるのよ。結構高い値段だけど、もう古いビルだからしかたないって言われて。あと、古い機種だともうそろそろ部品がなくなるから、エレベーターもこれから取り換えが必要だって言われてるわ。ほんとお金がかかる

㊺ 地方の不動産オーナーには、保有するビルで月に一坪当たりいくらの維持費がかかっているかを把握せずどんぶり勘定で賃貸している人も少なくない。一坪あたりいくらの家賃がほしいということは言う割に、コストについては杜撰なのだ。整理してみると、丸投げしていた管理会社が相当ぼったくっていたり、先代が50年前に口約束した料金を業者が今も請求していたりするケースも。無用に高い維持費はテナントの家賃や管理費に転嫁され、結局空き店舗に次なるテナントは入らないため、売り上げも改善しないという悪循環に陥っている。

ばっかりで、いやになっちゃう！」

　数字の話はほとんど出なかったが、話の迫力から困っていることはよくわかった。

「一度、今払っている金額を整理して、このビル全体の収益力を改善できるのではないかなと、昨晩気づいたんです。僕らから支払える家賃管理費は今以上に増やせなくても、経費を改善できればそのまま利益に直結するんで、望月さんの取り分は増えます」

　昨晩佐田が語っていたことを、僕はそのまま望月さんに説明した。

「へえ、そうなの。そんなものかしらね。まぁ、そしたら東京に戻ったら通帳から毎月落とされている費用について確認して連絡するから、それも含めて提案してちょうだい！　もしぼったくってたらあいつ、容赦しないんだから……」

　やっぱりそうだった。ビルの改修工事などで今後お金がかかりそうであることが頭にあったから「ある程度お金を溜めておきたい」という気持ちが強かったのだろう。それなら、勝算はある。重苦しかった空気が、少しだけ軽くなったように思えた。


　後日、送られてきたコピーを見て佐田は驚いていた。

「これはえらい高《たこ》うついとるで……」

予想は当たった。

もともと不動産管理などしたことがない人が相続した物件ということにつけこみ、管理費がとてつもなく高い。エレベーター、フロア清掃、ゴミ処理、消防設備点検、機械警備など様々な契約が交わされているが、それらをとりまとめる管理会社が相当、抜いていることがわかる。

「ほとんど、うちの倍や。しかもゴミ処理とかフロア清掃とかたいしたビルでもないのに、うちの3倍近い。ぼったくりやぞ、これ」

佐田は親指と人差し指を丸めてお金のカタチを見せニヤついた。

「どの程度下げられるか再見積もりを個別にかけたればええ。それだけでも随分変えられるぞ」

「じゃあ、僕も地元のエレベーター管理会社をいくつか調べてみるよ」

ＰＣを開こうとした僕を佐田が止めた。

「いや、ちょい待て。これからの物件相談でもどうせこういうことが起こる。個別に普通に見積もりとって解決するだけではなんの能もないやろ。ちょうど実家がビルの管理をやってる種田がこないだ戻ってきたって挨拶にきたから、あいつに一回頼んでみるか。高校時代から相当おれに借りがあるから、頑張ってくれるやろ」

「佐田くんのほうこそ、後輩にお金の借りが残ってるんじゃないの？」

「あほ！　おれは人からとったことなんかあらへん。あれや、みんなおれがかわいそうやからって『くれた』んや。人聞き悪いこと言うな」

僕もたくさんパシらされてけっこう佐田に貸しがあるんだけどな……と心の中で思ったが、とてもそんなことは言えそうになかった。

悪そうな笑みを浮かべた佐田は、すぐに携帯を取り出して種田に電話をかけた。

「おう、種田か。ええか、これから言うことに、はい、か、イエスで答えろよ」

依頼、というかもはや脅迫である。

「えっ、えっ、なんですか……先輩怖いっすよ」

横にいる僕にも、電話口で動揺している、というかもはや怯えている種田の様子が伝わってきた。

「今度再生する物件の、今の管理費がめっちゃ高いんや。それを一気に下げたいんやわ。しかも品質は下げたくない。な？　見積もりとったり、なんか提案してくれへんか」

「は、はい……。ただ、詳しい資料をいただかないと計算もできないので、送っていただけますでしょうか」

さすが部活の先輩後輩。卒業してもなんだかんだで覆されざる関係なのだ。早速資料をまとめ種田に送ったところ、翌日には再計算した資料を送ってきてくれた。その資料を見たら、おおむね全体でかかっていた月に約20万円の維持費が10万円以下になりそうなことがわかった。

ほぼ半額、年間だと120万円ほど浮くことになる。る。しかも、経費削減はそのまま収入になる。これは大きい。

資料が到着してすぐに、種田が佐田に電話をかけてきた。

「地元に戻ってきて思ったんですが、結構ごまかして稼いでいる会社が多いんです。オーナーもそのあたりは『昔からの付き合いだから』と言って、そのままにする人も少なくない。でも、もしほかにもこういう物件の相談があれば、一つひとつよりも、複数一括で管理できる分、より効率的に回せますよ」

「なるほどなぁ、複数でやるとかなり変わるんか?」

「ゴミ処理費用だってひとつの会社がこのエリアで2棟、ほかのエリアで3棟みたいにバラバラに市内を回収していれば、人件費もガソリン代もかかる割に売り上げは少ないでしょう?けど、もし一か所で10棟を一括で管理できたら、一回で大量に回収できるから効率的になります。これはエレベーターの保守点検などすべてにおいて言えることなんですよ。密度が高い契約のほうがいい」

「なるほどな!　そりゃまとめたほうがええ。けど、なんでお前んとこそういう提案せぇへんのや?」

「いや、うちの親父もいろいろと提案して回ったんですよ。でも、物件管理の情報は昔の人ほどブラックボックスになっていたみたいで、となり近所に筒抜けになりたくないとか、となりのやつは嫌いだから一緒になんかできないとか、そんな理由でみんなバラバラに契約してきたんですよ」

「あほやなぁ。けど、まあ逆にそりゃこれからチャンスやな」

種田によれば、中小ビルのオーナー[46]たちが一括で契約するというまっとうな話は、まだ一部でしか実現していないらしい。結果として、チェーン店は本部やブロック別で一括契約しているのに対し、地元の中小ビルや店舗ほど割高な契約を強いられてしまう。売り上げが同じでも、そういう不利な契約のために、利益率がより低い構造になっているのだそうだ。

「地方ではようけありそうな話やな。まあ、まずはオーナーの望月っちゅうおばちゃんに提案してみるんが先や。お前、立ち会えよ」

「は、はい。よろしくお願いします！」

おどおどしたままの返答だったが、うまくいけば我々にとっても、種田にとっても、そして不動産オーナーにとっても確実にプラスになる話だ。新たな打開策が見えた気がした。

[46] 地域の事業者は、一般的に自分の事業の売り上げや利益の話は地元でせず、経営問題を共有し解決しようともしない。互いが商売敵であるという関係上、儲かっていれば妬みの温床になるし、儲かっていなければ恥ずかしいという気持ちがあるからだ。しかし、そのような情報不均衡によって、ビル管理など合同したほうがいいことも合同せず、ときには商店街でも通りを挟んで別の組合があったりで協力できず衰退したところは多数ある。地域内の狭い世界観だけでなく、「敵は外にいる」という認識を持つべきだ。

その週末、佐田と種田、そして僕も同席し、望月さんへ新プランを提案した。いつも強気な望月さんも、心なしか今日は不安げに見える。

提案のゴールは、リスクを大きくとらずに利益をあげる方法があると望月さんに伝え、将来への不安を取り除いてもらうことだった。佐田が切り出す。

「テナントはしっかり入れて売り上げをあげます。さらに、これまでかかっていたビル管理なども合理化しましょ。このふたつの方法をもとに利益を生み出して、取り分を決めれば望月さんに大きなリスクはないはずです。今回はビルに関する今後の修繕費なども見越した計画書をつくらせましたんで。それをもとにサポートしますから、望月さんは安心してもろてええんですわ」

カルテの提案は、種田によるものだ。

「今までそんなに無駄なお金を払ってきたなんて……ああ、ほんと頭にくるわね！　もうあの管理会社とは契約をやめて、あんたたちのところに乗り換えるわ。あと、実は修繕についていくらくらいお金がかかるかわからなくて、この先が心配だったのよ。だから、家賃でそのあたりの目途もつくとわかって、とっても安心したわ」

佐田がこちらに一瞬目配せをする。やはり望月さんは先のことが不透明で心配だったのだ。

「いやあ、いただいたときは驚きましたわ。今までが高すぎですよ。修繕に関する予算もちゃんとこちらの提案どおり積み立てていただければ、リスクは別に大きくありません。これで、契約に進んでも大丈夫ですか？」

望月さんも納得したのだろう、即答だった。

「わかったわ。進めてちょうだい」

僕らは、今度ははっきり顔を見合わせて喜んだ。一時はどうなることかと思ったが、結果的には地域全体の管理費にまで目を向ける足がかりをつくったことになる。新たな収入を増やす前に、既存の費用を改善することで地域の課題解決に繋げる。「入るを量りて出ずるを制す」(47)の大原則はひとつの物件だけでなく、地域全体で応用が利きそうだった。

「さあ、こっから忙しなるでえ！」

帰り道の佐田の一言に、不思議と気持ちが高揚する。忙しいのが嬉しいなんて、会社の仕事では久しく忘れていた感覚だった。

(47) 「入るを量りて出ずるを制す」は、中国古典「礼記・王制」の「三十年の通を以て、国用を制し、入るを量りて、以て出ずるを為す」にある有名な一節だ。30年の収入見込みから適切な投資を行い成長をつくり出しつつ、収入から毎年必要な経費をまかない、初期投資を回収する。北海道札幌の原型をつくったと言われる大友亀太郎は、農地開墾に必要な3000億円ものインフラ投資を行ったが、当初から30年間の全体の収支とともに、移り住む農民の生活まで含めた計画を立てたという。現代は、足りない足りないとだけ言う人が多い。支出を見直し、黒字体質に変えた上で、その黒字をもとにさらに資金も調達し、次なる成長事業に投資していくサイクルをつくった先にこそ、地域の発展がある。

「子どもじゃないんだからさ」

「本日、無事開業となりました！　本当に、夢のようです！」

緊張のせいか、いつになく高い声で挨拶をするオーナーの望月さん。若干、化粧もいつもより気合が入って、髪もばっちりセットされている。いかにも今朝、美容室に行ってきました、という感じだ。

立って話を聞く参加者の間を、心地よい秋の風が通り過ぎていく。

望月さんの物件の再生事業はその後順調に進み、秋も深まった11月、無事開業を迎えた。季節もよく、オープニングイベントには多くの人が集まった。僕の実家を改装オープンしたときよりも、見たこともないお客さん、つまり知り合いではない人がたくさんきている。

中には、

「瀬戸さんですよね、次は何するのかなって楽しみにしていたんですよ」

と声をかけてくれる人もいた。いつもマーケットに足繁く通っている方のようだ。知らない人が期待してくれていること、その期待に少しでも応えられることによる自信が、少しずつ自分の中に芽生え始めていた。自分たちの取り組みが知らないところで大きなうねりとなりつつあるのを感じ、胸が熱くなる。初日は、これ以上ない活況の中幕を閉じた。

最初は低層階だけを先行開業して、高層階は後に計画を立てる予定だったが、開業とともに「自分も出店したいのだけど、空いていますか」という問い合わせが相次いだ。同時に「うちの物件をどうにか再生してもらえないか」という新たな相談もくるようになり、僕は手応えを感じていた。

一つひとつを組み立てる段階から、複数が一気に動く段階へと変わってきている。同時に、問い合わせに対応する自分たちのスピードがなかなか追いつかず、じわじわと焦りも感じるようになっていた。このままでいいのだろうか。

僕は、地元での月一の会議で佐田に思う不安をぶつけた。

「あのさ、最近、メールでも問い合わせがぼちぼちくるようになったよね。一つひとつ気づいたときに対応しているけど、僕も仕事が最近詰まっててなかなか進められなくて……このままだと逆に信用を失ってしまいそうで怖くてさ」

「せやなぁ」

佐田は、いつになくゆっくりと語った。

「このまま個別でやっているだけじゃたかがしれとる。もう少し受け身から攻めの姿勢に変えていく[48]ために、やり方を変えんとあかんのは確かや。これまでは依頼があってから物事を考えてたけど、ここからは自分たちで『このまちをどうしたいんか』のイメージを持ったり、『どういう人にここに集まってきてもらいたいんか』のイメージを固めていかんと、それぞれの企画がバラバラになってまう[49]」

僕としても異存はなかった。ちんたらやっていては、せっかくやる気になってくれている出店希望者も、また利活用について問い合わせてくれているオーナーたちも気持ちが離れていってしまう。やり方を根本から変えなくてはならない。

「ただな」

佐田は強めの口調に切り替えて続けた。

「解決策はそんなに難しない。お前がこっちに帰ってきて本業にして頑張るか、もしくは誰かできるやつ探して雇うか。この、ふたつにひとつや」

右手の指をふたつ立て、左手でそのふたつの指を交互に触っている。

[48] ただし、最初から専従者を雇ってはいけない。理由は三つ。(1) 最初はフルタイムほど日常業務はないため、粗利がほぼ人件費で消えてしまうから。(2) 事務作業などを含め関係各社に業務委託で振れば十分回すことが可能だから。(3) 専従者を雇うと関係者が依存し、自分たちで努力するのを惜しむから。ワークシェアでそれぞれが当事者意識を持って動かないと、衰退地域での突破力は生み出せない。

[49] 1発目の事業は勢いで行うことができても、利益が出始めた時点で油断して次の展開に進めない地域は多い。また2発目までコンスタントに進んでも、今度は各事業に共通するビジョンがないと、結局はモチベーションを維持できず失敗する。そんなときは、仕切り直しの合宿が有効。

「何事もやるべきときに、やるべきやつが、自分でやると決めんと進まん[50]もんや」

そう言い残すと佐田は席を立ち、タバコを吸うために滑りの悪い引き戸を大きな音を立てながら開け、出ていった。

❖

僕はその夜、どうしても寝付けずにいた。

布団に入ったものの、どうにも落ち着かない。スマホを手にとって、「会社のやめ方」と検索してみる。まさか、実家の商売をやめるために地元に出入りしているうちに、自分のほうが仕事をやめるかどうか考えることになろうとは。布団の中で冷静になると、ふと笑えてくる。

僕はやめる決断が苦手だった。自分の成績で通える範囲で何となく学校を選び、みんなが東京に行くというから何となく東京に行き、数少ない内定をもらえた会社の中から何となく勤め先も選んだ。思い返せばこれまで選ぶ決断はしても（それすらあまり自発的なものではなかったが）、やめる決断はしてこなかった。

[50] 物事が動かないときは大抵、やるべきときに、やるべきやつが、自分でやると決めないとき。「誰かがやってくれる」とみなが思っている。押し付けで分担しても意味はないので、挙手制にし、自主的にやるのが基本。

会社での仕事は大変だけど、いやでもない。ただ、あまりに複雑な組織内の調整や上司が手のひらを返したことで、「やめてやる！」と意気込んだことは一度や二度ではなかった。でも、本当にやめるほどの勇気もない。別に今の仕事以外で本気でやりたいことなんてなかったからだ。ただ、地元での活動は、自分たちで決めて、自分たちの責任のもとに仕掛け、成果が出れば評価もされ、お金ももらえる。いただいたお金が自分たちの収入になっていくという確かな手応えがあった。

じいちゃんの「商いってのは飽きないんだ」という口癖が、今なら少しだけわかる気がした。仕事に区切りがついたらやめるか、という考えが一瞬浮かぶが、小さな案件をいくつも回す仕事だけに、いつが区切りになるのかもよくわからない。様々な思いが頭をよぎっては消えていく。

実家と望月さん物件の再生で、一定の収入は佐田との新会社にも入るようになったため、収入がゼロになることはなさそうだ。事業を伸ばす次なる案件も見え、それなりに見通しは立っていた。それでも、組織に未来を預け、保証してもらうことに慣れてしまったのか、将来の生活を自分で保証することが大きな負担のように感じられてしまう。じゃあ、どこまで新会社が伸びたらやめられるんだ？　結局はまわりのせいにしているだけで、自分の思い切りがないだけじゃないのか？

「自分でやると決めんと、ものごとは進まんもんや」

佐田の言葉は明快で、重たかった。

◆

一人で悩んでいてもしょうがない。東京に戻ってから、同僚の佐々木を飲みに誘い、切り出した。

「あ、あのさ、会社やめようかな……なんて思ってんだけど、どう思う？」

実家を整理していることは特段まわりに話していなかったが、同期で入って気の合う佐々木には時折話していたのだった。

「え、やめる⁉　な、なんでだよ」

佐々木は身長が高い割に、ほっそりしているので威圧感はない。僕と一緒で自己主張が強いほうではなく、会社内でも地味でそれほど目立たなかった。仕事はきっちりしているから、いつも誰もやらないような仕事を次から次へと回されて割を食っているタイプだった。似た者同士の僕らは自然と話が合った。

「相談していた事業が、ちゃんとカタチになってきたんだよ。そしたら、まわりからもどんどん相談がくるようになって、これからそういう仕事だけやってみるのもいいかなぁって思ってさ……」

「い、いや、だってお前、地元のなんだっけ、あのこえーやつ。昔パシらされてた、ほら」

「佐田な」

「そうそう、そいつにまたパシリにさせられるかも、とか怖がってたじゃんか」

「いや、まあ最初はなんかやっぱり怖い感じもあったけど、やっぱすげえやつだよ。あいつは自分の責任でいろんなことやってきて、同い年なのにずっと先に行ってんだ」

　僕は正直に自分の思っていることを話した。

「けどさぁ、生活とか大丈夫なの？　そんな仕事で飯食えるとは、おれまったく思えないんだけど。地味でもうちで働き続けたほうが先の見通しがつくし、安心だろ」

「まぁ不安がないといったら嘘になるな。けど、なんか楽しいんだよ。充実してるっていうかさ。ひとまずやっている事業で収入はあるし、ゼロになっちゃうことは今のところはなさそうだし。僕、今までなんでも惰性で決めてきたけど、初めて何か自分から決めて物事ができる気がしてるんだよな」

　佐々木はまったく理解できない、と言わんばかりの呆れ顔で言った。

「今のところ、だろ。事業なんていつどうなるかわかんねえぜ。お前さ、子どもじゃないんだからさ。そんな楽しいかどうかで仕事コロコロ変えてたらきりないぞ。そもそも地方で事業やって生活するなんて、非現実的だろ。もっと慎重に(51)考えろよ」

(51) こういう質問は、同僚にすると反対されることがほとんど。ひとつは、会社員生活以外のリアリティがないから。もうひとつは自分も我慢して仕事をしているのに、誰かが独立して成功するなんて信じたくないから。だから、相談するときは自分が目指す境遇にいる人の話を聞くのが一番だ。自分の目指す方向の生活をしていない人に相談しても意味はない。

応援してもらえるんじゃないかという淡い期待がどこかにあっただけに、少しショックだった。たしかに、少し前の僕が逆の立場なら、同じことを言っていたのかもしれない。佐々木の反応は、まるで1年前の自分の姿を見るようだった。この会社にいて、この会社で日常を営んでいたら知ることのできない世界(52)がたくさんある。その楽しみを僕は知ってしまった。少しずつ僕も変わってきている。佐々木には曖昧な返事をしておいた。

「お前、東京の大学行って、働いて10年経つのにそんな計算ひとつすぐできんで何やっとったんや」

帰り道、佐田が以前投げかけた言葉が頭をよぎった。分業された仕事をつつがなくこなし、何かを自分でゼロから立ち上げて回すという経験がないままに、これまでの人生を過ごしてきた。おそらくこれから先もたいして変わらないだろう。けど、もう自分は知ってしまった。自分で何かをやることの楽しさを。仲間と何かを達成する充実感を。そしてそれで対価を得ていくという飽きない仕事のあり方を。もう、今さら戻れないのだ。

その夜、僕は何度かためらいながらも、意を決して母に電話をかけた。

(52) 私が高校生で商店街再生事業会社の社長を務めることになったとき、「キャリアに傷がつく」と一番反対したのは、共に商店会で活動をしている大学の先生たちだった。ただ高校・大学時代からビジネスを立ち上げた友人や商売を幼い頃から手伝っていた人からすれば、「傷ってなんだ」という感じだった。結果として私は今、ほかの人にできないユニークな仕事ができているわけで、踏みとどまらなくて本当によかったと思う。

「あのさ、会社をやめて、そっちに帰ろうかなと思うんだけど……」

少し間を置いて、厳しい口調で返事があった。

「そうなのね。自分でやっていける自信はあるの？　大丈夫？　佐田くんたちにおんぶにだっこで、どうにかしてもらおうと思っているなら、やめなさい。いつもまわりに影響受けやすいくせに、続けられないいんだから。習い事とかみんなそうだったでしょ？」

息子の提案に驚いたというよりは、いつかやってくるその場面のために答えを用意していたかのようだった。もちろん、こちらも答えは揺るがない。

「わかってる。むしろ、佐田からもお前自身が決めることだ、と言われたんだよ」

「そう。まあ、楽しんでやっているのは何となくわかってたわ。本気でやってみたいならいいんじゃない？　どうせ、死にはしないわよ。私だって、そもそも商売もよくわからない状態でお父さんのところに嫁いで、先に死なれてもどうにかやってこられたんだから。そのかわり、やるなら本気でやりなさい」


最後の不安がすっきり晴れた。体が軽い。今まで悩んでいたこと自体が恥ずかしくさえあった。結局、もう気持ちは決まっていたのだ。けれど、反対されるのが怖くてしかたなかった。まわりの目を気にしていただけだったのだ。

何か悩んでいるときに必ず応援してくれる母を、これほどありがたいと思ったことはなかった。

「すみません、来年の2月末でやめたいと思います」

辞職の意向を聞いた課長は、相当に驚いた。課長もまた、「そんなので本当に飯を食っていけるのか」という佐々木と同じ反応を示した。

仕事の中身を考え、まわりと話をして決めたタイミングが2月末。年明けまでは会社で働くことにし、引き継ぎの目途も立てている。もう戻ることはない。

会社を出てすぐに佐田に連絡をした。自分がはっきりしないと、佐田に話はできない。そう思って、業務的な電話以外は何も伝えないままに、一か月ほどが経ってしまっていた。

「あのさ、僕、決めた。来年の2月で会社やめて、そっちで事業をやりたい」

「おっしゃ！　よう決断した。あのヘタレの瀬戸がなあ。成長したもんや」

いつもの大笑いを聞くと、何となく自分の決断へ自信が生まれてくる。

「今月戻ってきたとき、1泊2日で温泉合宿するぞ。そこで来年に向けた話を決めようや！」

「うん、わかった。予定空けておくね」

約束された未来はつまらない。自分で切り開く未来に賭けてみたかった。あとで悔やむことがあったとしても、決断しなかった後悔よりはいいだろう。

金曜の夜。どこからともなくサラリーマンたちの歓声が上がる。土日が楽しみでしょうがないから金曜の夜に盛り上がる。そんな世界はもういやだった。これからは、平日にこそ盛り上がれる毎日を目指したい。

不安がないといえば嘘になる。しかし、かつて輝いて見えた東京は僕にはもう色あせていて、戻りたい場所ではなくなっていた。

覚悟の先の手応え

「あったまいたい……」

僕はゆっくり布団から出ると、水を飲みに冷蔵庫へ向かった。佐田はまだ、豪快にいびきをかいて寝ている。会社をやめると決めてから初めて地元に戻った週末、僕たちは合宿にやってきていた。

プロジェクトがひとつからふたつ、みっつと増えてくると、いちいち細切れに打ち合わせをすると予定の調整も難しいし、スピードも落ちる。定期的に全員が1泊2日で朝から晩まで顔を突き合わせたほうが話が早い、と考えた佐田の提案だった。また新たに加わるメンバーも出てくると、やはりメンバーも人間同士だから、顔を見ながら話したほうが信頼も生まれてくる。思いもよらない危機がやってくる立ち上げ当初は団結心のような精神的な繋がりも馬鹿にできない(53)のだと、僕は参加してそのメリットをあらためて感じていた。

夜は派手に飲み、一同は二日酔いに悩まされることになったが、溜まっていた相談案件の方向性は一気に決まっていった。佐田の言った

(53) 事業立ち上げの初期には、様々なトラブルが発生し、計画どおりに物事が運ぶことはほぼない。幾度となく軌道修正が必要になり、その方向性を巡って仲間内で激論が起こることもしばしばある。さらに外部からの嫌がらせといった横槍も入り、混乱が発生することも。初期は「血判状」を交わせるレベルの仲間とだけ立ち上げるのがよい。地元で信用を得るために無用な重鎮を仲間に入れたり、話が合わないけど有能そうな人に声をかけて組んだよそよそしいチームだと、空中分解してしまうことが多々ある。何をやるかと共に、「誰とやるか」を大切にしなくてはならない。

とおり、集中して時間をとることの効果は絶大だった。

「起きました？」

ぶっきらぼうに声をかけてきたのは、野々村亘《わたる》。建築設計を仕事にしている彼は僕より年下なのだけど、寡黙で変に威圧感がある。なにやらすでに起きてソファーに座って図面の確認をしている様子だ。

「お、おはよう。朝から仕事なんだ。すごいなあ、あんなに飲んだのに……」

「図面の確認だけですよ。いろんな仕事しないと食っていけないご時世ですからね。朝も夜もないんですわ、このクソ業界」

ＰＣから目を離さずに返事をするが、いつもどおり口は悪い。

野々村は東京の設計事務所で働いた後に独立して地元で仕事をしている。愛想はないが仕事は速いので、新たに手がけるプロジェクトのメンバーとしても、いろいろと協力してもらうことになった。

「ちーす、飲みすぎたっすねー」

軽い挨拶で起きてきたのは、田辺翔。地元でフリーペーパーなどの広告営業をしていて、とにかく顔が広い。もともと佐田の知り合いで、単なる飲み仲間みたいな関係だったが、複数の拠点で同時に活動するなら広報が必須だと考え、佐田の強引な巻き込みにより今回の合宿に参加してくれていた。

芸大出身でイラストレーションも得意なことから、販促物などのデザイン業務から営業展開まで、僕には到底思い付かないいろんなアイデアを出してくれた。

「本当に田辺さんはアイデアがたくさん出てきて、すごいですよね」

「いやいや、単なる思い付きっすよ！　いつも出ればいいんだけど、酒飲まないと、出てこないんすよねー」と言うやいなや、プシュ、と缶ビールをあけて飲み出した。

「えっ！　二日酔いじゃないんですか？」

「迎え酒っすよ！　瀬戸さんも飲まないとダメっすよ？」

「い、いや、僕は……」

酒が強くない僕はしどろもどろになっていると、佐田が気だるそうに起きてきた。

「おっ、もう酒盛りか？　飲むんはええけど、昨日の夜話した内容、忘れる前にカタチにせんとあかんで」

しっかりと釘を刺すと、温泉に入ると言って部屋を出ていった。僕はおもむろにPCをあけて、昨晩の記憶を資料に落とし込み始めた。


何となく人任せにしてきた自分だが、再生事業を本業にしていくという覚悟が決まったことで、ようやくみんなと対等になれた気がした。ただ、今まではなんでも人に決めてもらって、できることだけ手伝う立場だったが、ここからは自分から提案して、動き出さなくてはならない。そのプレッシャーもあり、のんびり温泉に浸かっている時間すら惜しかった。

❖

会社をやめて、あっという間に4か月が経った。

やめればあっけないもので、あれだけ毎日満員電車に揺られて通勤し、働いていた日々が遠い昔のように感じられる。東京での暮らしは充実していたが、忙しい毎日に流され、手応えのない日々でもあった。もうそんな日々を思い出すこともほとんどない。


この間、段階的に開発していた望月さんの物件は、運営で溜まったキャッシュを元手に、高層階も改装することになった。

高層階はお店ではなく、地元でいくつかシェアハウスを運営している人からの提案で、猫と同居するという「猫シェアハウス[54]」を採用することにした。

さらに、僕の実家のとなりの建物からも「一部を活用してくれないか」という依頼が来たため、以前僕の希望でつくった広場のような裏庭は、となりと接続してより大きな庭となった。そして、空き

[54] 捨て猫×シェアハウスのほかにも、「コスプレに対象を絞った写真館」や、「バレーボール練習専用に絞った体育館」など、競争の激しい汎用的なものをあえて避けたほうが対象顧客も明瞭になり、事業として成功する場合がある。これを、私は針のような小さな穴をめがける意味で「ピンホール・マーケティング」と呼んでいる。大切なのは、事業に取り組む人が、絞り込んだ市場で営業可能な力をもっていること。単にキワモノコンセプトの思いつきでは、絞り込んだ市場の人達に営業ができずに頓挫する。

家の一部を改装して菓子製造の拠点と、併設のカフェを開業した。菓子をつくっているのは地元酪農家の女性。

自分がつくったチーズを生かしたケーキを多品種製造して、ゆくゆくはこの場所から卸業での展開をも目指している。小さく産んで大きく育てる、という僕たちの趣旨にも沿ったスタートだ。

梅雨のじめじめした天気が続く中、きいきいと音を立てる古い椅子に座りつつ僕は資料をつくっていた。

ここ1か月ほど、佐田からは何度もせっつかれている。

「おーい、瀬戸ー、そろそろ準備始めんと間に合わんぞ」

僕はよく言えば用心深い性格、詰まるところはやっぱり何事もスピードが遅い。

「そ、そうなんだけど、まだ各店舗への説明がすんでなくてさ……」

「お前、もうすぐ夏やで。梅雨明けまでに準備整えようや。どんな進め方しとんねん」

「け、けど、ちゃんとみんなの意見を聞いてやらないと。反対したり納得してくれない人もいるから……」

「そんな説明のしかたしとるから、反対されるんや。もう、各店舗への説明はおれがやる。お前は資料と制作物の進捗管理をやる。それでええな。ったく、東京やとそんなんで給料もらえんのか」

しびれを切らした佐田は、僕に任せていた仕事を実質的に取り上げて、総動員でとりかかることにしたようだった。

東京の会社勤めであれば、仕事は基本的に分業だった。バックオフィスもしっかりあったから、様々な経費処理もほとんどシステムに入れて終わり。しかし、今はそうはいかない。何かトラブルがあっても、対応してくれる上の人もいない。今は僕自身が責任者だ。自分で何か事業を始めるときは、何から何まで自分でやらなくてはならない。

僕のスピードが遅いからといって、佐田は待ってくれない。プロジェクトは次の段階に進まなくてはならないのだ。

「これまでそれぞれの再生事業を手がけるのに精一杯で、各店舗に新たなお客さんを生み出していく取り組みが全然できてへん。お客さんは常に目減りする[55]んや。せやから今のベースを大切にしつつも、減っていくものを補う新たな顧客を呼ぶ仕掛けも欠かしたらあかん。あと、うちらが仕掛ける拠点に入る店も増えてきた。たまには関係者がひとつの

[55] お客さんは最初が一番多い。その後は住民の引っ越しやライフステージの変更で徐々に減っていく。だから新規顧客の獲得を常に仕掛けているお店しか伸びていかないのだが、そこを怠って「うちの客をよそにとられた」と言い他人のせいにする人は多い。常にお客さんは複数の店やサービスを比較して移りゆくものであり、それを前提に新規顧客をプラスしていかなくては商売は行き詰まる。

ことをやる機会も必要や。せやから、そのために『欅屋フェス』をやろう。今、いきなり全部を完璧にはできん(56)。でもこの日だけは普段の不足分を補って、理想に近い仕掛けをつくってみよう」

フェスに合わせ、各店舗の内容を整理したフライヤーもつくることになり、これらをすべて仕掛ける段取りは僕に任された。すでにフライヤーをつくっているお店も取材し直して、切り取る要素を変える。

「ええか、大抵の場合既存店舗は新しい試みについてこれへん。さっきも言ったが、大原則として、客は常に目減りする。せやから自分たちの商売を、いつも新たな客向けに編集し直さなあかんが、そこまで意識的にターゲットを絞って、メッセージを発信してるお店はほとんどない。新たな顧客像に向けた切り口でアピールしてくれといっても、混乱して終わってまうはずや。そこをどうするかが瀬戸の腕の見せ所。たとえば、まちの豆腐屋さんを単に紹介するんやなくて、『ある程度食にこだわりのある30代の食べ歩きが好きな人』をターゲットにするんやったら、朝10時に揚がる厚揚げにフォーカスして編集するのが有効やったりするかもしれんやろ。わかるな？」

佐田の指示には「はい」か「イエス」のどちらかだ。自信はないが、やるしかない。今回

(56) 新たな取り組みを始めるときに、最初から完璧を求めては何もできない。問題のある地域の状況は一朝一夕では変わらないし、ゼロからスタートする企画は当然最初は問題も多い。しかし、完璧でなくても始めなくては変化は地域に起こせないし、問題は毎度修正していけばよいだけだ。変に人の目を気にして、完璧を求めすぎると、継続するのが大変になり続かない。重要なのは「続けて改善していける」程度の気軽な立ち上げなのだ。始めて、継続して改善を繰り返していけば、そのうちに取り組みが持つ影響力は大きくなっていく。

は、普段以上に女性をターゲットにしようと話していたら、地元でライターをしている女性たちが喜んで協力してくれることになった。仲間が増えていくことは、本当にありがたい。

その一方で、それだけの協力者を束ねるのにも能力というか、資質というか、**人間的魅力が必要**57になることも僕はつくづく感じていた。佐田がしびれを切らして発破をかけてからは、チームも引き締まり、しっかりと進捗していく。ウェブサイトも立ち上がり、当日の設営イメージも決まり、テナントが何をやるかもすぐに決まった。フライヤーも完成し、出店する30店舗の店頭のほか、知り合いの店など50か所ほどで配布してくれることになった。

自分が半年かかっても動かなかったものが、佐田が動けば1か月で次々と決まっていく。僕は、自分に話し合いの場ですぐ結論を出す力が不足していることを痛感した。

「会議をやるだけなら時間と金の無駄遣いやぞ。その場で結論出すんが一番や」が、佐田の口癖だ。僕は10年間、結論の出ないダラダラした会議をして給料をもらってきたのだなと思い知らされる。おそらく、佐田には狙いがある。複数の拠点を回し、新たなお店、既存のお店を横

57 「何を言うか」より「誰が言うか」で、多くの人はその話を聞くべきか聞かざるべきかを判断する。リーダーシップはその人の容姿、実績、日々のふるまいなどから判断される。組織で仕事をしていた人は、ある意味では個性を殺してしまっている人も多いため、個性豊かな地域の事業者たちに何を言っても、単なる伝達者程度に終わってしまい、人が動かないことも。モチベーションをつくり出せる人でないと、地域での事業の立ち上げはできない。どんなに合理的な説明をしたとしても、それだけで人は動かないのだ。

断してエリア全体での価値を高めていこうという今、何をするかよりも、誰がどのように決めたことを実現するかというチームとしての「実現力」の強化こそが、フェスの隠れた目的だったのではないかと僕は思った。

❖

フェス当日は、幸い天候にも恵まれた。会場は、心地よい音楽の中で、ビールだのワインだのを飲みながら、ワイワイと語らう声に溢れていた。出店者の売り上げも上々で、とくに今回はもともと残って頑張っていた数少ない商店街の店にも声をかけ、従来とは違う専門店として切り口を変えたことで売り上げが改善した。

豆腐店は単なる豆腐屋さんではなく揚げたての厚揚げ専門店として出店したところ、大人気となった。こんな店が地元にあったとは、とみなが驚き、今後も午前11時と夕方4時に揚げたて厚揚げを出すことにしたという。

重要なのは誰を呼ぶか、そしてその人たちが喜ぶような提供方法を具体的に考え、実現することなのだと僕は肌で感じた。フェスのマップもかわいくて好評だ。こういう仕事をしてみて、**センス**(58)って大切なん

(58) デザインにかぎらず、感性、センスは事業に取り組む上でとても大切。よい空間に身を置くからこそよい空間がわかるし、それらを知る人たちと共に議論をするから背景にある感性を理解することができるようになる。逆に、地元の適当でダサいものばかりに接して慣れてしまい、適当につくられた旗を飾ったり、デザインに配慮しない看板を設置したりを繰り返すと地域の魅力を削いでしまう。

だな、とつくづく思い知らされた。

会場ではこのフェスで使える金券を販売した。各店舗には5％差し引いて換金し、その5％が運営を担っている僕たちの会社の売り上げになる。5％が成果報酬型の送客費用ともいえる仕組みだ。実は、一番の財源になるのは使われなかった金券分。「思い出にぜひ」なんて言って持って帰ってくれれば、100％まるまる運営側の収入になる。学生時代からイベントを開催していた田辺のアイデアだった。

まちのイベントで最悪なのは運営に地元の事業者が手をとられて(59)、本業の商売ができなくなることだ。設営、片付けに一生懸命になってイベントは成功したが自分の店は閉めていて大赤字、なんて笑えない話が各地にはたくさんあるらしい。今回のフェスはそのあたりの運営も、役所が仕掛けたB級グルメフェスとは段違いだった。やっぱり、自分たちで稼ぐとなると事業者も運営も、本気度が違う。事業者の本気が、会場に熱気を生み出していた。

準備にあれだけ時間をかけたフェスも、やってみると一瞬のうちに終わる。しかし、打ち上げの盛り上がりは、すごかった。それだけ当日の感触がみなよかったのだ。

(59) まちのイベントでは、開催に労力がとられてしまい、肝心の自分の店の商売に手が回らないことがある。せっかく人を集めて商売で儲ける仕掛けがあってこそのはずが、イベント運営に労力をかけすぎて、自分の商売で儲ける機会を失うという本末転倒なことにならないよう、配慮が必須だ。またイベントは始めるとやめられなくなり、評価されればされるほど回数が増加する傾向にある。忙殺されイベント当日のみならず日常の本業にまで悪影響を及ぼすことがしばしばあるので、気をつけなくてはならない。

「今まではまったく違うお客さまにきていただけました！」「こんなに熱心なお店がこのまちにあることに気づけて、もっとやる気になりました」。そんな声を出店者からかけられるたび、僕は涙ぐんでしまった。仕事でこんなに手応えを感じて、感謝されたことなんて、今まであったっけ……。

関係者一同で、来年に向けてあれもやりたい、これもやりたいと盛り上がる。今回のフェスの成功(60)で、普段マーケットに出ている出店者の中にもそろそろ店を出したいという人が増えてきた。溜まっている不動産オーナーからの相談と組み合わせていければ、このエリアがより面白くなるかもしれないという手応えをたしかに感じる。そんなことを考えているとき、望月さんの物件に入った花屋さんから変わり種の意見があった。

「通りを入ったところにある小さな公園、今あまりに汚いじゃないですか。あれってみんなできれいにできないですかね」

地元の連中はその荒れた状況に慣れきってしまっていたが、たしかに踏み固められた地面、汚い砂場、壊れかけの遊具、薄暗い植栽など、とても公園とはいえない状況で、地元では子どもに「あそこに行ってはいけません」と言う親さえいる始末だった。けれど、自分の家の庭を

(60) 成功のための施策だったはずがイベント本来の目的とかけ離れている例は意外と多く、そもそもの目的を忘れて人集めだけに走った結果、お金を払ってお笑い芸人を招いたり、演歌歌手を呼んできたりするような例が頻発している。そもそも、商売が魅力的であればそれだけで人は来る。商売そのものの魅力がないという根本的問題を放置して、小手先の集客をするために行政予算を割きコスト度外視で芸人を呼んでいては話にならない。やるべきことはほかにある。

改装した広場であれだけできたんだ。公園だったらもっと面白くできるに違いない。

「調べてみたんですけど、ほかの地方では地元のＮＰＯが公園管理を引き受けている取り組みもあるみたいで。できれば私たちで管理したいんです」

お酒も入り気が大きくなっていたメンバーは大盛り上がり。みんながそれができるならうちはこんなことをやりたい、あんなことをしたい、とどんどん意見を出した。間違いなく、地域にうねりが生まれている。


「こんにちは、ご相談したいことがありまして」

翌日、僕はフェスの片付けを仲間に任せ、久しぶりに市役所を訪ねていた。新たな試みを始めるために。

コラム 4-1

地方の事業に「批判」はつきもの

地方において何か事業に取り組めば、必ずといっていいほど批判を受けます。衰退地域には衰退するなりの古い「常識」があり、衰退を打開する事業に取り組めば、自然とその「常識」を覆すことになります。逆に、全員が賛成するような事業は、さらに衰退を加速させる困った事業であると考えたほうがよいくらいです（クラボウなどを創業した偉大な実業家大原孫三郎も「十人の人間の中、五人が賛成するようなことは、たいてい手おくれだ。七、八人がいいと言ったら、もうやめた方がいい。二、三人ぐらいがいいという間に、仕事はやるべきものだ」と語っています）。

北海道新ひだか町の「あま屋」は、今や国内外からもお客さんが足繁く通う名店となっていますが、もともとは地元の鮮魚卸会社が経営するまちの食堂にすぎませんでした。しかしながら、「春ウニ」や「熟成エゾ鹿肉」といったメニューを仲間と共につくり出し、徐々に高価格帯の商品群も出していきました。今や春ウニを食べるために札幌から多くの人が訪れるようになり、地域の様々な店でも「春ウニ」のキャンペーンを展開していますが、当初は「そんなものでは客はこない」、「またあま屋だけが儲かる仕掛けをしている」、「メニューが高すぎる」などの批判が絶えなかったと言います。

ほかにも財政難で公共施設整備が困難だった岩手県紫波町が、民間資金で様々な施設開発を行って成果をあげたオガールプロジェクト。しかし、当初はパブリックプライベートパートナーシップ、通称PPPと呼ばれるその開発手法そのものがよくわからないと、地元紙に「黒船来襲」と書かれるほどの猛バッシングを受けます。しかし開発が成果をあげ、年間のべ約100万人の集客、周辺住民の増加、4年連続の地価上昇、税収の増加といった結果を見て、当時の反対者も「もっと早くできればよかった」と口を揃えました。

百人の合意より、一人の覚悟がまちを動かす。合意形成にかける時間があるなら事業に挑戦し、批判を受けても継続し、結果で地域にプラスを生み出せばよいのです。

コラム 4-2

地方でビジネスを始める悩みと不安

瀬戸のように「会社をやめて地方でビジネスを始める」という決断には、かなりの不安がつきまといます。とくに自治体からの受託事業など予算をもらって仕事をするのではなく、自ら地域での事業を立ち上げ稼ぎをつくり出すというのは、なかなか簡単ではありません。かくいう私も、高校時代に会社を始めた際、3年ほどは赤字に苦しみました。

この難しい問題とどう対峙するか。私は瀬戸のように会社勤めの稼ぎを確保しつつも、事業を始める糸口をしっかり掴むプロセスを踏む、つまりいきなりやめないことをオススメします。ただし、だらだらと会社員をしながら、地方のプロジェクトに関わっても、いつまでも稼げるようにはなりません。そのため、本書に記したように、地元で今稼いでいる人とつながることが不可欠です。地元の市場をよく理解し、成果をあげている人と仕事を始めるのです。そして、その事業の成果が拡大し、自分なりにここから先は自分でやってみよう、という段階で一気にギアを入れ替え、アクセルを踏むのがよいでしょう。

ただし、地元の市場と向き合い成果をあげる経営者はクセが強いのも確か。そう簡単に「一緒にやりましょう」「そうですね」とはならないことも多々ありますが、これればかりは自分でどうにかするしかありません。やはり魅力的な人は、「こいつは面白い」と思う人でなければ話を聞いてくれませんし、媚びたところで振り向いてはくれません。何かその人にできない特技や能力などをもとに話を持ちかけ盛り上がれば、その延長線上に事業が始まったりします。

もし佐田が事業を持ちかけたときに、瀬戸のフットワークが重ければ、そこで話は終わったでしょう。

逆に、そういう小さなチャンスを逃さない挑戦的なメンタリティがあれば、地方の事業家と繋がる機会はいくらでもあります。悩んでも何も解決しません。自ら動き、考え、さらに動くことが大切です。

第五章　稼ぐ金、貰う金

「欲」と「隙」

「瀬戸さん、電話です。また、視察したいって」

成功が地元紙やウェブメディアで取り上げられるにつれ、欅屋には連日視察見学の問い合わせが相次ぐようになっていた。

「あ、はい、はい……10名でお越しになるんですね。当日は何時頃到着されますか？」

視察見学のやりとりだけで一日が終わるのではないかと思うほど、事業所の電話が頻繁に鳴り響いていた。嬉しい気持ちもある反面、電話の度に進めていた打ち合わせや作業が中断されて困ってしまう。ウェブにも問い合わせが入ると返信しなくてはならない。さらに、来ると言っていた人がドタキャンしたり、人数が増えるだ減るだなどという細かな連絡が山ほど来たり、ときには「無理だ」と言っているのに突然事務所に現れて話を聞かせろと言う人まで現れる始末で、完全に業務に支障(61)をきたしていた。

(61) 一定の成果を収め、メディアや事例集などに掲載され始めると民間団体、行政の各部署、議会の様々な委員会などが視察見学に訪れるようになり、対応するだけで大変な時間を割かれる。無料で引き受けるということは、人件費、説明する場所の事務所費、水道光熱費など膨大にかかる各種経費の対価が得られないということ。有料化し、本気で話を聞いて実践に繋げる人だけに限定して受け入れるべし。時間潰し、もしくは物見遊山に付き合っていると、自分の組織のほうが潰れてしまうので要注意。

「おーおー、瀬戸ぉ。毎日忙しいそうやな」

事務所に現れた佐田は、僕のあたふたしている姿を見て、茶化すように言った。

「佐田くん、これ結構笑えないよ。視察見学の連絡で一日が終わってしまうよ、このままだと……」

佐田は呆れたような顔をした。

「お前、つくづくあほやなぁ、問い合わせてくれるってことは商いのチャンスやないか。知り合いのところは視察見学はすべて有料、一人3000円取って、受け付けは全部ウェブに一元化して儲けとる。なんでそういう提案出さへんねん。そんなんやったら、食っていけへんぞ。目の前まで来ている人を客にせんでどないすんねや？」

「し、視察でお金をとるの？」

「ディズニーランドかて金とるやろ、役所がやってる博物館かて科学館かて金とりおる。おれらがこのまちでやっていることを見に来たいっちゅー人たちから金とっても、バチはあたらんで。瀬戸、研修屋がどれだけ儲けとるか知らんやろ。よっしゃ、視察見学事業部を立ち上げて、そうやな、田辺にやらせよう。あいつノリがええし、視察用のウェブサイトとかも自分で立ち上げできるからちょうどええわ。歩合にしたったら頑張るやろ」

いつもの佐田節で物事がどんどん決まっていく。けど、僕は寂れたまちを単に見てもらうだけで金をとれるとは到底思えなかった。

「でも、ディズニーランドにはアトラクションがあるけど、うちには何もないじゃんか。お金なんて払ってもらえるのかなぁ」

「あほ、何もないからええんや。何もないこのまちで仲間で工夫したからこそ、ここまでできた。失敗もあったけど乗り越えた。その話を聞きたいゆうて来てくれるんやんけ。うちが大都市のど真ん中で、おれらが生まれながらの大金持ちで、巨大な開発やって儲けましたって話なら、ほかのまちの人にとってなんの役にも立たんやろ」

たしかに、来る人たちは口々に「このまちでもこれだけの成果が出せるんだ」と言って帰っていく。そのときは失礼だなと思って聞いていたが、逆にそれは褒め言葉だったのかもしれない。

「目に見えるものしか価値がないと思うんはいい加減にやめえや。おれらのストーリー、ここに来てできる体験に価値があるんや。目に見えるものにしか価値がないなら、こんなボロ家で商売なんか成り立たへん」

ここは佐田の嗅覚を信じるか。僕は半信半疑ながら、田辺に連絡を入れて会議の日取りを設定した。

❖

会議当日。いつもチャラチャラというか、ヘラヘラしている田辺だが、こういう企画にはちゃんと資料をつくってくる。これが代理店営業で鍛えられた底力か。

「ひとまず、一人3000円。参加は最低5人からにして1・5万円以下では視察対応しない、週のうち火曜、木曜、土曜の3日だけしか視察対応しないことにして、複数の地域が一緒になることもあるという形式にしたほうがいいと思うんすよ。そのほうが効率があがるし、いろんな地域の人同士が仲良くもなるし」

「賛成や」

「あと、民間、行政、議員とに区分して分担を決めて、民間については瀬戸さん、行政は僕、議員は佐田さん担当ってのでどうっすかね。ほら、僕、前職で役所との仕事が多かったし、議員さんには佐田さんくらいの迫力いるでしょ。全員揃って説明してほしいというときには、オプションで5万とりましょう」

「おー、そりゃええな。ええアイデアや」

佐田が相槌を打つ。

田辺は笑いながら続けた。

「カタチのないサービスってのは、キャバクラみたいなもんです。来客のニーズに応じてサービスを変えて、ベースで課金しつつ、オプションで料金とって個別にさばく。いやあ、ついにかつてのキャバクラ通いが日の目を見ましたね」

「あほ言うな」

佐田も合いの手をいれて、どんどんプランが積み上がっていく。ふざけているようだけど、佐田や田辺は自分の体験をもとにして楽しんで企画を決めていく。僕は、どうしてもその盛り上がりについていけなかった。過去の情報から分析を積み上げ、**真面目に資料をつくって物事を決めていこうとしてしまう。**62 まぁ、企画がある程度広がった上で収束させ、手堅いところに落とし込んで運用するのが僕の役割だと、自分で自分に言い聞かせた。

「あと、受け付けはすべてウェブ経由に限定して電話はなしってことで。電話だと言った言わないもあるし。ウェブで全部コース選択できるように仕組みつくっときます。ちょっとお金かかるけど、1か月もすれば回収できますわ。事前入金制にしてドタキャンはちゃんとお金とることにしましょ。過去の状況みると結構ドタキャン出てるし、そういう人のために時間割くの馬鹿馬鹿しいですしねー。じゃ、知り合いにウェブの話しとくんで、来週にはこの形式でひとまずスタートさせちゃいましょっか」

田辺の提案によって視察見学受け付けサイトが立ち上がり、僕の想定を上回って、1か月に5〜10団体ほどが視察に来てくれるようになった。最初は有料だと結構断られるかと思ったが、それほど抵抗もなく支払ってくれたことに驚いた。

62 とくに人口増加社会から人口減少社会へ転換し、全体的な原理原則や、適切な対応策が逆転している時代に、過去を頼りにしすぎてはいけない。今起きていることから発想し、理解し合えるメンバーで始め、軌道修正しながらその時々に適合させるしかない。

ただ、ウェブでしか受け付けしていないにもかかわらず、代表電話にかけてきて、

「金は予算がないから支払えない。情報提供くらいお互い様ではないのか」

と言う人もいて、そういう人にかぎってしつこかった。

とはいえ、結果として毎回5～10人、合計すれば月間50人から70人ほどが視察に来てくれることで、月15万～20万円程度の収入になるようになった。一人で案内するのが難しい人数のときに、マルシェなどの企画に協力してくれている地元の学生の中から時間が合う人をバイトで雇って賄った。バイトのコストくらいで安定的な収入があるのは、経営的にはありがたい。

視察見学に振り回されつつあった現場も落ち着き、僕はようやく通常業務に集中できるようになった。

久しぶりにゆっくりデスクを見回すと、書類の山から役所にもらってそのままになっていた書類が目に入った。

「あ……そうだそうだ。公園のこと、すっかり忘れてた」

❖

先週、フェスの打ち上げで話が出た近所の公園活用について市役所に相談しに行ったときのことだった。

「すみません、ここの公園を地元の仲間で管理したいのですが」

スマホに表示させた地図を指さしながら話をする僕に、役所の窓口担当は、

「え？　いやぁうちの自治体にはそういう一般の事業者さんに貸し出す取り組み(63)はしてないんですよねぇ。公共財産ですから、一部の民間の方が勝手に使って何かあった場合にねえ、いろいろと……」

と、予想どおりの返答をよこした。仲間と盛り上がった話をどうにかカタチにしたいと思ってきたが、無駄足だったか。肩を落としていると、後ろから聞き覚えのある甲高い声で呼びかけられた。

「あれ、瀬戸じゃん。何やってんの」

森本は、僕の顔を覗き込むように見たあと、指さしていた地図をじっと見て、窓口の担当の人と目線を合わせ、

「あ、ちょっとおれ、こいつと話しときますんで」

と言って、僕の腕を引っ張った。

「瀬戸、あっちで話そうぜ。いいから、いいから！」

空いていた個別面談用のパーティションで区切られたスペースに強引に連れ込まれる。

(63) 日本では戦後、公園は禁止事項ばかりで何もできない場所となってしまったが、明治時代には公園で事業が営まれるのは当たり前だった（日比谷公園にも松本楼というレストランが開園当初からある）。ニューヨークでは公園の一部での営業権を売却することで財源を確保し、中でもマディソン・スクエア・パークに出店したシェイクシャックという小さなハンバーガー店はいまや上場し、日本を含め世界各地に展開する企業へと成長するなど、新産業の拠点にさえなっている。しかし、日本では公園予算は削られるばかりだ。日本でも都市公園法が大きく改正され、新たな時代に対応した公園の再編成が求められている。

「ちょっと、森本、なんだよ」

「お前、公園を活用させてくれとか言ってただろ。そんなのいきなり来たよくわからないやつに『はい、そうですか、いいですよ』なんて言うわけないぞ、役所は。公園でちょっと何かやるだけでいちいち苦情言ってくるおっさんとかいて、こっちも大変なんだよ。まぁ、けどちょうどいいところにきてくれた。行く手間が省けてラッキーだわ。ここでちょっと待っててくれ」

そう言うと森本はどこかに去って、2分もしないうちに戻ってきた。手に持った茶封筒から、数枚の資料を取り出しおもむろに話し始める。

「ちょうどな、お前に相談したいことがあったんだよ」

片手で口元を隠しながら、森本は声を潜めて話を続けた。

「実はな、今度国が計画している新しい地方再生政策のモデル地区にうちの市が選ばれそうなんだよ。今の市長になってから、副市長を中央官庁から派遣してもらってるだろ。その人が動いて、うちで率先してモデルをつくろうって話になってんのよ。けどさ、実際地元で動ける人がいない。官民連携事業のモデル事業(64)だから、役所がやるといっても、動ける民間の人間がいないとカタチにならないんだよ。地元の民間側が参

(64) 地方再生事業では「見本」をつくるため、役所は「すでに成果が出ている事業」に後追いで集中的に予算を入れ、確実な成果をあげようとする。しかし、もともと自立して稼いでいた事業が、大規模な予算が投下されると、稼ぎよりも予算消化に専念してしまう。その結果、予算が枯渇すれば、体制が維持できなくなる。小さな成果を出し、モデル事業のお誘いがきたときこそ、要注意だ。

加しているという体《てい》が不可欠でさ。そこで、瀬戸たちの会社が動けるなら、候補として入れたいんだけど……」

以前、この流れでイベントに巻き込まれていやな思いをした僕は、話を遮って、

「いやいや、そういうのはもうこりごりなんだよ。どうせまたイベントのときみたいに僕らにはタダ働きさせて、芸能人を呼ぶよくわからない代理店にたくさん予算つけて終わりなんだろ。僕も会社をやめて仕事として地域の再生に取り組んでいる以上、タダ働きは絶対にしないから」

と断った。森本は、違う違うとわざとらしく手をひらつかせた。

「まぁこの前のは事故だよ、事故。おれもあんなことになるとは思わなかったし。けど、今回は違うから。ちゃんと予算から瀬戸たちの会社にお金を払うつもりだし、そもそも官民連携だから、民間に予算つけないといけないって国に言われてんだよ。ちゃんと動けるまとまった予算がつく。だからこないだのイベントとはまったく違うからさぁ、どうよ瀬戸。まとまった金があったほうが、企画できることもたくさんあるだろ」

僕たちの会社も、地域では2件の物件再生の実績ができ、視察に来てもらえるまでになった。ただ僕は専従スタッフであるものの、ほかのメンバーはそもそもほかの仕事が主で、あくまで兼務で手伝ってくれているだけだから、まだ安心できる状況ではない。もちろん、お金に苦労しているわけではないが、もし自由になる予算があるなら、スタッフを増やしたり、やり

たいこともたくさんできる。今、事業がもし急にうまくいかなくなったら、自分の生活も傾いてしまう不安もあった。

「そうか、今度はちゃんと予算が出るんだね」

僕は念押しした。

「そうそう、ちゃんと〝今回は〟予算が出るから、安心しろって。しかももう入札も終わって事務局は地元の商工会議所が担当することになったんだけど、あくまで事務局だから地元の民間側がなかなか見つからなくて困ってたのさ。まぁ計画立てて建物を造ったりする土建屋みたいな民間はいるけど、スタート時の企画を考えたり、運営計画を組み立ててやってくれたりする民間はいなくてさ。ひとまず、会議所の門馬さんって担当に繋ぐから話だけでも聞いてみてよ。じゃ、またな」

何か次の予定があるようで、森本はこちらの質問はまったく受け付けずに颯爽とエレベーターに乗り、上のフロアに消えていった。

どうやら、商工会議所の門馬という人と話をしなくてはならなくなったことは確からしい。


翌日、デスクワークをしていたら、急に見慣れぬ電話番号から着信があった。

「えー、私、もんまと申しますが、あー、あなた瀬戸さん？」

かなり高齢の方であることが受話器からも伝わってきた。

「あ、はい、瀬戸ですが……」

「こないだ市役所の森本さんから話を聞いとるでしょ。うちの仕事手伝うって話だけど、一度説明したいから会議所まで来てもらいたいのよ。結構時間がない話だから、早めに頼みますわ。明日の午前中は来れるかいね？」

ぶっきらぼうな話し方に、僕は威圧されて声が小さくなる。

「あ、ええ、行くことはできますが」

「じゃあ明日の午前10時に会議所にきて、も・ん・まを呼び出してもらえばわかるから、よろしく」

ガチャ、という音と共に電話は切れた。


何となくいやな予感がする話だっただけに、僕は森本から言われたことも、門馬という得体の知れない会議所の職員から電話があったことも佐田には話ができずにいた。けど、まとまった予算があれば、もっといろいろなことができる。計画や予算の内容を見れば佐田も評価してくれるだろうから、そのときにちゃんと説明すればいい。

自ら稼ぐ企画をゼロから立ち上げられていなかった僕にとって、自分がカタチにできる初めての営業案件になるかもしれない。ここでうまくまとまった稼ぎをつくれれば、自分の生活への不安65も少なくなる。

僕は、やっと自分らしいカタチでチームに貢献できるという期待に、胸を踊らせて帰った。

65 地域での事業はスタートこそ早いものの、成長させるには時間がかかる。そのときまわりと比較して焦りを感じたり、事業の成果と自分の収入が直結する環境に慣れていなかったりすると不安やストレスから、意思決定が歪むことがある（とくに会社員だった人が事業を仕掛けるケースに多い）。まとまった予算がつく行政主導の事業をとりにいった結果、いつの間にか単に行政の代行業者となり、地域衰退の負の連鎖の片棒を担いでしまうことも……。

お役所仕事

まちの衰退具合とは不釣り合いに、立派に建て替えられたばかりの商工会議所の受け付けに僕はいた。

「あのぉ、10時に門馬さんにアポをもらっている瀬戸と申します。昨日、お電話いただいた」

「あぁ」

受け付けの妙齢の女性は内線で門馬を呼び出し、言葉少なに役員応接室と書かれた部屋へと案内した。古びた革張りの応接セットと、壁に並べられた歴代の理事長の写真。何となくかび臭いような、陰湿な雰囲気に緊張感を覚え、鼓動が速くなる。ガチャッという音と共に現れたのは、白髪で小柄な高齢の男と、太った大男だった。

「君が瀬戸くんかね？　難しい話は置いておこう。森本くんから話を聞いているだろうけど、今度、国のモデル事業をうちの市が受けることになってね。民間側で進めていく事務局をうちの会議所が務めることになったわけだ。今回、従来とは違う民間との協業、官民連携での観光開発がテーマということで、森本くんが君たちを指名した。ただよくわからない地元の組織と直接契約はできないということで、うちの会議所が間に入って差配することになったんだ。我々が間に入るからには勝手に決められては困ることもあるから、まずは計画書を書いてくれんかね」

あまりの展開の速さに僕はまったく口を挟めない。ようやくか細い声で、

「え、えっと……私も森本くんからざっくり話を聞いただけで、やるともやらないともまだ決めていないんですよ」

と返すと、門馬は顔色を変え、机の上にある書類を人差し指でトントンと叩きながら言った。

「いやいや、もうやってもらわなきゃ困るんだよ。国の認定も決定し、予算も決まっているんだから。君たちに3000万預けるからやってくれ。全体では4億の予算がついているんだ。ハード整備で小さな道の駅とかゲストハウスもつくるが、ハコモノだけでは予算が下りない。**ソフト事業をやらなきゃハード事業も動かない**(66)んだよ。どこの馬の骨ともわからない団体でちまちまとやっているより、我々と一緒にやったら、市や会議所と仕事している組織ってことで信用もあがる、年間で3000万もの予算を手にすることができる。断る理由はないだろう」

たしかに、3000万円も自由に使えるお金が手元にあれば、やれることはたくさんあるよなぁ。僕は門馬の話に圧倒されながらも漠然とそう思った。

(66) これまで行政による事業はハード事業、つまりは大きな建物や道路、橋ばかりつくる「ハコモノ行政」だという批判があった。そのため、企画などのソフト事業とハード事業のセットで予算をつける傾向が強まっている。その結果、地方の土建業などでは、ハード事業で使いたい金額をまず試算し、必要もないのにソフト事業を予算に入れ、使いきる「愚挙」にでることもある。昨今の効果不明なイベントやPR動画のラッシュなどはその傾向を反映している。

「それじゃあ、引き受けたらその3000万預かって、こちらがやりたいことを企画して進めればいいんですかね」

「だから、さっきからそう言っているでしょ。それやらないと、逆に市で進めていくハード事業も止まっちゃうのよ。計画書を書く、うちと契約する、あとは執行する、報告書を書く(67)、それでいいの。わからないことは、この山本に聞いてくれ」

そう言うと、門馬より頭三つは大きい巨体の山本の背中を叩いて、門馬は出ていった。

山本はそれを見計らい、名刺を差し出して話を続けた。

「もう期限が迫っているのでさっさと決めないといけません。計画書を来週までに出してください。あとうちと過去に契約した実績がないので、そのあたりは別の契約担当から連絡させますから、対応してください」

言葉の端々から、言われて嫌々やっている感がにじみでている。やはりやらないほうがいいかという思いと、3000万円の魅力との間で、僕の気持ちは揺れ動いていた。

「どちらにしても私だけで決められることでもないので……また連絡します」

僕は会議所をあとにし、どう仲間に切り出すかを悩みながらオフィスに戻った。

(67) 予算事業では事業を実行するだけでなく、報告書を細かく作成することを求められたりする。報告書にいらぬ労力を費やして現場は疲弊し、しかもその報告書はあくまで形式的なもので積極的に活用されない。報告書が必要であれば、事業を推進する現場の人材ではなく、むしろ役所側の管理職や事務的な役職の人が担うのが基本であるべきだ。

その日の午後の定例会議で、僕は市と会議所からの提案について、佐田、田辺、野々村に概要を伝えた。話をするなり、佐田は眉間にシワを寄せ、ぎょろっとした目を僕のほうに向けて言い放った。

「それは断るしかあらへんな」

佐田はそう言うだろうと薄々思っていたが、あまりにも早い結論に僕は驚いた。

「いや、けどさ、予算も大きいし、僕らがやりたいけど今は手持ちの資金がなくてなかなかできないことも一気にできるようになるじゃん。関わる人たちにだってもっと報酬が支払える。市や会議所と事業をやった実績が生まれれば、こないだ門前払いされた公園活用とかだってもっとうまく進むんじゃないかな」

佐田の語気はより荒くなる。

「ちゃうちゃう、逆や！　そんなんやったら、おれらがやってる今までの事業の積み上げも吹っ飛ぶわ。他人の金を貰って報酬支払ってどうすんねん。来年予算が打ち切られたらどうする？　ごめんなさい、もう払えませんって言うんか。市や会議所と仕事したら、公園が活用できるって!?　そんなもん瀬戸、自分らの力ではなく他人様の力を借りて物事動かそうっていう話や。恥ずかしい思わんのか」

自分なりに考えがあっての提案を頭ごなしに否定され、僕も引き下がれなくなった。

「そこまで言わなくてもいいじゃないか！　小さく積み上げていくことが大切なのはよくわかってるよ。けど、ここで大きく飛躍するチャンスをみすみす逃す必要があるの？　あるものはうまく使ってやっていくほうがいいんじゃないかと思っただけだよ。そんなかたくなになんでも断っているから、佐田くんはいろいろな人から悪い噂を流されるんじゃないの⁉」

見かねた田辺が、助け舟を出す。

「いやいや、まぁまぁ、そんなかっかしなくてもいいじゃないですか。けど、その３０００万を瀬戸さんは何に使いたいんすか？」

「あ、いや、うん……。フェスとかも大きくできるだろうし、ボランティアで関わってくれている人にもお金が払えるし。それに、やりたいけどできてない公園活用ができる可能性も格段に高まると思うんだよ。うまく利益を残せば、次の事業の軍資金にもなるかもしれないし」

「そんなん、おれらが自分の金でやらんとあかん。金が足りんゆうて人の金でやったら、そこらへんの補助金貰ってるおっさんと同じじゃ。そんなもん、おれは手伝わへんからな」

「補助金とは違うよ。地元の企画を手伝ってお金を貰うんだから、これも立派な事業だよ。僕だって、この会社の売り上げになればと思って言ってるのに」

「せやから、ちゃう言うてるやろが！　話がわからんやっちゃなあ」

佐田はため息をついて立ち上がり、出ていってしまった。

僕は、佐田のようにあれこれと言葉が出てこない。けど、東京から地元に戻ってからというもの、常に佐田に事業のアイデアや営業を頼りきりのままでいいのかと、漠然と疑問に思っていた。みんなからすごいね、と言われはするけど、結局僕ができていることはまだまだ小さい。小さな事業を積み上げて今は報酬をもらえているが、正直、来年、再来年がどうなるかは僕自身よくわからなかった。だから、**自分でやれるという自信がほしかった**(68)。

自宅に戻って、僕は一人悩んでいた。

東京から仲間の引き止めを振り切って出てきた以上、弱音を吐けるやつもいない。こんな話をしたところで「ほら、言ったとおりだろ」と言われるだけだ。

大丈夫。今まで佐田に頼りきってやってきたけど、そろそろ僕だって自分で考えて動ける時期だ。僕は、自分に言い聞かせるようにつぶやいた。

「せっかくここまで事業の実績がつくれたんだから、無駄な予算を使っている地域のほかの団体より僕らがやったほうが絶対にうまくいくはずだよ。ちゃんと利益を出せる事業に組み立て

(68) 今はSNSもあり、同じ分野で輝く人が目立って見えることも多いが、下手な焦りや心配は無用である。目立つ人だけが事業を支えているわけではなく、むしろ表に出ない人によって事業が支えられていることのほうが多い。人それぞれに持ち味、役割がある。あまり他人に惑わされず、自分なりのポジションを持てばよい。そして、役割を果たしチームに貢献するために重要なのは、実はあるがまま、自然体でふるまうことだったりする。

れば、佐田も認めてくれるはず」

ただ、仲間が誰も協力してくれなければ、予算があっても何もできない。一緒にやってくれる人はいないだろうか。相談先として真っ先に頭に浮かんだのは、森本だった。いい加減なやつだけど、今僕がこの話を相談できる相手は、この話を持ってきた森本以外に思いつかなかった。

早速電話を入れてみる。

「あ、あのさ。やっぱり佐田くんからは大反対されちゃって。会議所の門馬さんからはやめてもらったら全部が困るから、なんでもいいからやれって感じで言われてるんだけど、本当なの？」

森本が、少し間を空けて答えた。

「いやいや、門馬さんも伝え方が悪いなぁ。瀬戸たちにぜひやってほしいんだよ。うちの地元で建物とか建てられる民間はいても、ちゃんとその拠点を立ち上げてお客さんを集められるような民間なんて、瀬戸たちしかいないって。おれももちろんできることは全面的に協力するし。瀬戸だってこれまでいろいろと地元で事業を立ち上げて、小さいとはいえちゃんと回してきたんだから、自信持てよ」

僕は何となく勇気づけられた気分になった。

「そっか。いつまでも佐田くん頼みじゃダメだもんね。僕もいろいろとやってきたんだから、ここで自分で何かつくってみたいんだ。けど、さすがに一人では不安なんだよね」

「いやいや、瀬戸がやってくれるなら、協力者はこっちでちゃんと用意するからさ。うちの市の地域再生アドバイザーをしてくれている、藤崎さんをつけるよ。もともと東京でコンサルティングをしていた人で、国の機関とも通じてる超ベテラン。国の機関からの派遣でうちの市の地域再生のアドバイザーをやっていて、今回のモデル事業全般にも関わってもらっているからさ。制度とかもよくわかっているし、事例もよく知ってるよ」

「そうなんだ。予算と言われても、どうやって活用するものなのかまったくわからなかったから、助かるよ」

「まぁ役所事業は年度の縛りがあるし、会計の取り扱いや報告書の作成、提出もいろいろと作法があるからね。そのあたりは藤崎さんを頼りにしなよ。あと、ゲストハウス事業のために、うちの市で『地域おこし協力隊(69)』を集めてるから、彼らを手足として使えばいい」

初めて聞いた言葉だった。

「何、そのなんちゃら協力隊って?」

「瀬戸、知らないのかよ……。新聞にも、うちに地域おこし協力隊がきたって載ってただろ。国の予算で地域活性化のために地方に住むと、給料が3年貰えるって制度だよ。うちでも去年から募集していた

(69) 地域おこし協力隊は、期間限定で非常勤公務員形式の若者を中心に、地方に入れる仕組み。国の交付税で100％賄われ、ひとまずタダで人を雇えるため、各地の自治体がこぞって受け入れている。しかし、他人の金で、しかも自分たちができないことを任せるので、目的が不明瞭であったり、来る人と呼ぶ地域との意図が異なっていたりするなど問題は多い。何より、毎年何万、何十万人が都市部に流入している構造があるのに、国家予算をつけて全国で数千人程度を一時的に地方へ送り込んでも、今の地方の問題は解決しない。その場しのぎではなく、抜本的な問題解決策と向き合わなくてはならない。

けど、今年はゲストハウス事業の立ち上げのために募集した人たちが来てる」

「そんな制度があるんだ」

「その二人に瀬戸に協力するように言っとく。非常勤公務員としておれの下についてるカタチだから、業務としてやらせるわ」

市が雇った人を自分の事業に使うのがよいことなのか。若干の違和感を覚える。でも、いつまでも佐田の言うとおりにやっているだけでは成長できない。そう自分に言い聞かせ、気持ちの整理をしながら話をした。

「いくつくらいの人たちなの？」

「まだ20代だから、おれたちより全然若いよ」

年上だとやりにくいかなと思っていただけに、僕は少しほっとした。

「じゃあ明日会いに行こうかな。どこにいるの？」

「えっと。あったあった、ここだ」

森本は住所を読み上げた。

「これ、すごい山のほうだよね」

「集落支援も兼ねているからな。ま、あとでフェイスブックで繋いでおくからやりとりして会ってきてみてよ。あと藤崎さんにも話しておくから、今度一度役所で打ち合わせよう」

何となく、僕にも進め方が見えてきた。

　夜、残っていた資料作成を片付けようとオフィスに寄ったら佐田がいた。あらためて話をしようかと思ったけど、なぜだか少し気まずくて、二三、事業の確認をしただけで役所の事業については話さず、僕はＰＣに向かって無言のままキーを叩いた。


　地域おこし協力隊の人との打ち合わせ当日。自動車を走らせていくと、舗装された大きな道から、徐々に細い山道に変わり、その先に開けた棚田が並ぶ里山に行き着いた。森本から言われた住所を頼りに訪ねていった先にあったのは、古民家といえば聞こえはいいが、あきらかなボロ家だった。

「おはようございまーす」

　声をかけてみたが、返答はない。ただ横には「市役所」と車体に書かれた白いバンが止まっていたので、誰かしらはいるはずだ。中に入ると、土間があり、左側には畳の部屋があるという、昔の農家のままだった。改築もされておらず、どこかの郷土資料館かと思わされる。

　畳の真ん中にテントが張ってあった。ごそごそと何やら動いている。中から急に女性の声がした。

「す、すみません。今、着替えてて、ちょっと待ってください」

朝一で行くとは言ったものの早すぎたのか、まだ着替えていたらしい。男とばかり思い込んでいた僕は困惑した。

「いやぁこの家、すごく寒いんですよ。ネットでそのこと書いたら、テント張ったら暖かいよって言われて……。家の中でテント張るなんてって思ったけど、やってみたらすごく暖かいんです」

中からは、古民家の雰囲気とは不釣り合いな、大学を出たばかりだと思われる若い女性が出てきた。

「も、森本から聞いているかもしれないけど、ちょっと協力してもらいたいことがあるんだけど、大丈夫かな」

「はい、森本さんから聞いてましたから！　ぜひ一緒にやらせてください。そういう、まちとか地域のことを仕事にしたくて、私、ここに来たんです」

僕が今までの経緯を含めて説明したところ、すごく興味を持ってくれた様子で、思わずほっとする。ただひとつ、佐田たちとの確執だけは、彼女には伝えなかった。

名ばかりコンサルタント

僕は市役所で森本と合流し、コンサルタントの藤崎のもとを訪ねていた。イメージしていた人とは違い、高齢な割にやけに丁寧な男性だった。

「瀬戸さん、役所との調整や報告書の作成などはやりますので、安心してくださいよ。役所は役所のルールがありますから、それに即してやらないと動かないんです。ね、森本さん」

森本が、すかさず自信満々に答える。

「まぁ役所は何かと面倒なことが多いですからね。けど、瀬戸、役所と仕事をするってのはそういうことだよ。その分、信用も予算も貰えるんだから、うまく使えよ」

「いやぁ、さすが。森本さんは若いのによくおわかりですねぇ、私なんてこの歳になってもまだまだ勉強中ですよ」

「またまたぁ、そんなこと言って。瀬戸、藤崎さんはベテランだから、大船に乗ったつもりで、がつーんとやってくれよ」

「う、うん」

藤崎は僕の手を握りながら言った。

「瀬戸さん、何か困ったことがあっても、共に乗り越えましょうね」

僕はあまりの丁寧さに戸惑い、まともな返答もできなかった。ただ、ひとまず市の事業を受けて動く上での不安はひとつなくなったようだ。

✤

ここのところ、しばらく憂鬱な天気が続いている。心なしか空気も重くなっていた定例会議の場で、僕は思いきって市との話をあらためて切り出した。

「あ、あのさぁ、例の事業の件の話をもう一回させてもらいたいんだけど」

佐田は、ようやく言い出したかと呆れた様子だ。

「瀬戸なぁ、お前隠れてやっているつもりやろうけど、こんな田舎町では筒抜けやからな。なんか最近市のコンサルとも組んで動いてるっちゅーて聞いとるぞ。悪いことは言わんから、やめたほうがええて」

「い、いや、隠れているつもりはないけど、なかなか言い出せなくて。けど、やっぱりやってみたいんだよ。絶対に悪いようにはしないって」

「そんな人の予算もろーて、自分のやりたいことやるってのは絶対うまくいかへんって。やるのはもちろんお前の自由や。けど、市がやりたい事業があって、そのオマケ程度で使われて、しかもコンサルと組んで痛い目にあうのは目に見えとる。ほどほどにしとけや」

以前と違って、この日の佐田は終始穏やかだったものの、僕にとっては、むしろそれが自分は手伝わないということの明確な意思表示のように思えた。佐田は仲間だし、事業の先輩だ。僕がここに戻ってきて、今いろいろなことができているのは間違いなく佐田のお陰だ。けど、いつまでもおんぶにだっこではいられない。佐田にはできない、僕なりのやり方をつくり出したかった。

会議後、話を聞いていた田辺がそっと横に来て耳打ちした。

「おそらく、瀬戸さんのやっていることはずっと佐田さんの耳に入っていましたよ。佐田さん、何の相談もしない瀬戸さんのことを誰よりも心配してたし、なんでおれに腹割って相談しないんだって言ってました。寂しかったんじゃないですかね」

事業立ち上げのときは毎日のように会っていたのに、この2か月ほど、佐田と共に時間を過ごすのは、定例会議のときくらいになっていた。会議中も何も聞かれないし、佐田もあんまり気にしていないのかなと思っていた。

ここまで、企画面は田辺たちともやりとりをしながら、地域おこし協力隊の若い二人とつくった道の駅のプロモーション、ゲストハウスの内容などをまとめ、企画書をつくった。役所への計画書策定や予算書策定については、藤崎に完全に任せている。いよいよ承認がおりる段階までできたからこそ、今日佐田に最終的な相談をしようと思っていたのだが、結局、僕は突き放された。

「僕らが瀬戸さんに協力していたのも、佐田さんから言われたからなんすよ。おれは手伝わへんけど、瀬戸からお願いされたら、おれのことは気にせず失敗せえへんようにサポートしたってくれ、って」

「え」

田辺は、何も感じていなかった僕の鈍感さに呆れているようだった。

「あの佐田さんが怒った夜っすよ。瀬戸には言わんといてほしいけどって、なんで反対しているかの理由も含め、僕たち言われたんすよ」

「ど、どんな話を?」

「佐田さん、若い頃に一生懸命やってた自分の店、2店舗目を出すときに市の空き店舗対策の事業で出店してくれと言われたんですって。どうせ店を増やそうと思っていたから、使えるものは使おうと思って計画を進めていたら選挙で市長が変わって予算や制度運用が全部見直し⑳になってしまって。ゼロから再検討させられてすごい時間がかかったらしいんす。お金はもらえたものの、途中で事業の検査が入ったら、儲けが出ているからその分は予算を返還しろなんていきなり言われて、それで訴訟までしたんですって。最初手伝ってくれていたコンサルも、金の切れ目が縁の切れ目、申請書書いたフィーだけとって、いなくなったそうです。結局、ごたごたが地元でも有名になって、2店舗目は泣く泣く閉店したらしいんす。

⑳ 選挙によって市長が替わると、下手をすると前の市政を完全否定するなど行政内で粛清が行われ、混乱をきたすこともある。それはひとつの民意の反映ではあるものの、行政予算の変更や資金調達して進んでいた民間投資プロジェクトの開発許可の延期など、経済的に実害が発生するケースもある。なんでも否定すればよいわけではなく、しっかりと内容を見極める、パフォーマンスではない地味で着実な政治が求められる。

その後も佐田さんだけ税金泥棒扱いされて、本当に苦労したみたいなんですよ」

「僕はそんな話、一度も佐田くんから聞いたことなかったよ……」

「瀬戸さんが相談しないから、佐田さんも意地になって言わなかったんじゃないすかね。けど、佐田さんは親心というか、瀬戸さんのことを一番心配していたと思うんすよ」

「う、うん。けど、今回は昔とは違うよ。田辺くんたちも手伝ってくれてるわけだし、藤崎さんもそんな変な人じゃなくて、本当に丁寧だしね。地域おこし協力隊の二人も熱心だし。空き店舗の事業でもない。選挙もないし、うまくいかせるよ。いかせなきゃいけないんだ」

そのときは、あくまで佐田に運がなかっただけだろう。けど、高校を出て東京に進学してしまった僕の耳には、佐田がそんな苦労をしていることさえ入ってきていなかったな。そう心の中で思いつつ、僕はみんなに言った。

「もう引き下がれないよ。あとはやるしかないんだ」

❖

「予算を使う以上、そう勝手に変えてもらっては困るんですよ」

ざっくりとした話の段階ではうまくいっていたはずのチームが、細かな点を詰め始めた途端、まったく回らなくなってしまった。

担当の山本はまったく融通が利かない。大きな事業だからということで、いちいち計画の内容についても、市にお伺いを立て、単なる伝書鳩のように調整ばかりしていて、外からは何が起こっているのかが見えない。しかも、そこにさらにコンサルタントの藤崎が割って入り、

「山本さん、そうですよね。私のほうで細かく調整させていただきますので……」

と、すべて鵜のみにしてなぜかこちらの不手際かのように言うので、僕は話を遮った。

「い、いや、違うんですよ。当初はゲストハウスをやると言っていたけど、検討した結果、いきなりあの古民家を改修工事してやるのには老朽化しすぎていてどうにも予算が足りないんです。だから今から建設する道の駅の一部でまずはやったほうが、受け付け業務とかも一本化できて運営が楽になります。その上で、そこをフロントにして周辺の空き家などに広げていくというほうが手堅いという話になったんじゃないですか」

山本はけんもほろろに、書いたとおりに事業をやれの一点張りだった。

「『最初は各所にある空き家を使用し』ってここに書いてあるじゃないですか。その改修費も予算に計上してしまっているから、今さら項目なんて変えられませんよ。しかも道の駅の仕様を今から変えろなんて、そんなこと市長でもないのにできるはずがない。都市計画決定までもう終わっている[71]んですよ?」

藤崎は、もはや完全なるイエスマンになっていた。

「まったくおっしゃるとおりだと思います。どうにか、小さくとも古民家でできるような形式にさせていただきますので。瀬戸さん、ほら、一度持ち帰って話し合いましょう」

　僕はしかたなくその場をあとにした。

「藤崎さん、けどあのままでは無理ですよ」

「いやいや、瀬戸さん、あんな言い方をしたらダメですよ。我々はあくまで仕事を『させていただいている』のですから」

「けどそれだったら、事業としての価値も、僕らが進める意味もなくなってしまいますよ」

「それはよくわかりませんが……。ひとまず私のほうで知り合いにもあたって、計画を組み立て直しますよ。各地でゲストハウスをやっている仲間もいますから」

　こんな協議にばかり時間が費やされ、「営業」に割く時間がまったくとれない。気づいたときにやってしまえば本来数分でかたがつく内容変更を、予算を使うからにはと数時間、いや数日かけていた。僕たちが今までやってきたのとは正反対のやり方がそこにはあった。

　どうやら、予算を使うのは、民間の会社のお金を使う以上に話がややこしいらしい。市役

(71) 行政計画は一度承認プロセスを経ると、変更を極端にいやがるケースがいまだに多い。とくに外部専門家を集めた委員会などの場合は、一度承認したものを再度集めて議論すると、以前の話が間違っていたことをある程度認めなくてはならないからである。ただ現代では計画は常に変更することで成功に近づくため、むしろ変更することを前提にした承認、再審議のプロセスが大切である。

所、商工会議所、そして国など複数の意思決定者にお伺いを立てて、担当者たちが納得しないと物事が進まないという非生産的環境は、あっという間に僕の時間を食っていった。

計画変更や予算変更もできないばかりか、事業全体の考え方でも対立が頻発した。こちらがちゃんと運営計画から初期投資の規模をコントロールするべきだという話をすれば、門馬はそうではないと言い張った。

「いや、だから、ここに3000万円の予算があるんだからわざわざ安くやる必要はないんだよ。これは公共的な事業だから、全部つ・か・い・き・るの。そういうもんなんだ。商売は運営段階で考えてもらえればいいんだよ。その運営の方法について君たちに提案してもらうために予算払ってんだから、ちゃんと運営について考えて」

だからそれが違うんだよ。心の中でそう思った。運営を成り立たせるためには、運営面で考えたことを計画、開発段階で着実に実行してもらわなくてはならない。けどまったく話が通じないまま、スケジュールはどんどん進んでいく。計画変更はなかなかできない。予算はどんどん使えと言われる。

田辺と野々村は次第にやる気をなくしていった。ついには、門馬の横柄な態度に田辺が、

「てか、あんたたち適当なことばっか言ってさ。もう自分でやればいいんじゃないっすかね。そんなやり方で成功するはずないわ。だから税金何億使ってもろくなことできないんすよ。あ

ほくさ。僕は抜けさせてもらいますわ」

と言い放ってその場から立ち去り、プロジェクトを離脱した。

門馬は大変な怒り様で、

「なんて失敬なやつだ。あほなのはやつのほうだ。あんな失礼なあほはみたことがない。誰が手配してやった予算で動けていると思ってんだ。二度とこのまちで仕事ができないようにしてやる」

と大声で言い放った。

任せていた予算表を内部会議でみたところ、結局用意された予算の20％は藤崎さんが自分の予算として組み立てていて、さらに、頼んでもいないのに彼が連れてきたゲストハウスのプロなる人にも予算が消えていき、結局3000万円あるはずの予算のうち1000万円ほどは藤崎さんの予算として使われてしまった。

「藤崎さん、もちろんタダでやってもらおうとは思わないんですけど、予算に入れる前には一度相談してもらえないでしょうか……」

「いやぁ瀬戸さん、お忙しそうだから。つくっておいてくれと言われたので、つくらせていただいただけですよ。けどもう時間もないですし、これで問題ないですよね。市や会議所にも見てもらいましたし」

そのときには、すでに商工会議所や市役所に勝手に話を通してしまっていたようだった。ハメられた。丁寧な話し方の割に、進め方は強引だ。

地域おこし協力隊で来ていた二人も、ゲストハウスの運営で起業するようにと言われていたものの、結局飯を食えるような事業計画にはならない現状に、一人は途中で離脱して東京に戻り、もう一人、僕が古民家に会いに行った女性だけが残っていた。

「私、どうなるんでしょうか……」

僕にもまったくわからなかった。結局、道の駅やゲストハウスの運営計画を皮算用で組み立てて報告書を策定し、さらに道の駅の開発予定地で事前マーケットを行う日々。3000万円のうち、1000万円は藤崎絡みで使われ、1000万円ほどは事業費で消え、残りの1000万円ほどを委託料から人件費として計上し、チームで分けることになった。それすら、日当を決め、ハンコを毎日押して、日報を提出するという作業が伴う。離脱した田辺に、あとで初期の分だけでも支払うからハンコと日報を出してほしいと話すと、「そんな金いらないっすわ。めんどくさ」と言われ受け取ることさえ拒否された。そもそも、僕らはそんな作業をすること自体、事前に聞いていなかったのだ。あとから「あれが必要、これが必要」と言われ、ますます混乱するばかりだった。

まとまった予算があればもっとできることがあると思っていた。佐田に反対されて、自分で取り組むことに意地になった部分がなかったといえば嘘になる。結局のところ、佐田が最初に言ったように**仲間全体に悪影響**(72)が広がりつつあった。「結局役所の金でやっていたのか」と言われ始め、もともと民間で自立しているのが売りだった本体事業のシェア店舗やその視察事業にまで波紋は広がっていた。

プロジェクトはまだ3か月ほど残っていたが、もうどうにもならない。佐田に相談するしかない。情けないけど、それしかないのだ。

佐田に、会えないかと電話で連絡を入れた。待ち構えていたようにすぐに返事があり、今から会おうということになった。

今回もまた、佐田はすべてを知っていたのだろう。

僕はちゃんと謝ろうと思っていた。自分が勝手に進めたプロジェクトに仲間たちを巻き込んで、大変なことになってしまったこと。そして佐田の実体験に基づく忠告を聞かなかったことも。

❖

約束の時間になっても佐田は現れなかった。やっぱり呆れているのかなと気をもんでいた

(72) それまでそれぞれが兼業でスキルを生かし成立していたチームが、予算が一気に入り、それを回すためのスタッフを抱え込むと、プロジェクトの進め方も一気に変化してしまう。事業の成長によるものであればよいものの、一過性の予算を執行するために体制を変えてしまうと、離れていく仲間もいる。そして予算が尽きてももとには戻らない。さらになんでも予算ありきで物事をやろうとするスタッフばかりが残り、取り組みが中止に追い込まれるケースも多々ある。

ら、工務店の川島さんから電話がかかってきた。

「せ、瀬戸さん。大変です！　佐田さんが自転車に乗って自宅に帰る途中で事故にあって、救急車で運ばれたって」

僕は自分の鼓動が速まり、血の気が引いていくのを感じた。なかなか電話に返事ができない。

「わ、わかった。今すぐ病院に行く」

コラム 5-1

役所の事業がうまくいかない構造的理由

役所が関わる地方事業がことごとくうまくいかないのは、そもそも事業成果をあげるための組織でないこと、補助金や交付金が将来的に利益を得るための「投資」と考えられていないことに原因があります。地方自治体が計画する事業は、国により一定の規定や会議を経て認定されますが、「その投資が回収可能か」という視点はほとんどありません。あくまで問われるのは基準に則した内容であるかどうかであり、何より補助金や交付金は資金が不足する地方への支援を目的として設定されているため、「その事業が稼げるか」ではなく、「どれだけ資金が不足しているのか」がしっかり説明されていることのほうが重視されます。もし投資回収可能であれば民間資金で投資・融資がなされるわけですから、投資回収不能な計画に、投資回収を期待しない税金が投じられる段階で、不採算確定と言っても過言ではありません。ここに地方活性化政策のパラドックスがあります。

さらに建物であれば、開発した後に3-4倍の維持経費が必要になるため、初期投資の100億円のうち、70億円を国から出してもらい、30億円が地元負担で建てられたとしても、後に毎年の維持費、20年ごとの大規模修繕や最後の解体費などを含め最終的には300-400億円の費用を地元で負担することになります。国は地方のためと言いながら支援を組み立て、地方は地元発展のためと言いながら、初期に足りない予算を補助金や交付金で国から引っ張ります。しかし、そのような支援があるからこそ、過大な事業計画が生まれ、結果として衰退を加速させてしまいます。

民間も同様で、たとえば空き店舗の改装費や2年間だけの家賃を補助金で出してもらったとしても、高額な家賃を自前で支払えるほどの事業になることはほとんどありません。本来であれば、補助金が必要ない範囲で設備をつくり、より家賃の安い物件を選ぶべきところを補助金に頼るような事業者が成功する確率は低く、短期的に地域にインパクトを与えることがあったとしても中長期的には続かないことが多いのです。

コラム 5-2

見せかけの地方分権のジレンマ

終戦後に都道府県知事、市町村長が公選制となったことで、日本の地方分権は大きく進みました。また、地方分権一括法（1999年7月に成立し、2000年4月から施行）によってさらに地方が決められる内容は拡大しました。しかしながら、地方自治体の多くは、いまだに国の政策決定で右往左往し、独自の政策を推進することはまだまだ珍しい状況が続いています。

その原因は、国による様々な交付金・補助金です。日本では「地方交付税交付金」によって、財政均衡化の名のもとに、税収が足りなく採算がとれない自治体に総務省を通じて赤字補てんの予算が投入される仕掛けになっています。自治体は個別の事業を設計する際も最初から国からのこの補てんありきで設計し、なおかつ赤字が出ても国から交付金で補てん・調整されます。つまり個別、全体の両方で何もかも国からの予算ありきの構造の中で動いています。

もし自治体が稼ぐ力を身につければ、その分余裕があるとみなされ交付金が減らされる「逆インセンティブ」が生じてしまっているため、多くの自治体は稼ぐことより貰うことを優先して考えます（ちなみにふるさと納税はたくさんもらっても交付税を減らされないので、自治体に大人気です）。

しかし、「交付税はいらないから、地方への財源委譲をしろ。経営責任は自分がとる」という首長は乏しく、「もっと自由に使える交付金をたくさんください」といった要望ばかり出しているのが実態です。つまり「経営責任は負いたくないけどお金はほしい」という、お母さんへお小遣い増額をせがむ子どものような状況。一概に国による強制だとは言えません。

これから地方をよくしていくためには、その都度お伺いを立てることなく、各自治体が自らの財源の範囲で成長を目指す正しい分散型成長のモデルを模索する必要があります。

第六章　失敗、失敗、また失敗

成功続きの成功者はいない

事業がたいした成果を生まない中、その非難の矛先は市から大きな金額の委託を受けていた僕らに向けられていた。それまで「民間主導で頑張ってきた地元チーム」だった僕たちはいつの間にか「行政に群がる悪徳コンサル一味」のような扱いを受けるようになってしまった。

こうなることがわかっていて、何度も忠告してくれていた佐田の存在の大きさ。けど、その佐田は、僕が呼び出したがゆえの事故にあってしまった。自分が招いてしまった取り返しのつかない状況に、心からの不甲斐なさと悔しさを感じる。

❖

僕は、事業の一環で開催された、市主催のまちづくりシンポジウムに参加して状況を説明させられていた。終了後の懇親会には出たくなかったが、退席するわけにもいかず、演台前の地元の有力者がいるテーブルにお酌をして回っていた。

地元大学のベテラン教授にお酌したところ、蔑むような目線が向けられ、

「ん？　あれ、君、誰だっけ？　まだ、まちづくりとかやってたの？」

と、薄笑いを浮かべながら言い放たれてしまった。どっと笑うまわりの人々。僕は悔しさより驚きのほうが先に立ち、その後に恥ずかしくなり、すぐにでもその場から逃げ出したくなった。そう、あれだけの予算を使ったのにたいした成果も出せず、よくぬけぬけとここに来たな、と言いたかったのだろう。

けれど、つい最近までは「民間主導で挑戦する素晴らしいまちづくり団体だ」と僕たちをとても評価してくれていたのに、いきなりこの手のひら返しだ。僕は怒りよりも寂しさを感じた。結局、僕らの取り組みを評価していたわけではない。すごいと言われているからすごいと言ってくれていただけで、いったんすごくないとまわりが言えば、さっと人はいなくなっていくのだ。**何かに失敗したときにこそ本当に評価してくれていた人と、そうでない人がよくわかる**(73)。

❖

本来なら逆算を徹底して、売り場を埋めるだけの農家との契約を先回りでやらなくてはならなかった道の駅も一向に話が進んでいなかった。農家の人たちからは、

「道の駅に置いて売れるなら置くけど、置いて売れないなら農協に出荷したほうが楽でいいんだわ。昔も市が整備した産直施設ってのがあったんだけ

(73) 失敗したとき、まわりの評価に同調していただけの人はすぐに離れていくが、本当に自分を見てくれていた人は決して離れていかない。むしろもう一度共に挑戦しようと言ってくれる。裏切る人に心をすり減らされることなく、信じてくれる人の期待に応えることに心を傾けるべきだ。

ど、結局売れなくて、持っていくのがしんどくなってさ。実際のところ、その道の駅に置いたら、1日いくら売れるんだ？」

と言われた。彼らの言い分も決して間違ってはいない。だから、建設前でもできるファーマーズマーケットなどの企画をやって手応えを確かめたかったが、道の駅の開発スケジュールは最初から決まってしまっていて、結局テストができないまま建設が開始された。議会では、この強引な進め方に

「そもそも農家が商品を出すとは言っていないのに、なぜ開発だけが先行するのだ」

ともっともな意見が出され、紛糾していた。

さらに、中心商店街のメンバーからは、

「お前、郊外に競合になるような店を税金でつくる(74)のに加担しやがって、ふざけるな」

と、まるで謀反を起こしたかのような扱いを受けた。

時期を同じくして、ゲストハウス運営のほうも「地域おこし協力隊の女性と男女関係にあるから彼女を引き入れた」など、根も葉もないことが書かれた怪文書が送られてきたり、苦情の電話が事務所にかかってきたりするようになった。地元の匿名

(74) 道の駅は自治体が国の補助金を活用して開設し、さらにその維持管理費まで自治体が負担しているケースが多い。銀行から借り入れして店舗をつくり、維持費も売り上げから捻出して税金を納めている民間事業者からすれば、条件も不平等な上に規模も大きい、とてつもない競合が出現したともいえる。ロードサイドにはコンビニもすでに存在しているのだから、それらの一部を借りて農作物を販売することだってできる。にもかかわらず、役所主導でわざわざ店を経営すれば、極めて歪んだ競争を地方に生み、まともに店をやる人が馬鹿をみる。

のネット掲示板でも、散々な叩かれようだ。シェア店舗の入居者からも心配する声が多くあり、本体事業とは切り離された事業であることを説明して回ったりと、内側、外側の両面で混乱が生じていた。身から出たさびとはいえ、僕は心底疲れていた。

佐田と話をしたい。しかし、当の佐田は事故にあって入院し、絶対安静が続いている。自転車にこだわり始めた佐田は、自宅からオフィス、自分の店などを回るのに自転車を使うようになっていた。交差点で信号待ちをしていたところに、トラックが猛スピードで入ってきて巻き込まれたらしい。頭蓋骨と大腿骨を骨折し、緊急搬送、即手術となり、集中治療室で数日間生死の境をさまよったものの、一命はとりとめた。

親族の方は医者から、

「命はもう大丈夫ですが、脳への影響は未知数です。今後意識が戻り次第、本人と話をして確認していくしかありません」

と言われたと聞いた。佐田にはまだ小さな娘が二人いるという。

僕が見舞いに行くと、奥さんは憔悴しきった表情だった。

「瀬戸さんですよね、うちの主人がお世話になっています。いつも瀬戸さんの話を嬉しそうにしていたんですよ」

「い、いや、僕はいつも迷惑かけてばかりで。今回のようになったのも僕が話をしたいと呼び出したあとで、本当に……」

「その話を今しても、もうしかたないですから。瀬戸さん、もう気にしないでくださいね。主人もそう思っているはずです」

彼女の強い表情に僕は何も言い返せなかった。そうだ、今さら凹んでいるわけにはいかない。頑張ったのに報われない自分を哀れんでもらおうなんて思っていた被害者意識自体が、僕の甘えだったんだ。

❖

友だちとの旅行から帰ってきた母から「お土産を渡したい」と連絡が入っていたので、病院の帰りに立ち寄った。最近、市の事業のごたごたもあり、母に結果を聞かれるのが怖くて、しばらく会っていなかった。

「あのさ……」

僕がもじもじしているのを感じ取ったのか、母は先回りするように話し始めた。

「聞いてるわよ。佐田くんが事故にあったって。それに、あなたがやると言った事業もうまくいっていないみたいじゃない」

小さなこのまちでは、なんだってすぐ耳に入ってくるのだろう。

「うん。市の仕事は、佐田はやめとけって止めたのに、僕がどうにかみんなに認めてもらえる実績をつくろうと始めたんだ。佐田が事故にあったのも、打ち合わせに呼び出した僕の責任だし……どうして、こんなに何をやってもうまくいかないんだろう」

僕は話しながら、涙が止まらなくなった。

母は、安易に慰めようとしない。

「落ち込んでいるときに落ち込んだ顔をしていたら、誰もあなたと仕事なんてしたくなくなるわよ。おじいちゃんが『落ち込んだときほど、意味がなくてもいいからとりあえず笑ってろ』(75)ってよく言ってたわ」

「そんなことできるわけないだろ」

思わず僕は返した。

「淳、あなた今の自分の顔、洗面台に行って見てきなさい。誰もあなたと話したいなんて思わないわよ」

そんな簡単に気分が前向きになれるなら苦労はないんだ。ふてくされて外を見ようとしたら窓ガラスに自分の顔が映り込んだ。たしかに、ひどい顔だ。けど、どうしてもすぐに明るくはなれない。持ち前の母の明るさが、このときだけは辛かった。

(75) 個人的な話だが、かつて私が商店街の企画で販売や現金管理などを任されたとき、初日に売り上げが立たず、さらにレジ締めしても数字が合わずに落ち込んでいたことがあった。みんなが打ち上げをしている最中に沈んだ表情で数字合わせを何度もしている姿を見た商店街会長に言われた、「そんな小さなことでくよくよしてたら、明日協力してくれるやつはいなくなるぞ。落ち込んだからって『落ち込んでます』って顔をするんじゃなくて、笑い飛ばすやつが明日は成功するんだよ」という言葉が、今も心に残っている。

「少し外に出てくる」

出ていこうとする僕を、母はおもむろに呼び止めた。

「ちょっと待ちなさい。頼まれごととしてちょうだい。山城さんにお土産渡してほしいのよ。山城さんは、おじいちゃんが商売始めたときからお世話になってる人だから、何かと頼りになるわ。ほら、あなたも小さい頃囲碁を一緒にやったりしていたでしょ」

「あぁ、あの山城のおじいちゃんね。けど、今は行きたくないよ。何言われるかわかったもんじゃない」

「いいからいいから。お土産持っていくだけ、ね？　私からも電話しておくわ」

母に強引にお土産を渡され家を出る。久々に山城のじいさんの家に行くと思うと緊張した。何せ地元でも有数の名士の家で、門構えがすごい。お墓が古墳並みに大きくて、春になると開放され地元の人たちの花見の場所となるほどだ。確か、地元の放送局の有力株主だという。今の自分の失敗と対比すると後ろ向きな気持ちになったが、暗いのはダメだと言い聞かせて、無理やり笑顔をつくってみた。

「ごめんくださーい」

大きな屋敷に声が響く。

「おうおう、瀬戸のところの孫か。名前はなんじゃったかの」

ゆっくりと廊下を玄関まで歩いてくる姿は、確実に記憶より老いていたが、背筋が伸びていて、80代後半とは思えないほど若々しかった。

「淳です。うちの母のお土産を渡しにきまして」

「聞いとったよ。聖子ちゃんは元気にしてるか？　あの子が嫁いできたときは、ほんとにきれいじゃったが……今はどうかのぉ。ふぉふぉ」

白い髭を触り、遠くを見ながら何かを思い浮かべるように笑う。エロジジイぶりはまったく変わっていなかった。

「せっかくだから、上がっていきなさい」

「いや、僕すぐに帰りますので。どうぞおかまいなく」

「そう言わずに、久々なんじゃから、中に入りなさい」


断ることもできず、靴を脱いで、玄関のすぐ横にある応接間に入ると、お茶が出された。山城のじいさんはゆっくりと、そして深くソファーに座りながら、

「浮かない顔しとるなぁ、ふぉふぉ」

とこちらをまっすぐ見て笑いかけてきた。

「もう、山城さんもすべて知っていますよね」

「いやいや、何も知らんが、まぁ地元の噂は嫌でも耳に入るわな。けどな、淳の坊主、お前の

失敗、そんなたいしたことじゃなかろうよ、ふぉふぉ」

他人事だと思って、と僕は言い返そうかと思ったが、じいさんが間髪を容れず、

「お前にいずれ見せようと思っていたものがあるんじゃ、ふぉふぉふぉ」

と言って、準備していた古ぼけたアルバムを片手にとり、ページをめくり始めたので、タイミングを逸してしまった。


「そうそう、これじゃ」

しわしわの指で示した先には、古ぼけた写真があった。何やら店先で物を運んでいる中年の男のようだ。

「これが、お前のじいさん、瀬戸三郎じゃ。話は聞いとるかの。戦前に朝鮮半島に渡って釜山で商売をしていて、戦争では戦地に行っていたものの、どうにか死なずにすんだ。日本に帰ってきてからは、親戚がやっている商売の手伝いで生計を立てていたんじゃ」

そんな話は初めて聞いた。親父は無口だったこともあって、じいちゃんの話はほとんどしなかったのだ。

「親戚のやっていた食料品の問屋は、戦後の物資不足もあってとても儲かったそうじゃ。けど、お前のじいさんはある取引先に騙されて品質の悪い商品を仕入れてしまい、それで親戚ともめて、その分の損を抱えたまま独立して自分で商売を始めなくてはいけなくなった。まだ戦争が終わった直後で、頼る先もない。そのとき、田んぼしかなかったこのまちに、鉄道も延び

てこれからは商売も儲かるだろうと読んで引っ越してきた。最初は倉庫を借りて小さな食品小売りの店を始めたが、その倉庫を貸したのがわしじゃった」

「なんで、知り合いでもなかったのに場所を貸したんですか」

「必死だったからじゃよ。大きな失敗をして借金も抱える中、これから家族を食わさなくてはならない。ここで商売させてくれと、真剣にお願いされたんじゃ。最初はなんで縁もゆかりもないやつがここを借りたいと言っているのかと思ったが、その**必死さに打たれて**(76)、半年限定でまずは貸したんじゃ」

「そうだったんですね」

「その後、必死に働いて借金も無事返し、今度は自分で店を持ちたいと言うてな。それで、今の場所で店を構えたんじゃよお。その後は自分で商売を大きく成功させた。お前の親父は商売に向いておらんかったようじゃが、お前はどうかの」

「僕も、向いてないと思います。自分が変に手柄を立てようとして事業に失敗して、しかもビジネスパートナーだった友人をある意味では裏切った。彼に相談しようと呼び出したら、今度は彼が事故にあってしまって……僕は何をやってもダメなんです。やればやるほど裏目に出てしまう。こんな失敗をするくらいなら、おとなしく東京で働いていればよかった」

僕は正直に今の気持ちを話した。

(76) 何かを提案したり、自分がやりたいことを人に訴えたとき、99％は否定されるか、無視される。けれども、それで「ダメだ」と思ったら結局たいしてやりたくないことだと判断されておしまいだ。50回でも100回でもやりたいと言い続ければ、ほかにそこまで必死に食らいつくやつはいないから、話を聞いてくれる人も出てくる。一度や二度の否定や無視で引き下がっていては、誰もまともに話は聞いてくれない。

山城のじいさんは、低く、そしていつも以上にゆっくりした声で、言った。

「人間ってのはな、失敗したときではなく、失敗したあとにどう行動するかで価値が決まるもんじゃ。そして、本当の挑戦ってのは、初めて何かをやるときではなく、失敗して、その次に再び立ち上がってするときのことを言うのじゃよ。お前はまだ、その入り口に立ったばかりじゃ」

山城のじいさんは、そこまで話すとお茶を一気に飲み干した。

「一度や二度で諦める理由を探しとるようでは、本気ではないということじゃな。今の状況からどうやってもう一度立ち上がるか、まわりは見とる。成功した人は、他人より失敗しても諦めないからこそ成功しとるんじゃ。失敗したことのない成功者は誰一人としておらん。ふぉふぉふぉ」

そう言われてあらためて、自分が落ち込んだ姿で同情を引いたり、諦めてまた東京に戻る理由を探していたことに気づき、僕は宙を見上げ黙り込んでしまった。

ガラスの茶碗に入った氷が溶けてコロンと音を立て、ハッと意識がその場に戻った。感謝の言葉を述べて、山城のじいさんの家を出る。

帰り道、複雑な思いを抱えつつも、山城のじいさんの言葉が頭の中を何度もリピートしていた。

「二度目の挑戦が本当の挑戦、か」

やはりもう一度だけ挑戦しなくてはならない。佐田や仲間のためにも、そして何より自分のために。

久々に見上げた空は、いつもより広く感じられた。

❖

市との事業の契約期間の最後は、あくまで事務的なやり方に終始した。僕は二度目の挑戦を胸に秘めながら、どうにかやり通したのだった。

原点回帰

失敗で落ち込む僕に山城のじいさんがかけてくれた、「二度目の挑戦が本当の挑戦」という言葉は力強い励みとなった。一度や二度の失敗で悔やんで、同情してもらい、やめるきっかけをつかもうとしていた自分の気持ちに終止符を打つためにも、まずは仲間たちと話をしなくてはならない、そう思った。

「謝ろう」

僕は、野々村、田辺、種田、そして工務店の川島さんに電話をかけ、久々に仲間が一堂に会した。佐田がいない状況で、このメンバーが集まるのは初めてでもある。全員が揃うまでは何となく気まずい空気で、それぞれPCを開いたり、スマホをいじったりしていた。

みんなが揃ったタイミングを見計らい、意を決して僕は口を開いた。

「こんな事態となって、本当に、すみませんでした。佐田くんがまだ回復していない状況だけど、もう一度原点に戻り、挑戦したい。それが佐田くんの今までやってくれたことに対して僕がやるべきことだと思ってる。そのためには、みんなの力なくしては何もできない。二度目の挑戦に、どうか力を貸してほしいんだ」

今回の市の事業のために一度は疎遠になっていた仲間であったが、佐田が不在となった今、みんなで協力しなくてはもともとの「株式会社ままま」の事業継続さえも危うくなってしまう。もしみんなの協力が得られなければ、もう諦めるしかないかもしれない。手に汗が滲んだ。

固まった空気の中、いつもはあまり発言しない野々村が、珍しく誰よりも先に口を開き、高めの声で言った。

「まぁ佐田さんがいない今、僕らがもめてたら話にならないですからね。瀬戸さんのためとか佐田さんのためというよりは、うちらもこのまちで事業に関わったからこそ今できている仕事もありますから。ここで終わりにはしたくないですよね」

川島さんも頷きながら、言った。

「瀬戸くんがいないとき、本当に佐田くんは一人で頑張っていたからね。自分の店もあるのに何ひとつ文句言わずに。僕らにも、弱音ひとつ吐かなかった。おそらく瀬戸くんに気づいてほしかったんだよ。だから、気づいた今なら、僕は全面的に君に協力する」

と言ってくれた。

田辺は中途半端に市の事業に巻き込まれていやな思いをしただけに冴えない顔をしていたが、

「瀬戸さんが反省して、みんながやるなら、僕も協力しますよ。佐田さんが戻ってきたときに笑ってもらえるようにしましょう」

と、最後には受け入れてくれた。

そこから、僕が市の事業にかかりきりになっていたこの数か月、佐田が何をしていたのか話を聞いた。佐田は僕よりもっと先の未来を見据えて、次なる事業の仕込みを進めていた。目の前にある予算ではなく、未来の新たな需要をつくり出そうとしていたのだ。

僕は佐田が進めていたそれぞれのプロジェクトの現場を回ることから始めることにした。

市の中心部から車で15分も走れば、そこはもう山の中だった。

佐田はこれまでのリノベーションプロジェクトだけでなく、新たな住宅ビジネスを考えていた。プロジェクトリーダーの能登さんは工務店を経営していることもあり、最近は独自に高断熱住宅の開発にも着手して川島さんとも仕事をしていたらしい。川島さんが運転する軽トラで山奥の加工所兼事務所を訪ねていくと、奥から能登さんが出てきた。すらっとした背丈で黒光りした肌が覗いている。

「能登、ちょっとこいつに林業とかの話を聞かせてやってくれよ。佐田くんとも話していた件を進めたくてさ」

「オッケー、わかった。このあたりはかつて林業が盛んだったんだけれども、昭和40年代以降は一気に衰退し、10年ほど前には森林組合も高齢化で立ち行かなくなってしまっていたんだよ。おれのじいさんも昔は林業だけで食ってたけど、工務店との兼業になって、おれの親父は地元の信用金庫に就職したんだ」

「そ、そうなんですね」

相槌を打ったものの、僕はこの話がどう事業に繋がるのかよくわからなかった。

「おれはじいちゃんっ子だったこともあって、工務店を継いでいたけど、なかなか商売的には辛い。そんなとき、国のいろんな補助金・交付金で木材加工所などが建てられていたのに、活用されていないことに気づいたんだよね。せっかく立派な工場が建てられ、高級な機材も揃っているのに放置されていて、もったいないなと思って」

「こんな山奥でも、補助金が使われている施設ってあるんですね」

川島さんは笑いながら、

「使われていない施設を探すほうが難しいよ」

と突っ込んだ。能登さんも笑いながら、話の続きをしてくれた。

「そんなとき、学生時代に行ったドイツを再び訪ねて新しい木造住宅を見て回っていたら、**自伐林業**(77)を営む小さな村を巡る機会があったんだ。日本だっ

(77) 従来のように大規模な重機を山に入れ、大きな林道を整備して木を切り出すのではなく、小さな林道でも作業できる軽トラと小規模な伐採機材で、少しずつ木を切り出す方法。設備投資などのコストが安く採算性が高い方法として注目を集めている。林業系機材をつくっていないメーカーも、最近は自伐林業向けの機材開発に力を入れている。

て機材も山もあるんだから、やろうと思えばできるんじゃないかなと考えて、小規模の林業を10年ほど前から始めたんだよ。最初は製材にならない木とかを床タイルにしたり、割り箸にしたりした。その後、工務店という強みを生かして、ドイツで教わった高断熱住宅を研究し、日本のやり方で建てていったら人気が出たんだ。佐田くんとは店の内装とかでうちの木材を使ってもらったりしていたこともあって交流があった。佐田くんの家もうちの木材を使って川島と建てたんだよ」

「そういえば、佐田くんの店に行ったとき、立派な木のカウンターがあったな……あれも、ここから出したものですか⁉」

僕の頭の中でようやく話が繋がり始めた。

「そうそう、あれは立派なやつだったなー」

「能登、今日きたのはひとつ相談事があってさ。佐田くんが話してそのままになっていた川沿いに宿を建てる計画、あらためて進めたいんだ」

川島さんはそう言うと、ごそごそと棚から資料を取り出して能登さんと話し始めた。

加工所兼事務所となっているこの場所、能登さんが代表を務める企業「株式会社山守《やまもり》」は、もともと周辺にあった複数の森林組合が担っていた業務も受けている。

僕が壁に貼ってある資料を眺めて歩いていたら、川島の横に立っていた60歳くらいの男性が話しかけてきた。

「興味、ありますか？」

もともと、メーカーの工場の工程管理をしていたらしいその男性は、早期退職後に日本の森林問題をどうにかしたいとネットで調べて、事業に共感して山守に入ったらしい。

山守は、新しい手法を積極的に採用し、山に生えている木々の場所と、その木々の所有者をGPSデータに基づいて管理している。山というのはまるごと一人が所有している場合もあるものの、複数の地主がいて、同じ山でも木の所有者が異なる共同住宅のような山が多くある。そのため、現代的で的確かつ効率的に管理する方法が必要なのだそうだ。さらに山に生えている木の樹齢もデータベースに大まかに入れ込み、樹木の売価が最高になるタイミングで切り出すため、林道整備の計画を立てていた。

「メーカーがラインを設計し、運用するのと同じですよ。ちゃんと計画的に林道整備などの投資をしないと、一番高いときに売れる木が切り出せずに価値を下げてしまうことになるんですわ。これまでは台帳管理だったから、どこの土地が誰の所有であるか、かなりいい加減な管理をしてきた。さらに、儲かった年には役員で『視察』と言いながら海外旅行などに儲けを使ってしまい、林道や重機に投資すべき年には資金繰りが苦しくなるといったような杜撰《ずさん》なことが普通に横行してきました。それで結局、補助金ばかりを求める。今は工程管理の専門知識がない各森林組合の役員にもわかるように、ほら、こうやってホワイトボードに今の山の状況、投資の状況、資金の状況を書いているんですよ」

その話を聞いて、僕は気づいた。

「うちの商店街でも儲かったときは遊んだり、別のことにお金を使ってしまったりして、商店街の組織は結局補助金漬けでした。昔は二重帳簿までつくっていたと聞きます。うちの商店街で起きていたようなことが、山でも起きていた(78)んですね……」

能登さんとの話が終わったらしく、川島さんはいつの間にかオフィスから出ていた。

「おーい、瀬戸くんもう行くよー」

軽トラのほうから大声で手招きしている。大急ぎで、説明してくれていた男性にお礼を言って乗り込むと、僕たちはそのまま軽トラで、一山越えた別の集落に移動した。

そこで待っていたのは柳澤さんという色白で清潔感のある男性だった。彼はもともと佐田が修業時代に一緒に仕事をしていた人で、料理の修業でフランスに行き、一昨年日本に帰ってきた。

地元に畑をつくって、昨年自らのレストランを川沿いにオープン。

僕もオープンしたての頃、佐田と共に食べにきて、感動した店だった。佐田は彼と話をし

(78) 儲かっているときにその資金を適切に投資せず浪費し、金がなくなれば今度は補助金に助けを求める。まちに空き家が増えているように、放置された山林も大量に発生している。どちらも、適切な投資や管理がされないからこそ価値が下がり続ける構造は共通している。適切な経営が必要なのは山もまちも同じである。

て、ここにレストランを中核に置いた宿泊施設である「オーベルジュ(79)」を目指そうとしていた。まともに泊まれる場所がなかったこのまちに、宿をつくろうとしていたのだ。

川島さんと共に店に入ると、奥から柳澤さんが出てきた。

「おー、ご無沙汰だな、瀬戸くん。佐田のことはな、あいつのことだ、絶対に元気になって戻ってくるから安心しとけ」

話しづらい雰囲気だったのを見透かされたのか、先に声をかけてくれた気遣いが、疎遠になっていた僕にはありがたかった。

「川島とも話していたんだけど、佐田が元気に戻ってきたときに、あいつと計画していた以上のことをカタチにして迎え入れてやれるようにするぞ。瀬戸くんも気合いれないと」

「が、頑張ります」

力のある人材が仲間となり、共に取り組むからプロジェクトはおもしろくなる。知り合いや紹介してもらったコンサルなどとプロジェクトを進めていた自分に、佐田はそれを伝えたかったのかもしれない、と僕は思った。

(79)
腕利きのシェフが地方に店を出して人気を博す地域は意外と増加している。さらに、近年は観光地に食を強みにしたオーベルジュ形式の実例も増加する傾向にあり、観光産業の成長とともに今後ますます「食」は重要な軸となっていく。スペインのバスク自治州サン・セバスティアンのように食で全世界から人を集める都市もあるのだから。

僕は事務所に戻ると、回って聞いてきた内容を田辺、野々村と共有した。田辺からも、報告があった。

「そうそう、あと佐田さんが話をしていたのが、いくつかの農家の人たちから店を出したいという相談があって考えた、加工所兼物販のファクトリーショップの話っすよ。何せ農家の人が付き合ってた印刷屋のデザインが悪かったんで、こないだこっちに引っ越してきた、僕の知り合いのデザイナー(80)を仲間に入れようと話してたんすよ。そのままになっているから、フォローしますわ」


野々村からは新しい提案があった。

「僕は、地元で賃貸住宅をやりたいって話があったから、その打ち合わせをしたりしてました。まだ具体的にはなっていなかったけど、さっきの山守と一緒にやったりすると面白いかもしれませんね。知り合いの会社が今どんどん成長してて、新しい借り上げ社宅みたいなのがほしいって先日話してたんです。いい人材を集めるには、いい住まいがないといけないって。少し考えて、簡単な企画書を書きますよ」

一番よい企画は、仲間との会話のキャッチボールから出てくる。僕はアイデアマンではない。変に背伸びをするよりも、みんなに助けてもらうのが自分に合った方法なのかもしれない。

(80) 今の時代、どの地元にも多くの場合デザイナーはいる。イラストレーションが描けたり、プロダクトのデザインができたり、ウェブのデザインができたり、はたまた建築などの空間デザインができたり。自分が知っている、何かしらのデザインに関わる人を経由してネットワークを拡大していけば、適切なタイミングで適切な人に行きつく。ウェブでも、制作物でも、デザイナーにできる範囲でいいからデザインを依頼すると、品質は大きく変わる。一方で、その努力を怠り地元の昔ながらの印刷所に付き合いで適当に頼むと、クオリティは大きく下がる可能性が高い。

みな、それぞれの分野で奮闘していた。年をとっても分野を変えてでも、必死に問題を解決しようとしているのだ。勇気づけられると同時に、自分も頑張らなくては、とあらためて思わされた。考えこむだけでなく、手を動かしてみないと何も始まらない。僕は、以前から実行に移そうか悩んでいたことをみんなにぶつけてみた。

「あ、あと佐田くんから言われて気になっていたことがひとつあって。『お前、ほかのまちのことも知れ、視野を広げろ』ってずっと言われてたのを昨日、思い出したんだ。だから仕事の合間を縫って、弾丸でいろいろな地方を回って、そしてそこで知ったことをみんなと共有できればと思うんだけど……」

佐田は、**定期的に地域の外にも出ていっていた**(81)。

それを聞いた田辺がすかさず返す。

「瀬戸さん、それ、行き先決まってます？」

「い、いや、これから決めるんだけど」

「いや、もうそれ、決まってますよ」

「え、どういうこと⁉」

田辺は僕の知らぬ間に佐田との間で進められていた、「瀬戸淳丁稚奉公の旅」の計画を話し始めた。

(81) 実績が生まれ、評判を呼ぶとトップは頻繁に地元を離れて、外の様々な情報に触れてくるようになる。ヒントを掴んで戻り、新たな事業に着手するが、現場を回すスタッフには情報が適切に伝わらず、トップとの乖離が大きくなりトラブルが発生したりする。日常業務に忙殺されている現場からすれば、「また思いつきで何か始めるのか」くらいに思うものだ。トップは行った先で見聞きしたことを伝えるレポートを書いたり、話をする場を意識的につくったり、出会った人を招くなどの機会をつくらなくてはならない。「なぜそれをやるのか」を全員で共有できるか否かが次なる成長段階では問われる。

丁稚奉公の旅

「じゃ、そこに荷物置いといてよ」

宮崎のとある人けのないアーケードの中で、僕は汗をかいていた。

かつて大手企業の城下町として栄えたその都市は、衰退し始めて半世紀近くが経つ。立派な駅前の再開発施設も、そのテナントのほとんどが役所の施設となっていた。市民活動協働センター、役所の窓口、地元大学のサテライトキャンパスなどが入っているが、施設の立派さに対して人けはない。カフェも入っているが、きれいにデザインされた施設とは不釣り合いな〝ラーメンはじめました〟というチラシが貼り付けられちぐはぐさが際立っていた。共用のオープンスペースに置かれた机には、行き場を失った高齢の男性の姿が目立つ。

配達のために運んできた荷物をカフェの入り口に置いて、僕は納品書に受領のハンコを貰うのを待っていた。

「こちらにハンコをお願いします。……はい、ありがとうございましたー！」

とある酒屋に下宿し、僕はこの1週間手伝いをしていた。初日は慣れない仕事に溶け込めなかったが、夜にはこのまちでスタートしているプロジェクト事業の会議と飲み会に参加させてもらい、すっかり楽しめるようになった。彼らがやっていることは、僕の地元でやってきたことにも通じると実感してからは、親近感さえ覚えている。

衰退しきったこのまちだが、数年前に銀行跡地を活用した店舗開発が人気となり、話題を呼んでいた。その後、東京で家具のセレクトショップをやっていた地元出身者が移住して店を開いたり、元映画館を改装したレストランができたりして、一部エリアだけだが賑わいが戻っていた。

その秘密を探りに行くため、それらの不動産を提供していた、家業や地域活性化に精を出す人の仕事を手伝いつつ、プロジェクト会議などに参加させてもらうことにしたのだ。

今回は、有名な観光地に近い立地を生かし、古びた商店街の中にゲストハウスを独自開発するらしい。そこで、山守のメンバーが古い木造物件の高断熱化ワークショップ[82]を行うことになっていた縁もあって、僕は先立って現地入りしたのだった。

「いやー、まさかこんなご縁ってあるんですねえ」

僕は、地元で酒の卸売業をしながらビル経営も手掛ける南さんに話しかけた。

「佐田くんとはある会議で一緒になってね。くだらない会議やったたっちゃけど、彼の芯のある話にはスカッとしたっちゃわ。最近連絡がねぇから気になっちょっ

[82] 会議室に集まってみんなで意見を言い合うだけが「ワークショップ」ではない。このように業者任せにせずに自分たちで実践すれば人件費も最低限ですみ、さらにやり方も学べて一石二鳥だ。本当にワークするワークショップをしなくては意味はない。

たけど、まさかなぁ……。けど、うちでやっている事業とかのノウハウは全部教えるから、持って帰ってくれ。って、たいしたノウハウなんてないっちゃけどね」

「いやいや、手伝わせていただくだけでも、毎日すごい学びを得られてますよ。自分のまちで取り組んでいるときは、地域から孤立しているような気になったり、うまくいかないのは自分のせいだと落ち込んだりしてました。けど、どの地域でも似たようなことは起こっていて、それでもみんな日々前に進んでいるんですよね」

南さんは一瞬驚いたような目で僕を見た後、笑った。

「ようそげん恥ずかしいことまっすぐ言うたね。けど、まぁみんな、日々不安を抱えながら向き合っているのは確かやわね。今でこそ成功と言われたりしていても、どんな取り組みも最初は姿形などひとつもないゼロからのスタート。長くやってれば仲間が離れていったり、病気になったり、怪我することだってあるしね」

僕はまさに自分のことだと思い聞いていた。

「けど、それを乗り越えていってこそ、まちの力になるっちゃねぇと。そもそも、おれらだって最初は地域でやるべき事業を考えて地元のいろいろな組織に提案したけど、受け入れられなくて、しょうがなく3人で会社を始めたっつよ。今となってはこんだけ仲間も増えて、複数の店舗を展開するようになったっちゃから、わからんもんだわな。悪口なんかも言われなくもねぇけど、**悪名は無名に勝る**(83)っていうしね。注目されている証拠だって、最近は快感にさえなるわ」

大声で笑いながら話す表情は、今の自分にはとてもたくましく映った。

自分だけじゃないんだ。悩んだり、失敗したりは誰にだってある。それに、いきなりまち全体を巻き込んで大人数にしようなんて気張らずに、まずは少人数からでもよかったんだ。そう思うと、地元に帰ってからの仕事が、前よりのびのびとできそうだった。

独自開発するというゲストハウスのベースとなるのは木造の古い建物で、僕の実家とそっくりだった。実家は寒いため、今でもシェア店舗は冬は暖房をガンガンつけないと暖かくならない。そんな古い木造物件が、断熱性能があがって暖かい建物になるというイメージが僕には湧かなかった。

(83) やることを明確にし、事業の内容が固まっていけばいくほど、必然的に賛否両論となる。逆に、万人が賛成するようなものは平凡すぎて今の地域に特別必要でもない（みんなの意見をまとめた公共施設に人が集まらないのはその典型）。多少の批判は、事業がシャープになっている証拠だと前向きに捉える心持ちが必要だ。既得権益者からの批判は、構造変革に繋がっていることの裏返しでもある。対立するのではなく「ご意見お聞きしました！」とだけ言って、反映しなければよいことも多い。下手に批判に過剰反応していると、賛成してくれていた仲間のほうが離れていく。ポリシーなき取り組みに継続なし。

週末に向け、金曜の夕方には能登さんを先頭に山守のメンバーが現地に集まってきた。みんなで酒を飲みながら、土日の作業工程を確認していく。

当日は、専用の機材を使って建物の表面温度を測った。まず、地元の参加者と共に畳をあげて隙間風が入らないようにシートを入れて断熱材を仕込み、壁の一部を剥がしてみんなで持ち寄った不要なフリースなどを入れたりした。使わないフリースが断熱材の機能を果たすなんて、想像もしていなかった。

ほかにも新たに壁を張り直したりと、本当に「お手製」でワークショップは展開した。一つひとつが完成するごとに室温もあがって、おわったときには参加者は着込んでいた上着を脱ぐほどだった。山守特製の木のサッシをはめ込んだり、建具をいれて完成すると、もはや同じ場所とはまったく思えない。

木造は寒いから宿にするのは難しい、もしくは膨大な暖房費がかかるというのは、単なる思い込みだったのだ。

能登さんはなぜ断熱性を高めるかを参加者に説明した。

「地方の古い家では寒さのためにヒートショックで倒れる人がたくさんいますが、断熱をしっかりすればこれらの事故も防げます。それに、家全体が暖かくなるので暖房費も減る。エアコンや灯油ストーブを使えば、その分だけ電気をつくったり油がとれる国や地域にみなさんのお金が流れていってしまうわけです。断熱性を高めるだけで、快適で、地域全体の経営も改善する。月に3万円の暖房費が1万円になったら、この地域全体で考えればものすごい価値があるんです。断熱性能が高まった家になれば、灯油ほどの火力がなくとも十分暖かくなります。ここには、何より山がたくさんありますから、木材を燃やしたストーブを使い、熱交換でお湯を沸かしたりすることもできる」

なるほど、断熱は単に暮らしを快適にするだけのものではない。地域全体の経営の問題であり、山を持つ地方だからこそ可能な自立方法でもあるのか。

ここのゲストハウスを断熱リフォームの体験宿泊施設とし、今後は周辺の古い物件のリフォームを進めていく狙いもあるらしい。

今回の何よりの収穫は、宮崎と山守とのコラボを見て、地域を超え、地元で苦闘する人々が互いに協力すれば、事業の壁を突破できるのかもしれないという実感が得られたことだった。

「地元に戻ってやるべきことが見えました。ありがとうございます。実は、あとひとつだけお願いがあるのですが……」

僕は南さんにひとつ頼み事をして、宮崎の地を離れた。

佐田の意識は、無事戻った。しかし、最初の1か月は意識障害などに苦しんだ。その後、奇跡的に回復したものの、言語に多少の障害が残り、仕事でのコミュニケーションは難しかった。リハビリをしていけば、それも改善していくだろうということなので、現場復帰は様子を見てからだ。

僕は佐田の病室には行かなかった。いや、自分としてできるだけのことをやって、佐田が自らの意思で戻ってくるまで、自分だけは佐田に会ってはいけないと思っていた。

その後も、地元のプロジェクトを動かしつつも、仲間にお願いして2泊3日くらいでほかの地方に出かけていく日々がしばらく続いた。

行った先でこの人だという人を見つけては、自分だけではなく、地元でプロジェクトに参加する人たちのために、実際に地元に来てもらうか、もしくはライブで配信する勉強会を開催するようにした。勉強会は単にその人の話を聞くだけにとどまらず、僕たちが取り組む具体的なプロジェクトの公開型企画会議という形式をとった。

ほかの地域で実践している人にアドバイスを貰いながら進めるこの形式は、自分だけで企画はできないと割り切った、僕なりのやり方だ。各地を回るうちに少しずつわかったことだが、素直に人の話を聞き、それをちゃんと実行に移すことが僕には向いている。思い切った画期的なアイデアはないけど、まずやった上で修正しながら自分のやり方にしていけばいい。

勉強会は、田辺の提案で、毎回無料ではなく参加費をそれぞれの属性に応じて支払う形式とした。経営者は1回5000円、会社員や公務員は1回3000円、学生は1回1000円とし、設営に協力するか、議事録をとるなら無料。毎回20人ほどが集まり、7万〜8万円ほどにはなったので、僕たちの会社の協賛金と合わせて、講師に来てもらうときの旅費などに充てた。余ったお金は積み立てて、次の事業の元手にする。何か新しいことを始めるときには先立つものが必要なわけだが、それを誰かに用意してもらうなんて発想はもう決してしない。佐田が常に言っていたことだ。金がないなら知恵を出せ、と。

この勉強会はあくまで「実践することが前提」(84)だった。その場で企画を決めていって、やる期限までみんなの前で宣言して終える。こうして地元と全国各地の猛者たちとのコラボが次々と決まり、思いも寄らなかった企画が立ち上げられるようになっていった。

月に一度の定例でスタートしたこの公開型企画会議は順調にオーベルジュの企画内容を分厚くし、新しい賃貸住宅開発についても各地で実践するメンバーから様々な知恵が盛り込まれていった。

ここまで事業は、佐田と僕でスタートした会社で一括して担っ

(84) 勉強会は、あくまで事業化プロセスの一部にすぎない。自己目的化して「勉強になった」「いい話を聞いた」などと言っているようではまったく意味がない。具体的に事業化しようとしている内容をもとに、必要な情報を複数回に分解し、それぞれ最適な人を呼び、聞いた内容を具体的なアクションに反映させること。実践してようやく学んでいる内容がわかることも多々ある。

てきたが、個別に投資する金額も大きくなってきている。いよいよ、やり方を変えるべきなのか。佐田の回復が待たれた。

地元だけでは無理な問題を、**ほかの地域で活躍する人たちを巻き込みながら解決していく**(85)方法に、僕は手応えを感じてきていた。田辺、野々村、川島さんで新しい企画を進めながらも、ビル管理分野では種田が周辺の不動産オーナーと話を詰めて回ってくれたことで、一括管理契約件数も徐々に伸びている。

最悪の状況は、どうにか脱したな……。新たな事業の準備も日に日に進む中、まずは僕はここまでの進展に胸をなでおろした。

(85) 地方でのプロジェクトは、非常に孤独。大きな都市の取り組みでも中核で頑張っているのはたった2、3人だ。表向きはうまくいっていることばかり発信しているものの、水面下では必死でもがいていることが多々ある。だからこそ、複数の地域に行けば、問題意識を貫き通しリスクを負って事業に取り組む同じ立場の人が多くいて、実際そんなにみんながうまくいっていないこともわかる。さらには地域ごとの差より、抱える問題の共通性のほうに目が向く。今はネットもあるので、彼らと連携して、具体的な動きに繋げることも可能だ。

佐田が事故にあって半年近くが経過し、桜の花が咲き始める季節になった。

いよいよオーベルジュの設計も佳境に入り、田辺を中心として、オープンする夏以降に向けての先回り営業方法について、必死に知恵を働かせていた。とくに食材面は「地元のもの」と、これまで様々な勉強会でつながった「各地の食材」を組み合わせた独自メニューをつくり出し、宿泊営業もそれらの食材を提供してくれる各地域の方々をターゲットに先行して申し込みを受け付けることにした。ここで一気に宿泊者が来る手応えが得られれば、開発を着手する段階に進める。

賃貸住宅は、基本要件を決めて宣伝用ウェブにあげたところ、すぐに完売した。当初から話のあった地元の成長企業から、若い優秀な人材を集めるために魅力的な共同住宅だという噂が流れ、複数の企業が借り上げ社宅形式で借りてくれることが開発前から決まっていたのだ。そのため、収入面が相当に堅くなり、経営的にありがたかった。佐田がいつも言っていた先回り営業、逆算開発(86)の徹底の大切さをあらためて痛感する。

いよいよ、オーベルジュを中心に、進めてきたいくつかのプロジェクトに投資のゴーサインを出す段階だった。大詰めの今日は、その投資タイミングを見極める会議があり、みんなが一堂に会していた。

「今日は飲みながらやりましょうぜ」

田辺が、持参したワインのボトルをニヤリとしながら開け始める。

(86) 逆算開発では、必然的に「モノ」がない段階での営業となるが、意外とこれを経験している人は少ない。しかし、衰退エリアでテナントも無しに開発したり、売り先がない状態で商品をつくるのはリスクが高すぎる。まずは周辺の魅力的な店に出店交渉をしたり、マーケットを開催しエリアの商業価値をアピールして「小さく営業」するのが正解だ。実績をあげている地域は商品開発でも、まず原材料を持って行き営業先と協議しながら商品開発を進めていく。逆算営業がうまくいかないのは、建物や商品がないからではなく、取り組んでいる人たちがビジョンとロジックをもった説明を行えないという営業力不足にほかならない。

ようやくここまできた。僕は少し感傷的になり、これまでのことを振り返った。

「今思えば、何かの予算で物事を大きく動かそうとしたのは、自分に自信がなかった証拠なんだよね。事業って、結局自分の器以上にはならない。事業を育てるためには、自分が成長して、できるものはできる、できないものはできないと、ちゃんと受け止めて、最初からみんなに素直に協力してもらえばよかったんだ。変に背伸びしてた自分が恥ずかしいや」

シンとした空気が張り詰める。

しまった、またつい真面目なことを言ってしまったか……。そう思っておそるおそる顔をあげたら、みんなが、視線を僕の後ろに向けていた。

「しばらく合わんうちに生意気なこと言うようになったやんけ、瀬戸」

振り返り扉のほうを見ると、そこにあったのは、以前と変わらぬ佐田の姿だった。声をかけるより前に、冷たいものが僕の頬を伝う。それを隠すように、僕はいつになく大きな声を張り上げた。

「おかえり。……ずっと、待ってたよ！」

みんなで開けたワインは、一同の新しい門出への祝杯となった。そしてその夜、僕たちは次のステージへと進むことを決めたのだ。

コラム 6-1

本当の「失敗」とは何か

地域において計画どおりにいった事業を、私はほとんど見たことがありません。むしろ、立てた計画に固執し、途中で変更すべきところをそのまま突き進んで、とんでもない大失敗をしてしまった再開発事業は多く見てきました。

成果をあげる事業は、当初の計画から常に変更を繰り返します。小さな失敗をした段階で、「このままではダメだ」と早期に判断して、方向を転換。周りからは「最初に言っていたことと違う」などと批判されながらも、思い切った第二の挑戦を行って、成功するというケースも少なくありません。実際に私も、自身の力不足もあって計画どおりいったことはほとんどなく、最初の会社も全国各地の商品のオンライン取引事業を構想していたものの、大失敗。実際に稼げるようになったのは、主要都市中心部における広告宣伝・販促事業でした。その後熊本市で事業を始めたときも、最初は各ビルのオーナーたちが資金を出し合い、エリア全体の価値を高めていく米国流の再生方法を提案していましたが、まったく誰も乗ってこない。結果として、地元の各ビルのオーナーたちが支払っているビル管理費にメスを入れ、コスト削減分の一部を、エリア再生に投資するための資金とする事業を開始し、いまだに続いています。最初の計画は、変わって当然です。うまくいかなくてもふさぎ込むのではなく、むしろ前向きに事業の次なる可能性を探れるかという「ネアカ根性」が試されます。

さらに事業に継続的に取り組んでいると、当初うまくいっていたことがうまくいかなくなったり、はたまたメンバーが病気や怪我で離脱したり、そんな事件がなくともメンバー全員が等しく毎年年老いていくといった問題にぶち当たります。

つまりはいつまでたっても完全なる成功などなく、常に失敗を続けながらも、それを決定的な失敗にしないように、変化し続けることが求められると言えます。

コラム 6-2

「よそ者・若者・馬鹿者」のウソ

地域活性化分野では、「よそ者・若者・馬鹿者」が活躍するなんて言われますが、ほとんど根拠なき言説です。実際に地域での取り組みを形にする上では、信用は不可欠。そして、それは一世代だけで形成できるものではありません。「あいつの親父さんには世話になった」といったウェットな話が物事を動かすことは少なくないのです。

さらに、単に経験も知識もない若者が取り組むよりは、実際に、多少なりとも専門分野での経験を積んで、それなりの知識がある20代後半〜40代が活躍することが一般的です。さらに、本当の馬鹿で誰もついてこないような人では困るわけで、一定のカリスマ性、人を率いる力があることが大切であることは言うまでもありません。私が地方で共に事業に取り組む人には、三代目であったり、時には江戸時代から続く商家であったりと、老舗出身の人もいます。そのような中で、いわゆる「中興の祖」、つまり従来からの事業を単に継ぐだけでなく、新たな事業を立ち上げ屋台骨をつくり上げる人と共に仕事をするときのほうが、やはり成果をあげています。

先代からの基盤があることは制約にもなりえますが、うまく回り始めた際には大きな信用を得やすい。しかも、歴史という財産はお金では買えません。それらを前向きに捉えながら新たな事業をつくり出す彼らは、一定の資本力を持っていることを大いに生かしています。また、「私がやらなければ、このまちでは誰もやらない」という自負を持っています。そういう人が、自らの資本を投じて次なる地域産業を生み出すからこそ、一定の規模が確保できます。地方で衰退のインパクトを上回るだけの、成果を生み出すことは極めて難しい。それを「よそ者と若者と馬鹿者」だけで達成した例を、見たことはないのです。

しっかり信用力がある人、知識と経験を積んだ人、そして投資能力がある人が組んでこそ成果は生み出されます。地域分野だから、何かほかのビジネス分野と違う原理原則があるわけではありません。

第七章　地域を超えろ

資金調達

佐田の現場復帰から間もなく、準備を進めていたプロジェクトはいよいよ実行段階に入ることになり、オフィスには僕以外に佐田、田辺、野々村が集まっていた。いよいよ、勉強会で学んだ運営方法をもとに、事業構造をどう変えていくかを決断する。

僕は、佐田に切り出した。

「これまでは株式会社ままで賃貸事業とイベント事業を中心に運営したけど、これからは実際に自分たちでリスクをとって、事業の運営に乗り出していく必要がある(87)と思うんだよね。ほかの地域でもしっかり業績を伸ばしているところはやっぱり転貸じゃなくて、自分のところで不動産を持ったり、もしくは自分のところで直営の事業をやったりしているところばかりだし」

佐田も、この件にはすぐに賛成してくれた。

「まぁたしかに自分でやらんと儲けは薄いわな。自分で投資すればリス

(87) リスクとリターンは当然連動する。初期はローリスク・ローリターンの事業、今ある施設を借り、それをほかの人に貸して利ざやを稼ぐ「転貸」でやっていくことが多いが、それでは利益が限られるし、自由も少ない。一方、投資をして施設を開発するリスクを負えば、家賃はすべて自分たちの手元に入ってくる。さらに自分たちで店を経営して軌道に乗せれば、家賃だけでなくその店舗の利益も得ることができる。段階によって挑戦する内容は変えていかなければならないが、稼ぎを大きく育てるうえで、少しずつ大きなリスクをとっていくべきタイミングは必ず出てくる。

クを伴う分、生み出せる利益はでかくなる。もう事業はいくつも立ち上げて回ってるし、今回も大体借り手の見込みは立っとるんやから、そろそろ自前でやるんでええんちゃうか」

僕は気になっていたオーベルジュ事業のやり方についても話をした。

「オーベルジュについて、僕らも当事者にならないといけないと思うんだけど、どう思う？」

「そのとおりや。柳澤だけに責任を負わせられんしな。あいつと一緒に別の会社をつくって資金集めよか」

「じゃ、一度柳澤さんの予定を聞いて打ち合わせしようよ。佐田くんもリモートでいいから参加してもらえると助かる」


現場復帰したとはいえ、まだ佐田に無理はさせられない。定例会議には、自宅からテレビ会議で参加してもらったこともあった。使ってみてわかったが、テレビ会議だとちょっとした隙間時間に打ち合わせをして結論が出せるし、いちいち集まるよりもプロジェクトのスピードアップが図れる。地元内での移動はせいぜい10分、20分とはいえ、積み重なると馬鹿にならない。テレビ会議は遠方の相手とだけやる方法ではないのだ。

続いて、田辺からも高断熱住宅の件について話があった。

「あと、例の高断熱賃貸住宅なんだけど、無事に地元企業の借り上げ社宅扱いでもう8部屋埋まってる。残り2部屋も、結構引き合いがあるから、川島さんとも急ぎ進めないといけないんですよね。こっちも次のプロジェクトを見据えて、川島さんと一緒に別会社をつくって進めていくほうがいいかもしれませんよ。新築だけじゃなくリフォームでも高断熱の依頼がきているし、山守とコラボしているＤＩＹのワークショップもすごい人気なんですよ」

佐田は頷いた。

「せやな、川島と山守の能登とも組んで、会社つくってやってこか」

僕としても、せっかく勉強会や丁稚奉公で知り合った全国各地の仲間を繋げたかった。

「あと、宮崎みたいに協力してくれる地域もあるから、会社をつくったあと、そっちにも開発企画を持ち込んでもいいかもしれないね」

「あー、南さんとこか。せやな、せっかくやからおれらがやっている地元だけやない展開に広げていけたらええな」

「うちで運営しているゲストハウス部分も、ワークショップ形式で費用をかけずに断熱化したいんだよね。実際にやってみてわかったけど、断熱化（88）ひとつで暮らす上での快適さがすごく増す。ゲストハウスなら試しに１泊してもらうこともできるから、ショールームにもなるじゃない？　古い建物をみんなで断熱化したうえに、リフォーム需要も開拓できると思って」

佐田たちの会話のキャッチボールに入っていけるようになっているのが楽しかった。

自分の立ち位置が、少しずつ見えてきた気がした。

（88）実際、日本の施設の快適性が悪い理由のひとつに断熱性能の低さが挙げられ、高齢者のヒートショックなどの原因にもなっている。そして、断熱性能の低い施設は無駄に冷暖房費もかかり、電力、ガス、灯油のどのエネルギーを使っても、大抵エネルギー産業はその地域にないために域外収支が悪化し、資金が地域外に流出する原因になる。断熱化は快適性をあげるだけでなく、域外収支を改善するうえでも有効な方法である。

日中の空いた時間を見計らって、柳澤さんを交えて打ち合わせを持つ。

資金調達はかなり難航しているようだった。

「銀行がなかなかいい返事をくれないんだ。うちのレストランが人気なのはわかるけど、宿泊施設に投資するのはリスクが高すぎるって。ほら、レストランや宿泊施設って土日は稼働しても、平日は厳しかったりするから。浮き沈みもあるしね」

どうしたらよいものか。一同は考えあぐねた。そのときふと、僕の脳裏に、最近訪ねた岩手の話が浮かんだ。

「そういえば勉強会のとき、岩手で産直施設をつくった人が、同じように産直だけだと変動の幅が大きすぎて、安定収入がないから**融資を受けるのが難しかった**(89)と言ってたよね。そのときは、産直施設に地元の有力な肉屋と魚屋をテナントとして入れて安定して家賃収入が入るようにして、いい条件で融資を引き出したんだって。僕らも、何かそれをヒントにして考えたほうがいいかもしれない」

(89)
産直施設の一般的なビジネスモデルは、地元の農家から商品を集め、購入金額の20%前後を手数料として戻すスタイルが一般的だ。しかし、それでは儲けが薄く、不作など売り上げの不確実性も高い。そのため、大抵は道の駅のように国の支援を活用して施設を開発、さらに自治体が毎年数千万円から数億円の委託料を支払って運営する。しかし、岩手県紫波町の紫波マルシェでは、産直施設内に県内の与信力のある有力魚卸会社の直営の魚屋と有力精肉店をテナントとして組み込み固定収入を確保し、さらに建物も経済的な木造建築にし床をDIYで塗るなどの経営努力をして融資を引き出した。金融審査を経て事業が強くなり、地域の力となることもあるのだ。

「なるほどなぁ、オーベルジュと何かを組み合わせることで平日と土日の変動を抑えて安定した収入を生むわけか……」

田辺が思い出したように言った。

「あ、そういえば、ベーグル屋をやりたいって言っていた人が以前来てましたよね。ほら、商店街の潰れた和菓子屋の娘さん。この間のマーケットに出していたけど、結構評判よかったですよ。もともとパン屋さんに勤めていたらしくて」

柳澤さんもそのアイデアに乗っかった。

「そうか、それだったらオーベルジュで出すパンも焼いてもらえるかもな。ちょうど地元の小麦生産者とは仲良くしているから、地元の材料でつくってもらうのもいい」

「そんなら、これまで接点のあった事業者を洗い直して、平日に地元の人も来るようなオーベルジュにしたろうや。単なる観光客相手だけじゃつまらんしな」

僕も、佐田の意見に賛成だった。

「地元の人たちが日頃から使っていれば、よそから知り合いが来るときとかにも紹介してくれるだろうしね」

「だとすると、少し設計も変えたほうがいいですね」

野々村がそう言うと、佐田も注意深く付け加えた。

「ただし、最近は大手レストランも地方にオーベルジュをつくり始めとる。ローカルのおれらやからこそできることを徹底するんや。商売はほかと同じことをやるんやなくて、いかに違うことをやるか、や。どこにもない、異常な尖りがある企画にせんとあかん。それにしても、事業計画に適度なストレスを与える融資のほうが補助金よりはなんぼか有益なもんやな。貰う金より借りる金や」

❖

僕が行政事業に手をとられていたり佐田の事故もあったりで、このところ**情報発信**(90)が手薄になっていた。そのため視察見学事業も減っていたが、あらためて引き受けを再開していた。件数も徐々に増加していったものの、僕には気になることがあった。

「最近、視察見学に来た人たちから、自分たちの地元での取り組みについての相談が継続的に来るようになったんだよね」

「来たときだけ話しても伝えられることにはかぎりがあるからな」

田辺が、佐田の言葉に反応した。

「じゃあ、視察見学者限定のグループでも立ち上げますかね。個別対応していると大変だし、少なくともうちに来てもらった人限定であれば、互いに関心の方向性も同じだったりしますし。ここに来た人が互いに知り合うのも面白いかなと」

(90) 地域での取り組みは、イベントなどのように見えるものばかりではなく目に見えない事業も多いため、黙っていると誰も気づかない。また事業を通じて気づいた地域の問題点やいい点も、自分たちで納得しているだけでは、誰とも共有できない。自分たちでそれらの情報を発信するサイトを立ち上げたり、ジャーナルを発行したり、事業の年次報告書をまとめて配ったりする「能動的な情報の出し方」が地方ではとくに求められる。情報を積極的に発信するということもまた、必要な業務である。

「たしかに、それは面白いね！　仲間を増やしていくこともできるだろうし。市の事業をやっているとき、よくわからない市役所お抱えのコンサルタントの人が出てきたけど、ああいうのって自分たちでやろうと思えばできるはずなんだよなあ」

わいわいと盛り上がっているところに、唐突に鳴った電話の音が水を差した。

「あ、僕出るね。……はい、株式会社まままです」

「あのお。おたくの事業をやっていたという東郷というのが補助金の予算をとったきり、そのままトンズラこいて音信不通になったんだけど。どうなってるんですかね？」

「え、東郷？　そのような者はうちにはおりませんが」

「いやいや、そんなはずはないですよ。おたくの名刺を持ってうちに来て、いろいろと資料まで見せられたんですから」

「い、いや、そうおっしゃられても……少々お待ちください」

いったん保留にして、佐田たちにも事情を話したがもちろん心当たりはない。ともかく東郷なる人物の名刺と、見せたという資料を送ってもらうことにして電話を切り上げた。

せっかく物事が再び回り出したと思っていた矢先の僕らに、また不穏な空気が漂い始めていた。

小さな成果、大きな態度

送られてきた東郷の名刺の情報をもとにネットで検索すると、顔写真が堂々とSNSに登録されていた。僕らの事業にまったく関わったことがないどころか面識すらなかったが、田辺が過去のリストから検索したところ、一度視察に来ていたことがわかった。

「こいつ、執拗に資料のコピーをくれってうるさかったんですよ。それで面倒だから資料一式をコピーして渡したんだけど、こんなことになるなんて……。ほんと、どうしようもないやつだわ」

コピーした資料を使って各地に営業をかけ、申請書の作成を代行して補助金をとり、その一部を手数料として受け取るという方法で稼いでいたらしい。

そういえば僕も、各地を回った際に補助金を仲介する名ばかりコンサルタントたちに話を聞きたいと言われたことがあった。けど、まさかなんの連絡もなく、嘘をついて仕事をしているなんて……。

「それで成果が生まれているならまだしも、なんの成果も生まれず、むしろプロジェクトを放棄してしまうなんてひどいよね」

佐田も、困ったもんだという顔をしながら、

「ほんまやで。とはいえ、おれらが何か問題を起こしたわけやないから、事情をきちんと説明したらええ。今後は、資料のコピーは怪しいおっさんには一切渡さへんことやな」

と言ったが、僕としてはそれだけでは許せなかった。

「けど、それだけだとまたいつ誰が同じようなことをするかわからないよ。勝手にうちの名を騙《かた》られると、結局信用が下がるのはうちだし。きっとほかでも注目されている地域で同じようなトラブルを起こしているんじゃないかな。各地で実績あげた人たちに、どう対応しているか聞いてみるよ」

田辺も、東郷なる人物の所業にかぎらず、日頃から腹に据えかねていることがあるようだった。

「少し注目集めたらいろんなところから調査に応じてくれって調査票が送られてきたり、事例集に掲載するからといってヒアリングにきたりとか、うるさくてしょうがないんだよ。そっちも併せてどうにかしたい！」

僕も、それには納得だった。

「たしかにいつも僕らがデータを記入して、資料を送って、原稿の赤入れまでやってるけど、おかしいよね。**みんな国とか自治体からお金貰って調査しているのに、僕らはタダ働き**(91)なんて」

「文句ばかり言っててもしゃあない。だったらうちらで事業化すれば

(91) 年度末になると政府、外郭団体、自治体などが発注した様々な調査が行われ、特徴的で成果をあげている取り組みには、情報提供依頼が殺到する。ヒアリングに対応し、資料提供をした上さらに書いた内容の確認をしてほしいと連絡がきて、赤入れをしてみると、ほとんど真っ赤になることも。そして、それらの作業に見合うだけの対価を支払う調査はほとんどない。しかし、その依頼主であるシンクタンクなどは多額の予算を受託している。成果を出している現場がタダ働きし、それをただまとめるだけの組織ばかりが儲かる歪んだ構造がそこにはある。

ええんや。気づいたらやる。それがおれらのスタンスや」

名ばかりコンサルタントによって税金が使われ、なおかつ地域で事業ひとつ立ち上がらないこの状況を打開する方法はないものか。僕らはそれぞれ考え始めた。

❖

事業の立ち上げで慌ただしく、名ばかりコンサル対策に時間が割けない日々が続く中、会社に新たに一通のメールが届いた。政府の各省庁担当者が集まる地方創生関係の会議に、事例報告者として出席してほしいという内容だった。

「佐田くん、どうする？　なんか行かなくてもいい気がするんだけど」

「まぁ、行ってもしゃーないやろ。瀬戸のほうから断っといてや」

予定が合わないため欠席すると断ったが、「別日程で予定を調整するので、ぜひともお願いしたい」とあちらも食い下がり、やりとりは何度も続いた。

「どうにも出てほしいみたいなんだけど、二人で行ってみる？　東京への旅費は出るみたいだし。何かほかに東京での用事とかないの？」

しばらく天井を仰ぎ、佐田は答えた。

「わざわざ1時間の話のために東京に出るのもアレやけど、ちょうど知り合いが店出したゆーてたから、そこを訪ねがてら行くことにするか。こないだのコンサルの話にしても、結局国が変な会議やったり、なんの役にも立たんような予算をだらだらと出しとるから起こるんや。一回バシッと言ったらなあかん」

佐田はこれまで幾度となく経験してきた意味のない「支援政策」で、どれだけ地方が迷惑しているか、思い知らせてやりたいらしい。それによってどれだけ地方が混乱し、まともに事業と向き合うやつらが馬鹿を見てきたかを。

うっとうしい雨が降る中、新幹線は東京駅に滑り込んだ。

「本日は悪天候のため、1分ほど到着が遅れました。お客さまに多大なるご迷惑をおかけしましたこと、心よりお詫び申し上げます」

マニュアルとはいえ、1分の遅延でここまで平謝りする電車というのも日本くらいだろう。社会の息苦しさを物語っているようだな、と僕は思った。

新幹線で読んでいた新聞には、粉飾決算で揺れる大企業の記事が並んでいた。何をするのにも上が保身のために下に不可能な基準を押し付け、その無理が結局は「嘘をつく」ことの正当化に繋がる。組織的に嘘をつくことが仕事になり、誰も罪悪感はない。なぜならば、それが

「大人」であり、「仕事」だからだろう。

僕が会議に先立って送られてきた「成功事例集」なる資料を眺めていたら、横にいた佐田が表紙だけを見て笑った。

「『地域活性化100選』とかゆうて、ほんまいい加減やな。そんな簡単に100も成功したら、地方は衰退してへんやろ」

結局、大企業も地域での事業も一緒だ。自分たちで稼ぎを生むことよりてっとり早い補助金をもらったり、ときに決算を偽ることが優先され、何も本質的な価値を生まないことを、組織ぐるみでやっている。誰もがそのことを知りながら、自分だけではないという意識から罪悪感は生まれない。下手をすれば、自分も被害者と思っていることさえある。そして、小さな会社ひとつ経営できないような補助金で回っているように見えるだけの偽りの事業が平気で「成功事例集」に掲載されるのだ。

今回の集まりは、「成功事業の水平展開[92]支援政策に関する連絡会議」というものらしい。国が何か決めたことをやらせてもうまくいかないことが多いのか、成功している事業をやっている人たちに、その事業をいくつもの地域に展開してもらう政策を考えているらしかった。

[92] 常に地域政策であがるテーマに「成功事業の水平展開」がある。その支援の基本は補助金だが、モデルとなった成功事業の多くは支援制度などを使わず自分たちで成果をあげたもの。そもそも補助金で成功事業をつくること自体が矛盾しているのである。本当に成功事例をほかの地域の模範にするのであれば、支援予算なんて必要なく、自力で取り組むプロセスこそ再現しなくてはならないのだ。

新幹線を降りて地下鉄で霞ケ関駅まで行き、会議が開かれる庁舎に着くと、大きな吹き抜けがある建物の一角にある会議室に案内された。プレゼンの最終チェックも終わり座っていたら、ぞろぞろと各省庁から人が集まり、名刺交換に来た。肩書は見慣れないものばかりで、誰が誰より偉いのかまったくわからない。

「今日は、はるばるゲストに来てもらっています」

座長の大学教授が本会の趣旨を解説した後、僕らに話を振った。今日は佐田は質疑応答しか話さないということで、僕から民間が主体となり、補助金に頼らず取り組む事業がいかに大切かという趣旨の話を30分ほどしたうえで、意見交換の時間となった。

名刺を交換した際の肩書に課長と書かれていた鹿内という男が、眉をひそめながらうかがうような姿勢で発言を始める。

「そもそも、みなさんの取り組みが素晴らしいというけれども、所詮小さなまちで何件かの事業がどうにか回っているというだけでしょう？　じゃあ、となりまちにまったく同じような施設ができたら、どうするんですかねぇ。すぐダメになっちゃうんじゃないですか」

誰もやっていない地方なら、簡単にうまくいくだろうという考えらしい。いつもなら佐田が怒るところだが、あまりの失礼な物言いに、僕は佐田より先に言い返していた。

「となりに同じような施設ができたときには、僕らはさらに先の事業に取り組んでいます。地域での事業は独占ではありません。常に競争が起きるからこそ成長があります。その連鎖が活力を生み出すのです。もし我々が失敗したとしても、別の人が成功を収めていれば、次の段階でまた我々が頑張って成果を出す。その繰り返しです」

鹿内は、違う違うと手を左右に振りながら答えた。若者風情だと僕らのことを馬鹿にしているらしい。

「いやいや、そんなことを聞いているんじゃないんだよ。質問の意味わからないのかな。だから、今の段階でひとつの事業が多少の成功を収めていても、次では失敗する程度の小さな事例でしょ、という意味なんですよ。もっとちゃんと規模の大きな成功を全国各地で収める(93)ための方法を、僕らは考えているわけ。だから、そのためにはどういう支援があれば、みなさんの小さな取り組みをもっと大きな成功にできるのか、という趣旨の質問なんですよ。あなたたちにとって悪い話をしているんじゃない。となりに同じような取り組みが出てきたら吹き飛ぶようなそのちっぽけな事例をね、我々が支援してもっと全国に広がる大きなものにしてあげようという話なんですよ」

椅子にふんぞり返るその態度に、いい加減カチンときた。

(93) 二宮尊徳が「積小為大」という言葉を残している。「大きなことをしたいと思えば、小さなことを怠らず努めるのがよい。小が積もって大となるからである。およそ小人の常として、大きなことを望んで、小さなことを怠り、できにくいことに気をもんで、できやすいことを努めない」。小さな事業ひとつ成功させられない人間が、巨大な予算と権限を持つと、勘違いをしていきなり大きなことができると思い込む。しかし、どれだけ大きな予算や権限や組織を持っても、その人間の器量以上のことは成し遂げられない。全国規模での大きな成功など、小さな事業ひとつやったことがないから言える、放言にすぎない。

「お言葉ですけど、あなたたちは数千億円の無駄な予算を全国各地に出したのに、ほとんど失敗事業ばかりじゃないですか。自分たちで勝手に成功事例と呼んで資料に並べているけど、補助金なしで成功した事例と、自分たちが補助金を入れた事例をごちゃ混ぜにしてごまかしているだけでしょ」

会場が、徐々にざわつきはじめる。

「そんな仕事しかしていない人が、地方で自分たちがリスクをとって取り組んできた事業を、ちっぽけだとか、となりにもうひとつできたら所詮失敗する程度というのは、あまりに失礼じゃないですか。まず、あなたたちがひとつでも、ちゃんとした事業をつくってからものを言ってくださいよ」

急に怒り出した僕に鹿内は少し驚いたあと、両手を返して半ば呆れたように、

「我々は全国のことを見据えて話をしているから、あなた方とは見ている世界が違うんですな。ええ、よくわかりました」

と言い放ち話を打ち切ろうとした。言い返そうとする僕をこれまで黙っていた佐田が遮り、低い声で話し始めた。

「だったら、最初からおれらを呼ぶ必要ないやろ。みんなで円卓囲んで、地方から人呼んで、自分たちの思うような答えだけ求める茶番やめて、自分たちでゼロからやってみぃや。そうすりゃおれらが何を言っていたかすぐわかるわ。まあ、何ひとつできへんやろけどな」

まっすぐ睨みつける佐田に、鹿内の視線は宙に泳いだ。

「だからね、あくまで我々は主体にはなれないんですよ。地方やみなさんのような方をどう支援するか、というのが私たちの立場なんですよね。あなた方とは、フィールドが違うんですよ、フィールドが」

はぐらかした返答に、佐田が追い打ちをかける。

「まだ話がわからんか。どんな支援が本当に効くか、自分で事業もやっていないやつにわかるはずないやろ。実際、わかってへんからこんなくだらん会議いつまでもやってんのとちゃうんか。わからんからおれらを呼んでおいて、いちゃもんつけてるようでは、どんな支援も機能するはずがないわ！」

佐田は吐き捨てるように言うなり立ち上がって、鹿内を指さした。

「いやぁ自分、立派な大学出とんのかもしれんが、ほんま、頭悪いなぁ」


会議室がシーンと静まり返り、「ブーン」という空調機の低い音が鳴り響いた。1秒か2秒のことだったと思うが、僕には10秒くらいの長さに感じられた。

多くの上司、部下の前で罵られたことがあまりに衝撃的だったのか、もしくは人生で「頭悪い」と言われたことがなかったのか、鹿内の顔はみるみる紅潮していく。席を立った男は、バタンと大きな音を立てて扉を開け、部屋から出ていってしまった。

その後、場を取りなそうとした、中堅とみられる男から「みなさんの取り組みを全国に広げるうえで、どんな支援政策があればよいと思いますか」というお決まりの質問が投げかけられた。

佐田は、そのくだらない質問に冷静に返す。

「支援してもらわんのが一番の支援ですわ。あんたらが適当な支援策をつくって、それを貰おうと地方のあほなやつらが躍起になって提案書を書いて補助金集めに時間を割いとる。役所のほうを向いて、あんたらが言う『支援』を貰うことにばっかり時間つこうとるから、本来向き合うべきお客さんはほったらかしや。だから売り上げもまともに立たん。売り上げの立たん事業に、補助金が出たところで早晩ダメになる。だからこそ毎年自転車操業のように次から次へと補助金の申請に明け暮れとるんや。ほんで補助金貰わんとやっとるおれらのようなやつは、頭おかしいやつら扱い。お客さんに喜んでもらって対価貰うやつが頭おかしくて、役所に媚びへつらって予算貰うやつが成功者扱いされる地域が、過去に栄えたことがあるんなら教えてくれや。結局、あんたらの支援のせいで、地方はさらに衰退しとる。支援はすっぱり打ち切ってもらったほうが、よっぽどまともなやつが、地方で成果をあげおるわ」

その質問した男とは別の、おそらく上司のような男が横から入ってきた。

「佐田さんの言うとおりですね。そもそも何を支援してもらいたいかなんて質問がよくありませんでした。君、そういうのは自分で考えてから言いなさい」

その後も何となく的外れなやりとりが交わされ、会議は終了となった。

終了後に、部署の若い人たちが「あの人はいつもああなのです」と謝りに来たが、そんなことはなんの言い訳にもならない。

部署の中には地方自治体から出向で国に来ている人も少なくなく(94)、「僕らも普段違和感を覚えているのですが、なかなか言えなくて……」と言っていた。そうなのだ。みんな個人では違和感を覚えているのに、それを口に出さないのがこの国の病なのだ。口に出さずに、ぐっとこらえて、みんながやることを同じようにやるのが「大人の作法」だとされているからこそ、間違いは繰り返されていく。

こんな会議は「時間の無駄」以上に、自分たちの神経を無意味にすり減らすことになるだけだ。終了後、僕はなんとも言えぬ倦怠感に襲われた。

このくだらない「支援政策」に、対抗しなくてはならない。あんなやつが下手な政策を打てば打つほど地方がおかしくなることだけは間違いない。

会議には、様々なシンクタンクやコンサルタントが名を連ねていた。国が計画している情報

(94) 霞が関の官庁で働いているのは、国家公務員試験を通った人ばかりではない。地方公務員が、出向というカタチで官庁に働きにくるのもそのひとつ。表向きは国と地方のネットワークを拡げる目的だが、国とのパイプをつくって予算をたくさん貰ったり、認定を受けやすくしたいという地方側の目論見もある。しかし、地方に戻り国から予算を獲得、いよいよこれから事業という段階で異なる部署に異動になったりする。予算獲得が終われば、お役御免なのだ。このような人事で熱意のある職員はやる気を失っていく。

をうまく聞き出して、先回りで知り合いの地域に提案を投げ、まとまった予算を獲得して稼いでいる輩も多いという。定番の稼ぎ方だ。つまりは、予算を貰って動く金がほしいシンクタンクやコンサルタントと、各地で小さくとも何らかの実績がほしい金を出す側の行政、それを取り仕切る大学教授というのは常にトリオなのだ。

「こないだの詐欺コンサルにしても、今日の支援政策だなんだとか言ってる役所にしても、まったく話にならんな。おれらで金の仕組みも全部変えて、やつらより先回りして動く事業を考えなあかん。瀬戸、おれ本気やからな」

佐田は、仕組みをどう変えるか、次回の合宿で集中的に議論しようと熱っぽく語った。

僕らは怒る以上に、とても焦っていた。鹿内のような人物が、地方支援政策の責任者であるということが、僕らを含めた地方にとっての危機だと思ったからだ。あいつは、心の底から地方を馬鹿にしている。

血税投入

最近の合宿は内部だけでなく、全国で繋がっているメンバーと合同で行うようになっていた。三つ程度のグループをつくり、「緊急性はないが極めて重要な話」を集中して議論する。日頃は「緊急だが重要ではない話」を優先しがちだが、それだけでは、本当に自分たちがやらねばならぬことに取り組めているのかが見えなくなることがある。忙しいことを理由に、課題の解決を先送りすると、事業の成長はいつか壁にぶち当たる。だから合宿のときは日常業務は一切遮断して、中長期の目線で、やるべきことを見定め取り組む、また今やっている不必要なことをやめる決断をするのが僕たち流だった。

今回は滋賀の大津に新しくできたという宿を予約して、みんなで泊まり込んだ。夜は毎日飲んで語る。2泊3日の充実した時間だ。

最終日である今日は、「先日決まった支援政策にどう対抗するか」を、全グループ共通の議題として話し合うことになっていた。民間で事業に取り組んでいるところに、常にリターン度外視のお金をぶち込んで破壊する支援政策をどう超えるか、僕らは考えなくてはいけなかった。

長野で事業に取り組むチームからは、

「まぁたしかにうちのまちにもいるよ。常に情報をがっちり握って役所とか市長とかに働きかけて、補助金をとって回すことばかりしている自転車操業のまちづくりNPO[95]が。今回もインバウンド向けの民泊開発に関する予算があるからって、勝手に地域に協議会をつくるといって暴走して、頓挫してたよ」

という話があった。

佐田は呆れ果てて、どんっと机を叩きながら言い放った。

「次から次へとゾンビのようにそんなやつが地方に生まれるのも、もとはといえばあいつらが補助金やなんやと配るからや。売人がいるから使うやつがいて、使うやつがいるから売人が成立する。まぁ麻薬みたいなもんやな。さっさと撲滅してほしいもんや」

どうやら、相当頭にきているらしい。

「そのせいでまともな事業をやるやつが馬鹿を見てるのに、こないだみたいにその説明しに行ったら、『しょぼい事業』みたいなふざけたことを抜かしおる。100億突っ込んだ赤字施設つくるほうが、3000万の投資で毎年3000万利益出す事業よりすごいんやそうやぞ。どんな頭しとんねん、あほか」

ヒートアップする佐田を尻目に、僕は田辺たちと考えていたことを説明し始めた。

[95] 毎年行政が発注する事業を受託して売り上げを立てたり、補助金を貰って自分たちの事業の赤字を埋め合わせることばかりしているまちづくりNPOは数多く存在する。行政の予算は単年度会計なので、毎年契約して毎年支払いを受けねばならず、常に来年度の事業予算獲得に躍起になる「自転車操業」となったり、地域に本当に必要なことを考える余裕を失い、組織を維持するためだけの事業をこなすようになることも少なくない。

「まず、地域で事業に向き合う僕たちのような立場の人同士の連携は、真剣に強めていかないといけない。今までは必要な資金の調達や情報発信もバラバラにやってきたけど、そろそろ一緒にやらないといけないと思うんだ。結局、数は力でもあるし。あと、コンサルタントみたいな人が存在するのも変な話で、僕らの取り組みを報告書にまとめて役所に売りつけてるだけなんだから、そんなのは僕ら現場を受け持つ人間が取り組むほうが絶対にいいと思う」

しかし、山形のチームからは、

「とはいえ、実際には現場の仕事が忙しくて、なかなか個別の地域に行ってコンサルティングなんてやってられないよ」

という声もあがった。たしかにそのとおりだ。しかし、僕は率直な思いを伝えた。

「僕らも、忙しさを理由に後回しにしてきたよね。でも、『まずは、自分の地域のことだけに専念すればいい』という考えが今のような状況を招いたんじゃないかと思うんだ」

佐田は頷きながら、机に散らばった資料の中から、配られていた成功事例集を取り上げた。

「おれらは人さまの事業へのアドバイスなんて本業ちゃうからな。けど、そうやって放置してたからこそ、こういう事例集⑯を適当につくったりして金儲けしとるやつがいるわけや。うちらには一銭もけーへん

⑯
行政の調査の定番は成功した事業を一覧にし、類型化する「事例集」である。本来成功した事業を見るときには、長い時間軸で追ってプロセスを多角的に、深く理解しなければいけない。しかし、事例集の多くは結果を単に整理したもので、わかった気にはなれても実行時にはまったく役に立たない。浅く広く数多くの事例を知るよりも、ひとつの事例を深く知るほうが役に立つことが多々ある。

で、間違った情報が資料にまとめあげられる。だから、おれらはあいつらが絶対にできへん、かつおれらにも負担が大きくない効率的なやり方をつくり出す必要があるんや。税金に頼らんとな」

僕は、整理しておいた資料をプロジェクターで投影した。

「そこで、僕らとしては、全国各地のメンバーが合同で、後発組の地域をサポートするスクールを開校し、eラーニングと合同研修を組み合わせる新しい方法をつくろうと思います。コンサルを個別にやることはできないけど、eラーニングでネットを通じて話を伝えたり、今日みたいな合同研修を開くのならできる。そうすれば、それぞれの地域は多額の負担をせずとも事業をつくり出す方法を学んだりサポートを受けられるし、僕らも複数の地域がひとつになってくれる分、効率的に対応できるはずだよ」

田辺が補足する。

「そうすれば、それぞれの地域がコンサルティングに大きな予算を組まなくても、僕らも十分採算に乗せることができる。500万円を3地域から貰って1500万円つくるより、50万円を30地域から集めて1500万円にして運営するほうがいいっすもんね。50万円程度なら各地域も1年もかけずに事業で取り返せるし。あくまで予算分は事業で稼いで取り戻させることが僕らのポリシーですわ。よく言うでしょ、魚をあげるのではなく、魚の釣り方を教えろ、ってね」

佐田は、僕らの発言に成長を見てとったのか、ニヤリと笑い、頷いた。

「数字が入っていてわかりやすいな。なるほど、今までは配られる魚をとり合ってたけど、今度は各地域が独自に魚の捕り方を覚えれば、わざわざ『配られる魚』なんて当てにせんでいいっちゅうわけや。全国の気合入ったやつらで連携して、がっつり実践する学校か。おもろそうやないか。けど目標がないとおもろない。よし、3年で100の事業をつくる、それが目標や」

この案には、ほかの地域のメンバーも賛同してくれた。そして、善は急げで参加希望地域の募集を始めたところ、50を超える地域から問い合わせがあった。これは、いける。僕らは詐欺コンサルティングや税金での水平展開(97)を破壊する、新たな事業のための新たな組織をつくることを決めて、公式サイトを立ち上げたのだった。

スクールは無事オープンした。最初は問い合わせに対応したり、システムのエラーがあった

(97) 最初は地元の民間がリスクを負って挑戦し成果をあげていた事業が水平展開の対象となり、全国的に様々な類似事業に補助金が出された結果、今や影もカタチもないというケースは後を絶たない。毎年、成功事例は補助金を使うための政策的な道具として使い捨てをされている。補助金をもらって成功地域の取り組みをパクってもほかの地域で役には立たないし、成功した地域も視察見学に忙殺されて衰退するだけ。この仕組みに乗らないように気をつけなくてはならない。

りとてんてこ舞いだったが、3か月ほどで安定した。

走り続けていたからか、半年は一瞬のうちに過ぎ去っていった。


最初のスクール・プログラムが終わりに差し掛かっていたある日。フェイスブックのメッセンジャーに、知人から急に連絡が入った。

「これって瀬戸たちがやってんの?」

これ、と言われているところに貼られたリンク先に行ってみて、驚いた。

「なんなんだよ、これ……」

なんと、国が10億円かけて新たなスクール事業をやるという。偉い先生たちがeラーニングに登壇し、指導する形式らしい。全国各地でリアルな集会も開催され、自治体職員は強制的に受講しなければならないそうだ。

その報せを聞いた佐田は、

「ほんま、せこいパクリばかりしやがって」

と舌打ちした。


僕は目を疑った。今年の補正予算が決定した矢先、それらを、僕たちの取り組みを丸パクリしたかのような内容に使うなんて。しかも、講師陣は国の委員会の委員を務める先生だの、怪しいコンサルタントばかり。それらは、すべて無料だそうだ。いや、無料というのは嘘だろう。10億円の血税が注ぎ込まれているのだ。それらはすべて僕らの稼ぎから出されている。

「こんなハリボテ、絶対に成果なんかでーへん。安心しろや、瀬戸。うちらは着実に今手を挙げてくれている地域で事業をつくる。ひとつでもふたつでもいい。ちゃんと稼ぎをつくることを徹底すればいいだけや」

僕の中に、沸々《ふつふつ》と闘志が湧きあがってきた。

❖

「ようやく各地での事業の目途がついてきたな。けどここからや」

半年して第1期の参加地域チームが卒業し、次々と事業が立ち上がり出していた⑱。さらに、次なる第2期の地域が入ってくると、今度は先行する地域の人たちが先輩としてサポートするようにもなり、これまでにない地域間の関係が構築されようとしていた。民間だけでなく、自費で仲間を連れて参加する地方自治体の志ある職員たちも多くいた。

僕たちのチームは、複数地域が合同でつくった新会社で、各地の銀行や投資家などと連携して事業に必要な資金調達を行っていた。個々の事業がバラバラに動いたり、毎度毎度金融機関と交渉するのではなく、組

⑱ スクールの目的は単に学んで終わりではない。ゼロから自分で事業を立ち上げ、成果を生み出すことこそが肝だ。そのために、先行して成果をあげている事業に関して経営的な視点からプロセス、組織設計、人材登用などを多角的に細かく伝え、さらにそもそもの思考方法を伝えることが不可欠である。やるときも場所も人も違う条件下で一度に講演を聞くだけで本質はわからない。数か月間に渡って学習をし、実地経験を積む必要が出てくることも。また、卒業した後の先輩後輩といった人的資本の集積も学び舎の重要な役割のひとつである。

織的に投資に向き合える体制づくりを目指していたのだ。

とある地域活性化のシンポジウム企画に、僕らの新たな地域連携組織の宣伝を兼ねて参加していたときのことだった。見たことのある顔が、こちらにすたすたと近づいてきた。あの会議で部屋を出ていった例の男、鹿内だ。

鹿内は鼻で笑うように言った。

「君もせっかく東京でやってたんだから、あんな田舎の儲かるかどうかわからないような仕事をちまちまやるんじゃなくて、僕らと一緒にやればいくらでもお金になったのに、馬鹿だねえ。え？　なんだね、あの規模のしょぼいスクールは。仲良し倶楽部ですか。しかも金をとるだって？　そんなに、君たちは金がほしいのかね。僕らのはすべて無料ですよ。全国で会議もやる。そもそも、どうせ地方なんて何も考えてないんだから、我々が考えたようにやればいいんだよ」

こんなやつに、絶対に負けるわけにはいかない。

「いや、大体、あなたがパクってつくったスクールは無料じゃないですよね。僕たちが支払っている税金で穴埋めしているんですよ。あなた方は崇高なことをやっているつもりかもしれないけど、結局人の金をばら撒いているだけじゃないか。僕らは各地で事業を立ち上げる覚悟を持った人たちばかりで自分たちのお金を持ち寄って挑戦しています。成果を出しますよ。絶対に」

「ふん、君は馬鹿か？　そもそも我々のは、パクリではない。我々こそが王道だよ。勘違いしてもらっては困る。我々はずっと人材育成事業をやってきているんだ。全国の自治体の様々な部署への連絡網は僕らだけが持っている。ほかの役所は持っていないんだよ、これだけの地方へのコネは。どういう頭で考えたら、我々が負けだと思えるんだか、本当に。金も、信用も、組織もある。私たちは君たちみたいに汚い金儲けのためにやっているんではないんだよ、まったく。もし君たちのほうが私たちより成果をあげたら、私が間違っていたとちゃんと謝ったっていいさ」

「約束ですよ」

ここまで黙っていた佐田がほくそ笑んだ。

「鹿内さん、そんなら2年後にどれだけ成果あげているか、勝負や。自分、逃げんなや」

絶対に負けられない戦いが始まった。

コラム 7-1

他地域連携でインパクトを生むための思考法

ある特定の地域であげられる成果は、あくまで限定的でもあります。限りあるリソースで形成されていくチームにもそれぞれ得意不得意があり、それらを互いに補う上でも複数地域が合同する仕組みはとても重要になってきます。

かつてであれば、ある特定の企業が大きく成長して複数地域にチェーンストア型の展開を行っていく「スケールアップ」戦略のみが有効とされましたが、今では複数の地域が緩やかに連帯をしながらそれぞれが分散的に成長していく「スケールアウト」戦略も有効になってきています。どこか特定の組織や企業が強くなれば、どうしてもほかの地域が搾取される構図となります。しかしながら互いに成長していく、そのうえで合同で共通化すべきこと、外に向けて発信したほうがいいことは連帯すれば、それが最も互いの地域にとっても、取り組みそのものにとってもプラスになります。

私たちは今、各地域で不動産再生的なアプローチで成果をあげているチームにほかの地域での事業実施の際のサポートをお願いしたり、はたまたオンラインでのeラーニングなどの研修システムを合同して構築し、問い合わせてくる後発組の地域向けの研修を効率化するために活用するなどの取り組みを進めています。

とくに各地だけでは専門家を雇い続けられなかったり、生産性を著しく改善するシステム開発を行えなかったりする部分を補い合う連携は効果的です。今はインターネットがあるので、定期的な打ち合わせやシステムの利用もすべてオンラインで行うことができます。ツールもSkype、Facebook、LINE、Google Hangout、Appear.in、Zoomなど環境に合わせて多様に選択できますし、個別のやりとりについてもSlackやFacebookグループがあります。これらを効果的に活用し、地域がそれぞれバラバラに取り組むだけではない、新たな連携のあり方をつくり出していくことが求められています。

コラム 7-2

地方で成功することにより生まれる「慢心」

地方活性化分野は、毎年毎年、注目される事例が出てきては消えていきます。その背景には、毎年様々な形でつくられる、国や地方自治体発行の「成功事例集」の存在があります。

これらの事例集は衰退している地域で様々な地域活動や事業に取り組む個人・団体向けに、成功していると言われる事例を解説する資料をつくり、簡単に言えばそれらをパクるためにつくられます。さらには、様々な形で表彰制度があるため、少し成果をあげるとすぐに目立つようになります。

無防備に成功事例集に載り、代表者が講演会ばかりに出かけていると、いつの間にか地域での自らがリスクを負って展開する事業が疎かになっていきます。さらには、国から様々なモデル事業政策への協力要請や、委託事業への参加などが求められ、様々な地方自治体からもコンサルティング依頼が舞い込みます。このタイミングで乗ってしまうと、ある意味では過去の地方衰退と同様の仕組みに組み込まれていってしまいます。従来であればリスクを負って自ら事業をつくっていたはずが、いつの間にかリスクを追わずに、頼まれた仕事を代行するようなことばかりになってしまうからです。とはいえ、短期的に見れば、リスクなく多額の委託費などがもらえる行政からのコンサルティング依頼は「おいしく」見えるのも事実。

ここで行政委託を一定の比率に抑え、より生産性と拡大が可能な自主事業に専念したり、成功事例集に掲載される内容について精査していかないと、成功していたはずの事業があっという間に消えることになります。

地方では少し成功すると大きく注目されますが、そういうタイミングこそ注意しなくてはなりません。瀬戸のように、大きな予算があればもっとできることがある、関係者に喜んでもらえるなどの前向きな理由で巻き込まれることもあるため、まさに「明日は我が身」なのです。

第八章　本当の「仲間」は誰だ

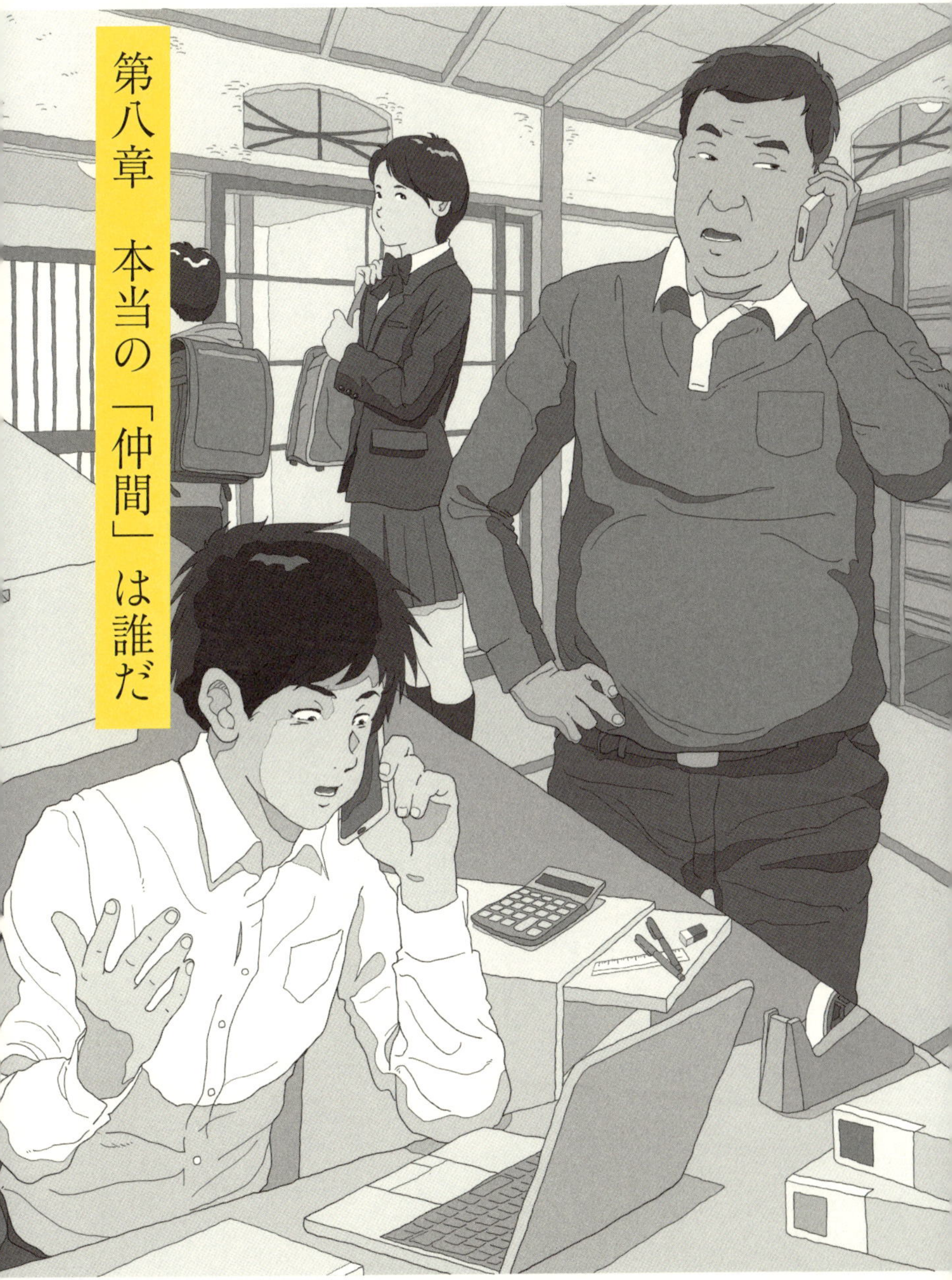

他人の茶碗を割る権利

鹿内は露骨に卑怯な手を使ってきた。

鹿内たちが税金で無料で実施するスクールを開催するために、僕らが組んでいたほかの地域へ手を回し、多額のフィーを支払って講師を引き抜くなど、分断作戦を展開してきたのだ。さらにその誘いを断ると、鹿内の部署に関連する予算を貰っていた地域には、間接的な嫌がらせを行った。急に細かな報告を求められたり、事業内容に途中から横槍が入ったりと、あたかも僕らと組んでいると仕事がしにくくなるぞ、と言わんばかりのやり方だった。

嫌がらせの実態は「あなたたちのネットワークから抜けたい」という徳島の団体と電話で話したときに判明した。だが、僕には、そのやりとりの中で、嫌がらせ以上にショックなことがあった。

「鹿内からの露骨な邪魔が入っていることはわかりました。けど、地方が各地で連携して自立しないと、国からの一過性の予算なんて3年以内に打ち切られるじゃないですか。わずかでもいいから、自分たちでしっかり稼いで続けられる仕組みをつくらないと。国からの謝金や委託事業なんか断ればいいだけだと思うんです」

そう迫る僕に、徳島の団体のメンバーは重々しく語った。

「瀬戸くん、それは傲慢だよ。私らには生活がある、家族もいる。社会がどうだ、地域の未来がどうだという前に私らには支えなくてはならない明日の生活がある⑲んだよ。断ればいいだなんて軽々しく言われる筋合いはない。国に睨まれて今進めている仕事が進まなくなってしまったら、私らはどう生活したらいいんだ。君たちの意志はすごいと思うし、小さなまちで事業を積み重ねていることも尊敬する。けど、だからといって、私らまですべてそのとおりにしないといけないなんて理屈はないだろ。私らのことは私らが決める。いくら君たちなりの正義があるとはいえ、他人の茶碗を割る権利はない」

他人の茶碗を割るという表現が胸にグサリと刺さった僕には、何も返す言葉がなかった。

「……すみませんでした」

電話を切ったあとも、気持ちの整理がつかずに動けなかった。僕らが考えていることは正しいのか。彼らが言っていることも間違っていないように思えた。だけど、何かが自分の考え

⑲
地域活性化における壁は、自分たちが当座食うことを優先するなら、補助金でも交付金でもどっぷり使ってしまうことが短期的には合理的だという事実だ。そうして、慢性的に事業としての収益性が低い、もしくは赤字の事業が放置され、外からの支援がなければ地域は何もできなくなるという負の構造を自らつくり出すことになる。その結果、限られた予算を取り合い、ほかの人を追い出し、地域活性化の名のもとに生まれた利権をつくり出す側の人間になってしまう。結局のところ、いつも私がきれいごとだ、べき論だと言われても、補助金に頼らない姿勢を貫くのは、「使えるものは使おう」と姿勢を曲げた人たちの末路を多く見ているからでもある。食べるためだからしかたないと言い出したら、何をやっても肯定できてしまう。それでは地域を変えることはできないのだ。

とは違う。ただひとつ確実にいえるのは、「地域が連携する」という曖昧なかけ声で仲間を増やして、ネットワークをつくり上げようとしたことがトラブルの要因になったということだ。自分は単に見かけの数ばかりを求めていたのではないか。今回の一件で考えさせられた。

❖

僕らは、戦略の変更を迫られていた。

「鹿内はメンバーをそのままパクって、スクールのコースを立ち上げる気らしい。うちの講師陣に軒並み連絡を入れて、オファーしているみたいだよ。さらに、僕たちと仕事をしている地域をみつけて、そこに暗に僕たちと手を切るように圧力をかけてるみたいなんだ」

佐田のところにも、各地から連絡が入っていた。

「ほんま、汚い手を使いよる。裏から手を回して、そのままパクって、税金使ってタダにしてまおうってか？　そんなんでコロッとひっくり返るようなしょうもないやつらがようけおるんも腹立つわ。地方が頑張ったことをパクって、採算度外視の税金で駆逐して、みんながまた国に陳情(100)する構造に固執する。ほんま、ようできとるのう」

僕は鹿内たちの事業のサイトをタブレットで見ながら、返した。

(100) 地方では何かを行うときに、自治体にお願いしに行く人が多くいる。そして、自治体や業界団体も、国に補助金や交付金などの支援をお願いしに行く「陳情」を習慣にしてきた。事業性を改善することなく、杜撰な計画のまま、支援を取り付けようと様々なコネを活用し、うまく陳情できる人が、地方では「できる人」とされてきた。しかし、陳情によって一見問題が解決したかのように見えても、実際には不採算事業が後に地元で大きな経営問題を引き起こすなど問題の先送りにすぎなかったりする。

「中身を見たらちゃんとしたカリキュラムも何もない。単なる講演会をネット配信するカタチだから、僕たちのものとは似て非なるものだってわかる人はわかるはずだ。でも、あまりにひどいよね。フォローアップもなしに単にネットで人の話を配信するだけじゃ意味がないのに、そういうことにはお構いなしみたいだ」

佐田の怒りも収まらない。

「何より受ける側がタダっちゅうのが気に食わん。**本気でやる気あるやつが集まらへん**(101)やろ。しかもせっかく民間でつくったネットワークを一過性の謝金を尽ぎ込んで切り崩そうっちゅうのがますます気に食わんわ」

とはいえ、僕らにそれを止める術はない。

「せやけど、まぁこれでむしろ組むべきでない地域が篩《ふる》い落とされたとも言えるわな。目の前に金積まれただけで、本質的に何がしたいんかを忘れるようなやつは変化をつくり出せん。別にスクールで金稼ごうって話やない。コンサルティング以外のカタチで地域同士が自立するための学びの場をつくって、その資金を使って次の事業を起こすための仕組みづくりなわけや。どう考えても地方を馬鹿にしとるあほがやっとるパクリ事業に協力するようなやつと組んででも、遅かれ早かれ問題が出たはずや」

(101) 自分の財布からお金を出さなければ、「やってもやらなくても自分に損害はほとんどない」と考える人がたくさんいる。タダだからと軽い気持ちで受講し、ためにならないと思ったら途中でやめてしまう。ときにやる気のある人がきたとしても、まわりはほとんどやる気のない暇な人ばかり。そして本気の人から離脱する。何も、法外な金額を払わせようというわけではない。フェアな対価をみなが出し合って勉強会を行えば予算など必要ないし、その対価を支払った分、事業化して元をとろうとするからこそ、物事はカタチになるのだ。

僕としては、せっかく増えたと思っていた「仲間」だった。しかし、自立にこだわって地域の事業を回していくことの根本的な難しさは、何度も役所との事業に振り回されて失敗した僕自身がよくわかっていた。

「まちで事業をやっていると、いろいろな予算の誘いが来る。やるべきことはわかっているはずなのに、気づいたらその予算なしに組織を回せなくなってしまうことも多いんだろうね。僕は逆に不器用で予算事業がうまくいかなかったからこそ、今みたいに自立して仕事ができるのかもしれないなぁ」

「最初の頃は信念持って自立して事業やっとったはずでも、いつの間にか補助金がどうやとか、役所と付き合っておいしい話はないかと画策し始めて、転落していくやつはようけおる。自分で市場と向き合うより楽な道を選んだら最後、戻ってこられへんぞ。おれは今まで、何人もそういうやつを見てきた」

「僕らはしっかりと地元での事業で足元を固めて、ポリシーを共有できるところとだけ組むようにしないといけないよね。でも、頭ではわかっていても、寂しいよ……」

「あほ、ええ大人がめそめそすんな。ほら、打ち合わせ行くぞ」

外に出て、車をとりに駐車場まで歩いている間、僕の頭の中にいろいろな思いが駆け巡った。仲間だと思っていたのは自分の勝手だったのか。今はただ、地域同士の取り組みに横からちょっかいを出してかき回す鹿内の存在が恨めしかった。

車に乗り込んだ僕と佐田は、すでに完成間近になっていた高断熱賃貸住宅やオーベルジュなどの開発プロジェクトについての報告会に向かった。会議はほぼ内装も完成した高断熱賃貸住宅の一室で行われ、開発の現場を受け持っていた野々村や川島さんもそこにいた。

部屋に入るとすぐ、川島さんが頭をかきながら言った。

「いやぁ、参っちゃったよ。うちの事務所の郵便受けによくわからない封筒が入っててさ。開けてみると、この間僕らの事業が取り上げられた業界紙の切り抜きの上に『詐欺師』って書いてあるんだ。『汚い手を使って地元で金を稼いでいるくせに、きれいごとを言うな』ってご丁寧に手紙まで書いてくれててさ」

ぱさっと机の上に置かれたいわゆる「怪文書」は、明らかに川島さんのことをよく思わない地元の工務店の仕業だった。

佐田は、その手紙を読むこともなく言った。

「高断熱住宅の勉強会にもこんようなやつやろ。名前がなくても大体、想像つくわ。仕事がないんも自業自得。単なるやっかみや。川島さん、名前も書いてない手紙なんてろくなこと書いてないから、これからは読まんで捨てたほうがええで。うちなんて昔からしょっちゅうくるわ、こんなん」

川島さんは佐田ほど割り切れないようで、眉間に皺を寄せていた。

「まぁ、それはそうなんだろうけど……あることないこと言われると、いい気持ちはしないよね。僕らがやっているのはたしかにお金を稼ぐ事業だけど、でも、事業でなければ継続できないからやってるんだ。せっかく地元のために頑張っているのに、結局どんなにやってもそれを歓迎しない人がいると思うと、なんかやるせないわけさ」

佐田は、強い口調で主張した。

「みんなで、誰にも歓迎されず儲からんことばっかりやっとるから地方はすたれるんや。おれらはおれらを信じてくれる人たちを裏切らんように頑張るしかあらへん。信じへん人の言葉に動揺させられるんやなく、信じてくれる人のために汗をかくしかないんや」

佐田の言うとおりだ。けど、僕は川島さんの気持ちもよくわかった。いいことをしている、歓迎されるべきことをしていると思っていたのに、悪いことをしている、お前らは悪だとばかりに言われては、心がくじける。いやになってしまう。

地元の外にいる鹿内はまだしも、地元からもこんなことを言われてまで、僕らは何と戦っているのか。実家に戻り、少しでも現状をよくしようとするうちに、騙されたり、利用されたり、失敗したり、仲間の事故もあったりした中でもどうにか続けて、ようやく成果が出始めたら今度は反対者が現れる。

成果が出たことで、かえって歯車が噛み合わなくなったのか。僕らがやっていることは、本当に意味のあることなのか。こんな状態で、各地で成果を生めるのか。人さまに教えられるほど、自分たちはできているのか。

オーベルジュ事業はスタート直後から国内だけでなく、海外からも予約が入り、盛況だった。高断熱賃貸住宅も、逆算開発を徹底したことで満室だ。しかも、簡易宿泊用の部屋をつくり、地元住民の高断熱住宅の体験宿泊や、知人や友人が来たときのゲストルームとして活用してもらうようにしたところ、あまりの快適さに自宅の高断熱リフォームを頼む人もでてきたため、工務店事業はさらに加速した。

事業がより大きく展開していくにつれて、地元からのやっかみも強まっていた。自宅を改築してこぢんまりとシェア店舗をやっていた頃とは違い、「あいつらだけ儲けていて、ズルい」と思われているようだ。

さらに、鹿内の「君たちみたいに金儲けばかり考えているんじゃないんだよ」という言葉も心に突き刺さっていた。事業を通じて地域と向き合えば、地元からも、外からも批判されるのか。税金を使った予算を貰って一過性の事業をやったり、とてつもない額を地域に負担させる開発をしてもそこまで批判はされないのに、あまりに理不尽ではないか。

事業の充実感と外からの批判という矛盾した状況に疲れを感じていたが、できれば、それを表に出したくなかった。というのも、今日は誕生日に合わせ、母と久々に外食をすることになっていたからだ。

「ごめんごめん、遅れちゃって」

精神的に追い詰められていたからか、仕事がなかなか進まず、最近は遅くまで仕事をすることも多かった。今日も突発的なトラブルを解決しようとしていたため、約束の時間に遅れてしまった。

「いいわよ。それにしても、なんか疲れた顔しているわね」

母に嘘はつけない。僕の顔を見て、すぐに何かに気づいたようだった。

「まぁね。いろいろとあるよ。せっかく地域のためと思ってやってきたのにさ。成果が出ないときは、あんなものは失敗すると言ってたのに、成果を出したら出したでまた批判ばっかり。何のためにやっているのか、よくわからなくなってきちゃったよ。しかも、地元だけじゃなくて、外からも邪魔が入ってさ。でもそういうやつだけには、絶対に負けたくないんだよね」

「あら、珍しいわね。淳がそんなにムキになるなんて」

「まぁね。ムカつくやつがいるんだよ。僕みたいな性格でも」

鹿内の人を馬鹿にしたようなあの顔が頭の中をよぎった。

「まぁそれだけ本気でやっているってことね。だけど、人のためって思わないほうがいいわよ。何事も自分のためだと思えば、割り切れることもある(102)わ。私も、お父さんが死んでからは何度もそう思って仕事をしてきた。批判を受けることもあったけど、そういうときでも褒めてくれる人がいるってことを忘れちゃいけないわよ」

「うん、わかってるよ」

「私はあなたが思い切って帰ってきてくれて、引き払うつもりの自宅が立派になって、毎日佐田くんたちと頑張ってる姿を見るのがとても誇らしいわよ。自信を持ちなさい」

母は小さいときから、いつも自信を失いそうになったときに僕を励ましてくれた。何かが他人よりできなくても、決してそれを非難することはなかった。

「う、うん。ありがとう。ちょっとトイレに行ってくる」

むず痒い気持ちのまま椅子から立つと、母が不意に声をあげた。

「淳、ちょっと！」

驚いて振り返ると、母はおもむろに後頭部に手を伸ばしてきた。

「ど、どうしたの」

(102) 地域のことに取り組むと、どうしても「人のためにいいことをやっている」と思いがちだ。「人のため」と思うからこそ、他人から評価されて当然と考えたり、他人に過剰に期待したり、これくらいは許してもらえるだろうと傲慢になったり、自分ではなく他人のお金を使うことが正当化されると思い込んだりする。お金の管理は「人のために人のお金を使うとき」に最も杜撰になる。しかし、実際には、それが無償奉仕であろうと、ビジネスであろうと、あくまで自分の意思によるものなのだ。そう思えば、自分のお金を投じるのも当たり前になり、たいして評価されずとも頭にこない。そういうものである。

「あなた相当無理してるのかもね。十円ハゲできてるわよ、ほら」

指で触られてわかった。それは右耳の後ろあたり、髪に隠れて見えない場所にあった。僕は自分で思った以上に、精神的に追い詰められていたようだった。

トイレの鏡に映る自分の顔は、目の下にクマができて別人のようだった。

仲良し倶楽部を超えて

昼下がり、僕は日本地図とにらめっこしていた。

各地と連携し互いにプロジェクトチームの人材を融通し、さらに後発地域からのアドバイスにはコンサルティングではなくスクール形式で教えることで、生産性は高まった。事業開発スピードはあがってきている。気づけば、全国50か所以上の地域と共に事業開発に取り組み、スクール卒業生は200名を超えようとしていた。

佐田は、腕組みして天井を仰いだ。

「全国にこんだけ仲間ができると心強いもんやけど、結局今のままでは、バラバラやな。合同でできる事業を考えんとあかんわ」

たしかにみんなでそれぞれプロジェクトに取り組む動きは出てきているものの、それだけでは、ただの「仲良し倶楽部」にすぎない。単に集まって盛り上がるだけの地域連携は長続きしない。⑩③やはり集まったからこそ実現できるビジネスが必要なのだ。

⑩③ 地域で目立つ成果をあげると、視察見学や講演会に呼ばれるようになって、様々な地域の人と出会うようになる。しかし、せっかくほかの地域の人と出会っても、単にシンポジウムや飲み会で盛り上がっているだけではその先がない。それぞれの地域を超え、合同して取り組む「具体的なこと」があり、共に事業として取り組み、それぞれが役割を果たし、適切な稼ぎをつくり出せないと地域の連携は長続きしない。

「地域同士が連携しているというときれいに聞こえるけど、それだけじゃ役所と変わらないもんね」

そう言いつつも、なかなか具体的な答えが出ない。煮詰まった僕は気分転換のために席を立った。

「ちょっと頭を冷やしてくるよ」

上着を羽織って表に出ると、風はもう冷たくなり始めていた。

散歩がてら、昔、活用を考えていた近所の公園に足を踏み入れた。最近、地元の事業にあまり時間を割くことができなくなっているのが、なんだか申し訳ない。寂しげに佇むブランコに座って考えていたら、鹿内の顔が何度も頭をよぎった。絶対にあいつにだけは負けたくないし、負けられない。

そんなことを考えていたら、あっという間に30分ほど経ってしまった。

ちょうどこの日は、スクールのサポートで別のまちから帰ってくる田辺と待ち合わせて、地元に新たにできた店で飲むことになっていた。今でも、地元にできる店には意識的に行くようにしているのだ。

店に入ると体が冷えきっているせいか、顔が異様に熱かった。

「ごめんごめん、遅刻しちゃったよ」

上着を店の人に預け、席に着こうとしたら、見覚えのある女性が田辺の横に座っている。

「あ、あれ。こんばんは」

他人行儀な挨拶をする僕に、田辺が言った。

「なんすか、急におどおどして。言ってたでしょ？　瀬戸さんが悩んでいるっていうから、相談相手にと思ってたまたま近くのまちまで来てたところを無理言って呼んだんすよ」

そう、思い出した。彼女は山崎祥恵。宮崎に丁稚奉公に行ったとき世話になった、ふたつ下の女性だった。もともとは東京でアジアを中心にビジネスを展開する商社に勤めていたが、実家のお父さんが体調を崩して地元に戻ったらしい。いつもは好き勝手にしている宮崎のおじさんたちも、彼女には頭があがらない。そんなさばけた人だった。

「こんばんは。なんかお邪魔だったかなって気になったんだけど、よかった。瀬戸くん、思ったより元気そうね。田辺くんが大げさに瀬戸くんが悩んでいるなんて言うから、心配してきたけど、安心したわ」

十円ハゲができるくらいには悩んでいるんですけどね、とはもちろん言えなかった。

「いやあ、いろいろ大変なんですよ。山崎さんたちにも協力してもらっているスクールを通じて各地で仲間は増えていくけど、その次の一手が見えない。国のおじさんからは因縁をつけられて、パクられた無料スクールが始まるし。アイツには絶対に負けられないんだ。絶対に許さない」

田辺が僕を見て笑う。

「これから飯食うのに辛気臭い話っすねぇ。瀬戸さん、ほんと、根っから暗いんだから!」

山崎さんは少し心配そうに言った。

「そんなメンツをかけた戦いみたいなのは、瀬戸くんらしくないよ。なんというか、そのおじさんの思う壺なんじゃない?」

「え。そ、そうかな?」

「瀬戸くんは不器用だけどいつも純粋に悩んで、まっすぐに地域と向き合ってきたじゃない。勝ち負けをいい意味で気にしていなかったから、佐田くんとか、田辺くんとは違う目線でまちと向き合ってたように思うんだけど」

山崎さんから言われて、はっとした。

佐田みたいに事業を考えて実行できるわけでもなく、田辺みたいにアイデアマンでもなければ知り合いがたくさんいるわけでもない。根暗で中途半端な自分はどうにか彼らに近付かなければと焦っていた。そんなときに鹿内が僕だけでなく、仲間も馬鹿にしたことで、つい我を忘れてしまっていたのかもしれない。

「そっか……。たしかにまわりを気にしてばかりいたのかもしれないなぁ」

ため息をつくと、山崎さんはフッと笑った。

「なんでそこで落ち込むのよ。各地で事業に取り組む、一癖も二癖もある、日頃は人の話も聞かないような一国一城の主たる経営者たちが一緒に組めているのも、瀬戸くんみたいな人がいるからだと思うよ。一見頼りないけど、誰よりも自分のまちで頑張ろうとしていることを、みんなわかってるんだから。自信持ちなよ」

僕は、焦りで目が曇っていたのかもしれない。

「そもそもなんで地域間で連携しているのか、自分がやりたいことの原点を忘れてたよ。なんか、山崎さんの話を聞いて、気が晴れた」

久しくしていなかった、たわいもない話で盛り上がった。名残惜しい気持ちを残しつつ店を出て、駅前のホテルに山崎さんを送る。

「今日は本当にありがとう。なんか、焦っちゃいけないね。もともとできもしないのに、なんだか気張りすぎてたよ」

「そうやって素直に認めるのが、瀬戸くんの強みだよね」

山崎さんはクスッと笑ってそう言うと、暗い駅前に一軒だけ煌々と明かりのつくチェーンのビジネスホテルへ手を振りながら入っていった。もう一杯どう、なんて誘う勇気が出ないのも、僕らしいと言えば僕らしいか。

ちらつく蛍光灯を横目に、人も車もいない商店街を歩きながら、僕は大声で、

「頑張るぞー」
と叫んでいた。遠くで、猫の鳴き声がした。

翌日、僕は考え直していた。鹿内にふっかけられた喧嘩や、地元からの批判にばかり気をとられていたが、僕らはそもそも何をしたかったのか。地元での事業の成功確率をあげていく、そしてほかの地域で孤独や妨害に耐えながら事業に取り組んでいる仲間同士が建設的な連携をとる。それが本来の目的だったはずだ。

実際に僕が全国各地に出かけていって、現場の手伝いをして理解したのは、みなが孤独であること、そして失敗続きでも批判を受けても諦めずに、最後には成果をあげていることだった。ただそのような情報は表に出てこない。各地の試行錯誤のプロセスを含め、当事者たちのありのままを伝えることが、各地の事業の成功確率を上げ、ひいては安易な補助金申請をなくす一番の近道だ。思いを少しずつ言葉にし、整理する中で、僕の頭には次なる構想が浮かびつつあった。

もし民間が自分たちで有用な情報を継続的に発信していければ、国による無用な調査事業の削減にも繋がるはずだ。

僕が「実践者の実践者による実践者のための研究所」設立を、全国各地のメンバーが加盟するオンラインコミュニティで呼びかけたところ、多くの反応があった。とくに、もともと無用な調査を発注したり、無意味な補助金を配っていることに疑問を抱いて役所をやめ、今は各地で自ら事業を展開している人たちが、真っ先に参加を表明してくれた。

「いつも無意味な調査に協力させられていることに問題意識を持っていた。ぜひ参加させてほしい」

「アメリカでも、ヨーロッパでも、地域再生を推進する団体には必ずシンクタンク機能があり、大学との共同研究を推進している(104)ものです。我々も地域事業だけの話ではなく、もっとこの分野の発展に貢献しないといけない」

様々な反応があった中で、まずやることを二つ決めた。

佐田たちとの定例会議で、僕は提案した。

「一応各地で参加してくれる人たちの話も受け止めながら、二つやることにしたいんだ。一つ目は、各地域で成果をあげている取り組みの

(104) アメリカではナショナル・トラストの下部団体、ナショナルメインストリートセンター(NMSC)という都市中心部再生の巨大組織が存在する。彼らは各地の事業者を集め、上位のリージョナルマネジャーを組織し、ファンドなどの金融システムを構築するだけでなく、政策立案をするための研究プロジェクトを多数走らせている。さらには、各地の地域再生で活躍した人材を政治家として輩出する取り組みもみられる。ヨーロッパにはATCMという団体が存在し、都市中心部再生を牽引している。彼らも各大学と共同研究プロジェクトを組み、中心部経済や再生事業の状況を分析している。さらにイギリスをはじめとする各国で新たな制度の提案を行い、中心部管理に必要な課税制度までもアメリカのNMSCと連携して成立させた実績がある。

プロセスを発信するオンラインメディアを立ち上げること。結果としての成功事例を真似しても意味はないけど、そのプロセスから学べることはあるからね。二つ目は、オンラインメディアで反応のよかったものをベースに、より広く世の中に発信するシリーズ本を出していきたい。この二つならすぐに始められるし投資もあまり必要ない。地域で取り組みを始める助けになる仕組みを、スクール以外にもつくってみたいんだ」

田辺もどうやら賛成らしい。

「瀬戸さん、ずっと地元に戻ってからの記録をまとめてましたもんね。各地に出かけていったときのことも情報発信してて、各地の人たちからありがたがられてたし。そういうの得意そうだからいいかも」

「そうなんだよね。あんまり人前で話すのは得意じゃないんだけど、自分で感じたことや考えたことをまとめて文章にするのは比較的得意なんだよ、昔から」

佐田も笑いながら同意した。

「まぁ瀬戸は話はつまらんけど、文章はわかりやすいからええかもな」

佐田は話はうまいが資料にまとめるのはへたくそだ。最初の頃から佐田の話をもとに僕が資料をまとめていたから、一応文書作成能力は認めてくれていたらしいが、それにしても言い方がひどい。

「話がつまらなくて悪かったね……けど、真面目な話、この新たな取り組みは、今ある組織でやると、結局僕らだけの事業になってしまうと思うんだよ。だから、みんなでお金を出し合って、地域横断で別の組織をつくったほうがいい。もし失敗しても、僕らの地元の事業に影響しないし、それはほかの地域も同じ。各地の事業とは違う、別のレベルの組織を新たにつくり出していくのが大切だと思うんだ」

佐田もここは真面目に答えてくれた。

「ええ考えや。ちゃんとビジネスにしていこう。情報を出して稼いで、各地に分配して、さらにみんなで動く流れをつくる。あんまりネットのことはわからんけど、そのあたりは田辺と話してうまくやってくれや」

「うん、そうだね。ちゃんと有料で課金販売できる仕組みにして、稼ぎをつくり出すようにするよ。情報もタダじゃない(105)からね。今までタダ乗りされていたものをちゃんと有料にして、地元に戻せるようにする。田辺くん、ちょっとそのあたり相談に乗ってほしいな」

田辺はeラーニングと同じように、しっかりと値段をつけて展開する仕組みをすぐにつくってくれた。現場が苦労してつくった情報で稼げるようになれば、安易な調査に協力しなくても、自分たちで発信し、事業化できる。税金で中途半端な調査をするよりもよっぽど有益な内容のも

(105) 資料などの情報をタダでくれと問い合わせてきたり、とりあえず情報交換をしましょうと情報だけでなく時間まで求めてくる人は多数いる。しかし、情報を獲得するためには自分で調べたり、実践したりするコストが膨大にかかる。それらの情報を、タダで得ようという考え方は根本的に間違っている。何より他人からタダで聞ける内容にはたいしたものはなく、そんなものを頼りに事業や政策を考えていたら失敗する。自分たちで実践したり、他人に相応のコストを支払って得る情報だからこそ力になるのだ。

のを届けられる。

田辺は言った。

「僕らが目指すのは地域事業の情報をしっかりと市場化することっすね。まずシステムの検討を進めて、情報を出す地域を募り、法人設立を目指しましょう」

こうして、独自の法人化に向けた動きが本格的に始まった。

◆

同じ頃、一緒にやろうと言っていたはずの地域から「離脱したい」という連絡があった。

「今、国の調査事業を受けていたんだけど、君たちは瀬戸くんたちと知り合いなのかって言われて、そうだと答えたら、急に対応が冷たくなってさ。いろいろなチェックが厳しくなって、すごいやりづらいんだよ。君らと付き合うとそういうこともあるとわかったから、ちょっと今回の話は降ろさせてもらう。よくわからないけど、彼らは君のことを**ハーメルンの笛吹き男**(106)だって言ってるよ」

(106) ハーメルンの笛吹き男とは、たくさんのネズミが発生し悩むまちで、笛を吹き鳴らしてネズミをおびき寄せ、まちはずれの川まで誘導し、おぼれ死にさせるというドイツの伝説。ネズミを退治したのに報酬が払われなかったことに腹を立て、まちの子どもたちを笛で連れ出し、帰ってこなかったという結末で、「まわりを巻き込む疫病神的な存在」として描かれている。

各地で事業に取り組む仲間の中には、鹿内の影響力が及ぶ部署から委託を受けている人たちもいた。僕らは佐田の方針、僕の失敗もあって一切受けないことにしていたけれど、地方全域で足並みが揃っているわけではない。僕らには嫌がらせができないから、その矛先を僕らの仲間に向けたのだろう。

僕は頭にくる以前に、ショックだった。

悪者だと言いふらされることよりも、僕らより彼らのほうを信用してしまう人が、仲間だと思った人たちの中にいることに。

「ほんと、何が正義なのか、自分でもわかんなくなっちゃうよ」

佐田は、毎回のことながら一向に気にしていない。

「おうおう、まぁアイツのことやからそんくらいは序の口やろ。それにしても、瀬戸がハーメルンの笛吹き男か、おれらも道連れにせんといてや」

ガハハハというういつもの笑い声が響く。

「笑いごとじゃないよ。どんどんこうやって分断されていったら、僕らの事業ができなくなっちゃうよ……」

僕の深刻そうな表情を見て、佐田は急にまじめな顔でまくし立てた。

「おい瀬戸、よう聞け。厳しさから途中で離脱するやつらはこれからもおるやろ。けど、そんなもん気にしてもしゃあない。投資して勝負張ってるやつが、投資もせんと勝負も張らんやつらに馬鹿にされることはほんまに多い。せやけどな、それでへこたれずに戦ってきた先輩たちが今の地域をつくってきた(107)んや。お前、目が覚めたとか言ってたくせに、何すぐに揺さぶられとんねん。もっとどーんと構えとれや。批判は称賛や。無視されるよりよっぽどマシや」

ここまで言われると僕は何も言い返すことはできない。

「……佐田くんは、慣れすぎなんだよ」

佐田のタフさはこういうときに本当に救いになる。泣きごとを言っていてもしかたがない。仲間と一緒に地元での事業にも迷いなく投資を続け、地域連携についても僕らなりのスタンスを崩さずにいくだけだ。その先にしか、僕らの未来はないのだから。

(107) 外からの支援だけで繁栄した地域はない。たとえば岡山県倉敷市には、クラレなどの大企業をつくり、今も市民が通う病院を整備し、日本で初めて西洋現代美術を集めた大原美術館を開業した大原孫三郎という人物がいたから今日がある。一方、国の予算に依存し都市整備をした地域は、整備が終われば衰退が始まり、はたまた工場誘致をしていた地域は、企業の合理化で工場が閉鎖されれば何もできない。他人任せの取り組みは持続せず、また変化の際に自前で対応する術がなくなる。まちは、地元の人間たちの内発的な覚悟と努力によって数十年を経て発展していくものだ。

金は霞が関ではなく、地元にある

欲を出したり、裏切られたり、批判されたり、仲間を失いかけたり。これまでの紆余曲折ですっかり動揺してしまったが、ポリシーを変えては自分たちがやる意味がない。僕らの強みは、あくまで事業をもってエリアを変えていくこと。その原点に立ち返るためにも、地方の情報を集約して配信するだけではなく、各地の事業を強化する仕掛けをつくる必要があった。

「情報配信」でも「事業支援」でもない。当事者同士が協力し各地で挑戦するために何ができるか、ネット上で議論が継続されていた。白熱した議論の末に、オンラインではなく一度実際に集まって話をすることが決まった。膝を突き合わせ、結論を出そうというわけだ。

「単に旅費かけて集まるだけっちゅうのももったいない。せっかくやから各地の実践について報告してもらって、そこは参加費をとってやろうや」

いかにも佐田らしい提案だった。

田辺も乗っかる。

「単なるシンポジウムじゃ面白くないから、オンラインでの議論が盛り上がった合同事業については公開会議を開いて、その場で結論を出して、半年以内に実現するようコミットしてもらいましょうよ。タイトルも、シンポジウムじゃなくてサミットと銘打って」

僕も賛成だった。

「それなら、みんな地方から出てきやすいだろうしね。ちゃんとした仕事って感じがするもん。単に集まって飲み会するだけでは、地元の仲間にバツが悪いだろうから」

大声で笑いつつ、佐田が人差し指を立てた。

「よし、決まったな。サミット形式にしてやろうや。おれららしく、ちゃんと稼いでやることを徹底しよう」


ネット上でみんなとやりとりをして、タイトルは「エリア・イノベーション・サミット」に決まった。参加費を1万円ほどに設定したものの、募集を開始してすぐに200名を超える応募があった。

会場は仲間が運営する、東京都千代田区の廃校を再生したアートセンターを利用することにした。廃校の再生自体は決して珍しくないが、自治体が予算をつけて運営委託している事例がほとんど。しかしここは、カフェやオフィスなどをテナントに誘致してその家賃で廃校を再生し、アートセンターとして活用している。廃校の利用ですら民間が知恵を出し、家賃収入から逆算営業を行えばできることがあるといういい例だった。

迎えた当日。会場の様子を見て、佐田が嬉しそうに僕に声をかけた。

「やっぱ、みんな気合入っとるな。サミットっちゅう名前にして正解や」

「ほんとほんと。今日の飲み会も激しくなりそうだね」


会場では、各地からの事例報告に続き、合同事業の議論が活発に交わされていた。そんな中、議論を遮り、宮崎の南さんが提案のために立ち上がった。

「どんなに大きなまちでも、覚悟を決めて本気で事業に取り組むメンバーは3人くらいしかおらんとよ。やっちゃけん、今までは各地でバラバラに進めてきっちょっから、結局弱いままやっちゃわ。地域ごとの縦割りやわね。もっと資本を持ち寄って各地の儲けを集めて、各地の事業に投資し続ける仕掛けをつくったほうがいいやろう。ひとつ、みんなで会社をつくってみらんね」

佐田がすかさず反応した。

「そしたら、これまでテストで始めていたスクール事業とかも拡充して合同事業会社に移管しよう。ほんで、その儲けをもとに各地で計画する新規事業に投資していく仕掛けをつくっていこうや」

こうして、共同出資会社を設立することが決まった。スクールや情報配信、そして各地の事業に投資することは決まっていたが、その次の一手をどうするか。

山守の能登さんが発言した。

「今取り組んでいる僕らの事業も、地元だけではなく各地に広げていくための仕掛けを常に考えていたから、スクール事業を一緒にやりたい。うちに問い合わせてくる人たちにちゃんと学んでもらう仕組みをつくろう。ただ、それだけじゃなくて、できれば、各地に山守の事業を立ち上げるときに必要な資金問題を解決できる仕組みもつくってもらいたいんだけどなぁ。毎回地元の銀行に掛け合って、新しい事業の内容を説明するのが大変でさ」

たしかに、それはいい考えかもしれない。

「新しい取り組みに慣れていない銀行を説得することに時間を割くのはもったいないもんね。自分たちで融資できれば、金利も再投資に回せるし」

田辺も、それに乗っかった。

「地域での事業に地元の人たちから資金を集めて融資する、コミュニティバンク[108]っていう取り組みがあるんすよ。全国で共同して、そういう貸し付けの仕組みをつくってもいいかもしれませんね。自分たちの事業

[108] 既存の銀行や信用金庫、信用組合とは別に、地元の人たちが出資した資金を地元に役立つ事業をしている企業やNPOなどに融資する「コミュニティバンク」という取り組みが各地で生まれてきている。貸金業の仕組みの中で取り組んでいるものが多い。単に銀行に預けて海外のよくわからない投資案件に使われるくらいなら、地元にプラスになる仕掛けにお金を出すという人たちは実際にいるのだ。

を各地に広げて、しかも返済の確度もあがるんだし」

「面白い！　儲けを常に互いの事業に再投資し続ける、『講』のような仕掛けだよね」

僕も、最近学んだ知識で応戦した。

かつて、二宮尊徳[109]が600の農村を再生する際につくった「五常講」という仕組みがあった。村人たちが資金を出し合い、新田開発などの際に貸し付けて、貸し付けを受けた人は返済が終わると数か月分余分に資金を出して、次の人への貸し付け財源としていく。複利によって大きく育つ、今で言う「ファンド」が地域再生の事業やインフラ整備を支えていったのだ。

お金は霞が関ではなく、地元にある。みんなが地方銀行に預けて眠らせているだけの資金の一部を投資し続ければ、まちはもっと変わるのだ。まずは僕らからそれを実践しようということになった。

結局、合同事業は四つのテーマに取り組むことになった。後発地域での事業をつくり出すための「人材養成」、各地の取り組みのプロセスを残していく「情報配信」、各地で成果をあげた事業を相互の地域に普及させる「水平展開」、そして地域事業に必要な資金を投資や融資を組

[109] 二宮尊徳、通称、金次郎。多くの人は薪を背負って本を読んでいる像が小学校に置かれていたのを思い出すのではないだろうか。幼い頃、災害で両親を失った彼はその頃から自ら事業を起こしていた。有名な薪を背負う姿は背負わされているのではなく、まちに持っていって現金化するためのものだ。晩年には「報徳仕法」という地域経済開発と財政政策の仕組みを体系化。北関東からはては北海道の入植者たちも参考にし、600を超える農村が再生した。その功績が明治維新以降に有名になり、小学校にあの像が建てられることになったのだ。

み合わせて供給する「金融」だ。

まずは主要地域15都市のメンバーで共同出資会社を設立することになった。金融についてはコミュニティバンクの実践者を仲間に迎え入れて別法人を設立することに決定し、サミットは、無事終わった。


終了後の飲み会は、予想通り大いに盛り上がった。

「それではみなさん。……長い挨拶はいらんわな？　ってわけで、カンパーイ！」

一堂に会した各地で事業を立ち上げる50人ほどのメンバーたちは、話のところどころで本音を交わし盛り上がった。昼のサミットより、夜のサミットのほうが熱を帯びる。

酒も回り始めた頃、誰かがふと口にした。

「瀬戸くんもさあ、よく仕事やめて地元でこんなこと始めたもんだよなあ」

「いや、僕は最初あくまで家業を整理するだけのつもりだったんです。まちを出るとき、まさかこんなカタチで戻ってくることになるなんて思ってもみなかったですよ。『地元にいても仕事はないぞ』と進路指導の先生に言われて、東京に出て、そのまま就職。けど、地元に戻ってすぐ佐田くんと一緒に仕事をしたときに、『お前、東京まで出ていって、いったい何やっとったんや』って言われて、ショックでショックで」

佐田は僕の肩に片手を回し、もう片方の手でジョッキを掲げながら「そんなこと、言うたっけ？　ガハハハ！」と気楽に笑っている。

「そう思えば、もっとおれらの事業にも地元の中高生とか巻き込んで事業やらせたほうがええな。地方やと『地元はダメだ、未来がない、何もできることはない』って大人たちが思い込んで、そのまま子どもたちに話すやろ？　でも、たしかにきついことは多いかもしらんが、できることはまだまだあるんや。もちろん、地元をいったん離れるからこそ学べることもある。ま、東京で身につけた瀬戸の細かな書類作成能力なんかも、たまーに役に立つしな。10万年に1度くらい、たまーに」

能登さんがフォローに入ってくれた。

「いやいやいや、瀬戸くんがいなきゃ今日こんなに集まれてませんよ。みんなノリはいいけど、いい加減だからね」

「ありがとうございます。ほんと、いつも佐田くんは調子のいいことばかり言って、結局めんどくさいことを担当するのは僕ですからねぇ」

恨めしく見る僕の視線をかわして、佐田は相変わらずの調子で、

「それがお前の取り柄や、取り柄あってよかったやんか」

と笑い飛ばす。まったく、と半ば呆れつつ、僕は能登さんに視線を戻した。

「けど、能登さんのおっしゃる通りですね。僕らは社会人向けの再教育ばかり意識していたけ

ど、本当は地元の小中学生や高校生に何をできるか、次の世代のことを考えたほうがいいのかもしれないです」

能登さんは大きく頷いた。

「うちの地元にあった林業高校ももうなくなって、地元の普通高校に統合されてしばらく経つ。もちろんもともとの林業高校にも問題はあったけど、普通高校ばかりになって、**地元の特色ある産業を生み出す道がますます閉ざされてしまったよ**(110)。成績の良し悪しだけをもとに価値が決められていく今の多様性のない教育は、本当にもったいない。地方に生まれても、地元で何かをするのは無理だと諦めて東京に出てしまう子どもも多いからね。それは結局、大人たちが諦めているからなんだよね」

佐田も、腕を組んで考え込んだ。

「こりゃ、今の時代に合わせて、学校をつくるしかないわな。教育っちゅうても、未来のないおっさんやじいさん相手にやるより、未来ある若者相手のほうが何倍も力が入るわ。それに、リアルな『現場』こそ最高の学び場や。おれらの事業にも、どんどん若いやつを入れていこう。新しい合同会社も、各地の若いやつらを社員や役員に入れていかんとあかん。おれらももう立派なおっさんや」

(110) かつて、地方には農林水産業、食品加工業、商業など多様な産業があった。しかし、どこの地域でも産業が細り、専門高校がなくなっていき、東京を筆頭格に偏差値ヒエラルキーに接続している普通高校ばかりになった結果、学力に応じて人材は地域の外に出ていくことになった。人が流出し、産業別の教育も時代に合わせて進化していないため、八方塞がりとなっている。農林水産業にしても、商業にしても、今の時代に合わせた新たな事業に即した教育を受け、地域で実践し、生活するための仕組みが求められている。

僕は気づいたら身を乗り出していた。かつて東京に出ていった自分だからこそ、よくわかる。大人も子どもも、大多数が地元に可能性がないと思っているのだ。

「それ、いいね!!　実務を通じて学んでもらって、さらに学校づくりまで目指す。面白いよ！」

「そしたら、瀬戸が担当な」

「えっ」

簡単なことではないのは、わかっていた。ただ昔の自分のように、たいして意志もないままに若者が何となく東京に出ていく流れだけは、変えなければならない。

「……うん、わかった。これは、僕がやるよ！」

おー、というざわめきの後、会場は拍手に包まれた。

何事も責任は言い出しっぺにある。僕はかつての自分が気づけなかった地元に眠るチャンスにもっと早く気づける仕組みを、今の若い人たちのためにつくりたかった。

「次のサミットは〜宮崎ぃ！」

別のテーブルでは、泥酔した南さんが息巻いていた。それぞれ勝手がすぎるメンバーだが、馬力だけは間違いなくある。

一晩で、いろいろなことが決まった。「持ち帰り」ばかりだった、かつて僕がいた会社とはたいした違いだ。決めることを目的に、自分で意思決定できる人たちが集まれば即決できることをあらためて実感した夜だった。

サミットの共同宣言は新聞やテレビでも大きく報じられ、次なる展開への弾みとなった。新会社は全国15地域で、1245万円の資本金を集めてスタート。スクールの主体を新会社に移し、情報配信の事業は田辺がトップを務めることになった。

「最初の特集を何にすればいいか、悩んでいるんすよね……」

僕と佐田と一緒にランチを食べているとき、田辺がこぼした。

「そういやこないだのサミットの夜は、各地のメンバーが持ち寄ったとんでもない失敗事例の話で盛り上がったわな。成功した事例は公に紹介されてるけど、各地で起きてる失敗事例はまとまってへんやん」

田辺は、腹を抱えて笑った。

「さすが、佐田さん！　失敗事例集ですね！　そりゃ各地からすぐに情報がたくさん届きそうですよ」

「失敗は誰でもするもんやけど、繰り返したらあかん。最悪なんは、なかったことにすることや。地方の事業なんて同じような失敗の繰り返しやからな」

僕も、各地を回ったときの話を思い出した。

「みんなが各地で同じようなことを言ってたよ。あんなにたくさんの税金をつぎ込んだ事業が失敗して、自分たちがやっている事業の積み上げに意味があるのかって。まちの規模には不釣り合いな巨大な開発が、まさに『墓標』みたいにそびえ立って、まちの致命傷になっているんだよね。夕方になると寂しくて寂しくて……」

佐田は何かひらめいたように、田辺のほうを指さした。

「それや！　特集名は決まったな。『墓標特集』や。田辺、がっつり頼むで」

こうして最初の特集は各地の実践者たちが報告する全国各地の失敗事例、「墓標特集」に決まった。北海道から九州まで多数の失敗事例から10の事例を選定。当時の議会資料や地元新聞の記事、成功事例としてもてはやされていた様子をもとにして、なぜそのような開発が進み、失敗したのかを分析した。

墓標特集は公開当初から思った以上の大反響で、各地から「こんなレポートを出して大丈夫なのか」と心配すらされる始末だった。「死者に鞭打つ行為だ」との批判もあったものの、僕らは今後失敗を繰り返さないための資料と考え、公開をやめなかった。

❖

数週間が経ったとき、急に事務所に問い合わせの電話が入った。田辺が不在だったこともあり、僕に電話が転送されてきた。

「瀬戸さん、すみません、先日出した墓標特集について、詳しくお話をお聞きしたいというお電話なのですが」

「え、墓標特集？　どこかの新聞社？」

「いえ、なんか財務省って言っているんですけど……。本当にあの財務省の方なのかはよくわからなくて」

僕は驚いた。

「ひとまず僕が受けるよ」

一呼吸置いて、受話器を上げる。

「はじめまして、責任者は留守にしておりまして。私、代理の瀬戸と申しますが……」

「私、財務省主計局の西と申します。えー、全国の失敗事例をまとめられている特集を読ませていただきました。一度、お聞きしたいことがありまして。お時間をいただけないでしょうか」

「ええ、まぁ構いませんが……」

予期せぬところからの問い合わせに、僕は一抹の不安を覚えた。

他人の金で、人は動かない

予想もしなかった財務省からの連絡の1週間後、ダークスーツに身を包んだ3人が事務所を訪ねてきた。

電話をした本人だと名乗ったのは痩せ型の小柄な男で、気弱な印象を受けた。となりにいる男は名刺の肩書に主査とあるから、電話をかけてきた男の上司だろう。恰幅がよく、スポーツでもやっていたのかガッシリとした体格で、声が大きい。もう一人はほとんど喋らない。ただの書記係のようだ。

軽い世間話を交わしたあと、恰幅のよい男が口火を切った。

「僕ら、予算がすべて地方のために生かされているものとばかり思ってましたわ。だけど、まぁひどいもんですね。失敗するだけならまだしも、予算自体が民間事業者の足かせになってたり、維持費が建設費よりかかって自治体の負担になっていたりするとは思いもしなかったんですわ。ほら、各省庁の彼らは、予算使って成功したみたいな都合のいいことしか言ってこないからね。な、な」

部下に同意を求めるのが癖のようで、毎回となりを向くと、合いの手をいれるように部下は頷き、そしてまた話が進む。

「君たちがちゃんと実態を調べないから、こういう無駄な予算をだらだらと垂れ流しているんだよ。な？　ほら、ちゃんともっと具体的な事例とか聞いて。査定に生かさないとダメだぞ」

小柄な男は緊張した様子で尋ねてきた。

「は、はい。な、何かほかに無駄遣いになっている事例はないでしょうか」

つまり、彼らは地方活性化における予算の使い方が適正かどうかの「査定」の参考にするために話を聞きに来たというわけだ。当然ながら、失敗に関する情報は当事者から世の中に積極的には発信されないため、僕らが発信していたレポートに食いついたらしかった。

図書館と商業施設が複合化され、コンパクトシティの見本とまで呼ばれた青森県青森市のアウガ。最終的に建設当時から積算すれば200億円を超える予算を費やしながらも、実際の経営は数年でキャッシュフローが赤字に転落するなど火の車となり、破綻。市役所や地域の金融機関まで巻き込んだ大騒動となり、市長は2度交代して、今も議員報酬や職員の給与のカットにまで至っている事例だ。

岡山県津山市で音楽ホールと商業施設の複合施設としてつくられたアルネ津山は、経営不振を救済する目的で自治体が商業施設部分の一部を購入するという決断をしたことが原因で、リコール騒ぎが起き、市長は引きずり下ろされた。今となっては、地元経済界で「ナイネ津山と呼ばれています」なんて冗談を挨拶がわりにする始末。

さらに、**6次産業化**[111]を推進する山梨県南アルプス市の果物を完熟で提供するという「南アルプス完熟農園」なる施設は、杜撰な経営計画から その中核となる施設が開業後3か月で資金繰りの悪化のため経営難に陥り、1年経たずに破産し、「果物が完熟する前に施設がなくなった」事例となった。

そのほかにも、東京からの移住・定住を促進するため、自治体支援の名目で農業や漁業の新たな地元産業の担い手を誘致したが、補助金が切れたとたん、移住者が農地も漁業権も与えられずに追い出されたケース。地域再生事業と銘打って進められたものの、いい加減な製造工程でまずい地元ワインを製造して在庫の山となり、困っているケースなど、事例には事欠かなかった。どれも国が認定し、支援していた事業ばかりだ。さらに、今進んでいる事業についての予算の振り分けや各地の実施内容についても、まったく目標に達していないもの、予算なしで民間だけで実現できている事例など、墓標特集では幅広く紹介した。

別に税金が無駄遣いされていることを指摘したいのではない。小さくとも黒字の事業を積み上げている目と鼻の先で、数十億円、数百億円を投じた巨大事業が失敗すると戦意がじわじわ

[111] 農業や水産業など、第1次産業と呼ばれる産業がより利益を得るために加工(第2次産業)や販売(第3次産業)にもその業務を拡大する垂直統合型経営のカタチ。近年全国各地で取り組まれているが、どこも似通った新商品の開発を補助金でやるばかりで、成果は乏しい。開発するだけで販売に繋がらないのは、商品営業に関する人材がほとんど協力していないことも関係している。つくって終わりなのである。

と削がれていくから迷惑だと言いたいだけだった。

「いやぁほんと、ひどいね。ほら、君が担当している予算とかちゃんと見ないとダメだよ。まぁ、ひとまず全部一律カットでいいんじゃないの。な？　アハハハハ」

想像を超えるような大きな額の予算が、こんないい加減なトーンで決められることもあると知り、複雑な気持ちになる。そういう予算の流れの末端で、自分は地方でのイベントに巻き込まれたり、欲を出して痛い目に何度もあったのだと思うと、なんだか腹立たしくなった。

僕はヒアリングを短く切り上げようと思い、少し嫌味を言ってみた。

「各地から寄せられている情報以上のことはもうありませんので……無駄な予算は地方にとっては毒、麻薬(112)にも等しいものですから、しっかり考えてもらえれば嬉しいです。スクールだって僕らは民間だけでやれているのに、国がわざわざ予算をつけてやる必要はないんですよ。しかも外注先に任せてばっかりで、各地で成果があがった例も聞かない。ぜひ細かく実態を見てください」

恰幅のいい男は、こちらの意図には気づかず、気楽そうに笑った。

「瀬戸さん、いいこと言いますねぇ〜。ほら、君、ちゃんと記録とって。な？　無駄な予算は

(112) 補助金は、最初は軽い気持ちで「使えるものは使おう」と手を出す人が多くいる。しかし、補助金を貰うからこそ事業計画がいい加減になり、そのうち何をやるのにも補助金がなければ事業を立ち上げられないような状況に陥り、さらにもっと額の大きい補助金を求めるようになる。依存性と耐性があるという意味でも、補助金は麻薬と同じ弊害があるのだ。

『麻薬』。まさにおっしゃるとおりです。ちゃんと予算査定に生かすようにしますから、また何か情報ありましたら、連絡くださいね」

最後に、田辺が営業を忘れなかった。

「ぜひ財務省でもうちのジャーナルを契約して読んでみてくださいね。わざわざご足労いただかなくても、そこに新しい情報がありますから」

ヒアリングが終わると、３人は颯爽《さっそう》と帰っていった。よくわからないが、地方に流れる予算の仕組みというのは、僕らが思っているよりも適当に大きな金額が決められているらしい。

僕は何となく、無力感に襲われた。

デスクの椅子にもたれかかり、ふと外をみた。ゆっくりと山間に沈む夕日は今日もきれいだった。

❖

しばらく経ったある日、朝起きてすぐＰＣの前でぼーっと日課のニュースチェックをこなしていると、目の覚めるような記事が飛び込んできた。

「地方関連予算大幅見直しへ」

主要メディアで、その詳細が一斉に報じられている。

立てられた目標が未達ばかりという実態に、ついに国が動いたのだ。見直しを迫られた事業は鹿内が企画したものばかり。驚いた僕は、すぐに佐田に電話を入れた。

「おお瀬戸か、どうした、こんな朝はように。珍しいやないか」

「佐田くん、鹿内がやってた事業や地域関連の予算が見直しになるらしいよ」

「は……？　なんでや」

「話してなかったけど、田辺が進めている失敗事例集を見た財務省の人たちが事務所に来たんだ。そこで地域政策の最近の失敗事例や民間で予算なしでうまくいってる事業の話をしたら、それをもとに予算査定を見直すとか言ってたんだけど、本当だったみたい」

「はー、そんなこともあるんやな。大体民間がやっていることパクって、税金垂れ流して成果も出えへんスクールやってるんやから、削減されて当たり前や。ほんまアイツ、今頃どの面下げとんのか見てやりたいわ」

「まぁ落ち込むようなタイプじゃないから、またうまく立ち回って『別の予算をとりにいく』とか言ってそうだけどね。今度会うことがあったら、どんな顔するか楽しみだよ」

「どうせボケた猿みたいな顔しとるんちゃうか」

僕らは電話口で笑い合った。地域にとって麻薬のようなお金が少しでも減れば、みんながお金を「貰う」ことではなく、「稼ぐ」ことに向き合うようになるのは確かだ。お客さんからお金を貰うことより、役所に行ってお金を貰うことを優先して発展する地域や国なんてない。それが僕らの出したひとつの結論だった。

「まぁ、おれらは事業と向き合うだけや。各地の事業をお互いの地域に展開するんもかなりうまくいき始めとるし、スクール卒業生たちももう50以上のプロジェクトを各地で立ち上げとる。計画倒れの役所とおれらでは、**スピード感がちゃう**(113)ってことや。そや、忘れる前に言うとくわ。瀬戸、廃校買うで」

いきなりの展開に僕は携帯電話を落としそうになった。

「え⁉」

「今度市内の小学校が統廃合されて、小中一貫校になるらしいんや。新聞で見たやろ？　そこでいくつかの学校が廃校になって売りに出されるって話や。ほら、瀬戸がサミットで引き受けたやろ、地元での教育プロジェクト」

「教育事業をやるとは言ったけど、廃校を買うなんていう話はしてなかったはずじゃ……」

「おれらに残された時間はたくさんあるわけやない。できるうちにやれることはやりきらんと。ちんたらやってたらあかんで」

「ちんたらやるつもりはないけど、そんな……学校って大きいし、教育事業だけだと使いきれないよ、きっと」

(113) 真面目な人たちほど計画を立て、どうなるかがある程度予測できることや、過去に事例があり効果がみえていることしかしない場合が多い。しかし、地域の事業では、自分たちで考え、どうなるかがわからない状態でスタートするしかない。その過程で軌道修正しながらやり遂げた結果、事後的に「こうだった」と意味を理解できる。そういう事業こそ地域の課題を解決するだけでなく、思いも寄らない新たな価値を生み出していく。

佐田の思い切りのよさは好きだけど、さすがに廃校の購入となると話は別だ。規模が大きすぎる。

「何しけたことゆうとんねん。別に地元向けの教育事業のためだけに買うんちゃう。eラーニングの撮影スタジオとしても活用できるし、うちらの事務所も手狭になってきているから移転すればええ。外から来るみんなにもいつでも使ってもらえるコワーキングオフィスにもできるしな。**人口が減ってゆくゆくいらんようになるんがわかってたくせに数年前に建て替えた学校**(114)を廃校にして、放置してしまいなんてありえへん。おれらが教育を軸にして再活用することで、楽しく使って、しっかり儲けられるっちゅうことを示したろ。ま、詳しいことは明日話そや！」

楽しくなければ続かないし、お金がなければ続かない。そして、誰しも年をとるからこそ、続けるためには次の世代を巻き込んでいかなくてはいけない。教育事業はその意味で有意義な取り組みだった。不安はあるが、佐田の言うとおりかもしれない。こういうチャンスが巡ってくるということは、きっともうひと踏ん張りしてみるときなのだろう。

「よし、頑張ろう」

僕は自分に言い聞かせるように声を出し、席を立って事務所を出た。

(114) 人口減少で廃校がすでに決定的になっているにもかかわらず、田舎では建て替えだけを行ってしまうところがとても多い。しかし、校舎などのハードは金がかかり、施設が大きいからこそ運営費の負担も重くなる。ネットの通信教育なども活用し、少人数でも運営可能な公設フリースクールや通信制学校の新たなあり方を今一度模索すべきだ。

まちには、耳が痛くなるほどの蝉しぐれが響いていた。

月日が経つのは早いものだ。ひたすら事業に取り組むうちに、次の夏がやってきて、少しずつ秋の足音が近づきつつあった。日差しは穏やかになり、気づけば蝉の声も日に日に小さくなってきている。

「そういや、昨日招待状来とった新聞社の地方事業アワードの表彰式、アイツも招かれとったわな。どの面下げとんのか、久しぶりに見に行ってやるんもおもろいか」

佐田の言葉でようやく思い出した。

「あぁ、アイツ。鹿内ね。まったく気にしてなかったよ」

「もうぼちぼちあれから2年経つ。アイツがやってたことは結局金ぶら下げて人動かしているだけやったから、金が切れたら終わりやったな。ついに出世争いにも敗れて、どこぞの小さな外郭団体に飛ばされたって話やぞ。けど、落とし前はつけてもらわんとあかん」

「まぁ、今となってはもうどうでもいい話だけどね。僕らの前に出てくるかな？」

迎えた当日。佐田は鹿内の姿を目を皿のようにして探していた。さすが、勝負ごとに関してはめっぽう執念深い。

会場では分科会こそ別だが、懇親会では一緒になるはずだった。しかし、やはり鹿内の姿が見えない。

「あいつ、逃げやがったな」

会場を出て探し回る佐田を慌てて追いかけると、ちょうど鹿内がロビーで受付に名札を返そうとしているところだった。佐田が走ってあとを追う。

「おい、鹿内。お前、何帰ろうとしてんねん」

そそくさと逃げようとする鹿内の前に佐田が立ち塞がった。僕はそこに追いついたから、自然と前後から挟み撃ちにするカタチになった。

「き、君たち、なんなんだ」

「なんなんだって、お前こそ逃げるように帰ろうとしてなんなんや。2年前に言うたわな。成果がおれらより出なかったら、謝ってやるって。何逃げようとしとんねん」

佐田は鹿内にぐっと詰め寄った。

「僕らはこの2年間でスクールを通じて全国で80のプロジェクトを立ち上げ、共同出資会社もつくって、各地の事業をお互いの地域で展開できる体制も整備しました」

「ほんで、お前はどうなんや。何を自分でやったんや」

「そ、そんなこと君たちに語る必要はないだろう。私は忙しいんだ」

佐田はドスの利いた声で話した。

「自分、おれらより成果出せんかったら、謝るゆうとったな。あんだけ人や地方のこと馬鹿にしといて、何が『忙しい』や。自分でゆうたことや、ちゃんとケジメつけんかい!!!」

佐田の剣幕に、会場にいた人たちが野次馬となって僕らを取り囲んだ。逃げ道がなくなり、鹿内は小さな声を発した。

「……すまなかった」

「ふん、謝ることひとつまともにできんくせに、偉そうにすなや。もう少し大きな声で謝る練習でもしとくことやな。札束で頬を叩くようなことしても、お前が思うほど人は動かんのや。ましてや他人の金やないか。ええか、おまえのようなやつが偉そうに配る補助金が、地方のガンなんや！　肝に銘じとけ」

「あなたは、ここにいるような、自分で知恵を絞り、リスクを負って、いろいろな不安を抱えながらも家族の生活を支え、成果を積み重ねてきた人たちのことを、ちっぽけだと馬鹿にしたんですよ。僕らだけでなく、みんなを前にちゃんと謝ってくださいよ」

鹿内は下を見たまま手をぎゅっと握りしめ、もともと小さな体がますます縮こまっていた。

「……すみません…でした」

僕は哀れに思った。上には媚びを売り、下には強がっていた人間の末路はあまりにみじめだった。

「もう二度とその面拝むことはないやろけど。まあせいぜい達者でいることやな」

興奮を鎮めるように心にもないことを言った後、佐田は僕に目配せしてその場を去った。


会場を出た僕らは路地裏のバーに入り、飲み直した。

「なんかもっと気分が晴れるかと思ったらそうでもなかったね……」

佐田は鼻で笑いつつも、半分怒るように言った。

「まぁ、ほんまはもうどうでもいいことやったからな。一言言うてやりたかっただけや。あいつをとっちめたところで何も変わりはせん。予算が削られたいうても、どうせまた別の名目で予算がつくだけやろ。おれらはおれらでできることをやるだけや」

カランとグラスの氷を回しながら、佐田も冴えない表情をしていた。

僕らは何と戦っているのだろう。傲慢な役人なのか、補助金なのか、自治体なのか、地元の反対派なのか、自分の欲なのか。いや、おそらくどれも違うだろう。

長い時間の積み重ねを経て成立している大きな仕組み(115)の中で、与えられた仕事、役割をそれぞれがまっとうしているだけだ。しかし、地方が新たな時代の中で発展していくためには、僕らは「稼ぐこと」を通じてこの堅牢な仕組みに立ち向かわなくてはならないのだ。

目の前に立ちはだかる壁は、自分たちだけで壊すにはあまりに手強い。それでも僕らは愚直に事業を続け、共感してくれる仲間を一人ずつ増やしていくしかない。そして、その手応えは日に日に増している。乗り越えられない壁はない。朝の来ない夜はないように。

(115) 地域で事業に取り組むと、地元内だけでなく、しばしば社会を構成する様々な組織や人と対立関係が生まれる。しかし、誰か明確な悪人がいるというよりは、かつて機能していたはずの社会的な機能や枠組みが今の時代に合わなくなっただけのことが多い。その中で成果を出そうとすれば、彼らの従来のやり方を変えたりすることになり、結果的に対立に繋がる。「なぜ対立するのか」に着目すると、今の日本が抱える社会の病巣を突き止めることにもなり、解決の緒《いとぐち》も見えてくる。

コラム 8-1

嫌われる決断をすべきとき

地域事業においては、厳しい決断を強いられるタイミングがあります。それまでともに事業に取り組んできた仲間でも、今後目指していく方向性に差異があれば、遠慮なく切り込んで話し合うことも必要です。ときには、従来やっていた事業から撤退したり、ポリシーに反する行動をとっている仲間と袂《たもと》を分かったりすることも必要になります。

私が高校時代に早稲田商店会で活動をしていた頃のことです。ともに推進していたおじさんの一人が、いつの間にか自分の会社だけで地方からの依頼を受け、組織全体の稼ぎにしないという非常に歪んだ仕事の進め方をするようになっていました。私は高校生とはいえ、それはおかしいと思って、全体を統括する責任者に「ああいうやり方を許したら、全体がおかしくなるから、やめさせたほうがいい」と言ったところ、「他人の茶碗を割ったらいけない」と言われました。「そのおじさんはそういう仕事の仕方でしか飯を食えないから、それを横から注意して潰してしまってはいけない」と。しかし、後にその人は詐欺まがいの補助金事業を各地で繰り返す悪質コンサルに成り果て、トラブルばかり起こし、ともに取り組んでいたこちらにまで苦情が来る始末。まわりにどんなに言われても、早期に手を切るべき人とは、手を切るべきだと思わされた経験でした。

また、言いづらいからと言ってぼやけた言葉で伝えても、よくわからない人も多くいます。たとえば、地元の自治体のトップがよかれと「支援できることがあれば」と言ってきたとき、「いや補助金とかそういう支援はまったくいらないので、ぜひお店に食べにきてください」と言うと、ムッとされることもあるでしょう。ただ、事実は事実として、伝えるべきときはしっかり伝えなくてはなりません。

単に自分がいい人だと評価されることを優先するのではなく、嫌われたとしても決断しなくてはならないこと、伝えなくてはならないことをしっかり伝える姿勢を貫くことが大切です。八方美人に未来なし。

コラム 8-2

孤独に耐え、各地域のストイックな仲間とつながる

地域活性化分野は、どうしても官業の強い分野です。本書に出てくる佐田のように常に独立自尊、自らの事業によって道を切り開き続けるという頑な姿勢を貫ける人は、なかなか多くありません。とくに、事業の浮き沈みで不安が募り心が弱ったときに、つい行政と仕掛けたほうが大きく物事が動くのではないかと、瀬戸のように行政予算事業ばかりに手を出してしまい、独立型の事業モデルに戻って来れない場合もあります。

リターンを期待されない、計画どおりに物事を進めれば売り上げが立つ、というのは、短期的に見れば経営としては魅力的です。粗利率20%程度の普通の物販業で100万円の粗利を出そうと思えば、500万円の売り上げが必要になります。客単価2500円の店であれば、2000人お客さんを呼ばなくてはなりません。しかし、行政予算で賑わい創出のイベント開催であれば、500万円の予算をもらって客単価などまったく関係なく単に人を集めればいいわけです。人件費などはかかるとしても、仕入れ在庫は発生しないため、割がいいわけです。

しかし、残酷な事実ですが、実際に地域において家業や自分の会社を黒字にできない人が、地域に新たな稼ぎをつくり、地域全体の連結決算を黒字にすることはできません。一過性の行政の赤字イベントを受託してその会社だけが黒字になったとしても、地域の発展はないのです。

地域活性化に資する事業者は、地域全体を見据える「広い視野」と、具体的な事業を黒字にする「集中した視野」を双方使いながら具体的な成果を生み出さなくてはなりません。そしてそんなことはほとんどの人は理解してくれない。地域を変えていく民間、とくにそのトップは本質的に孤独なのです。

だからこそ、それを突き通す仲間と全国各地でつながりつつも、馴れ合いにならぬよう互い緊張感を持って挑戦し続けるストイックさの両方が求められます。

最終章　新しいことを、新しいやり方で、新しい人に

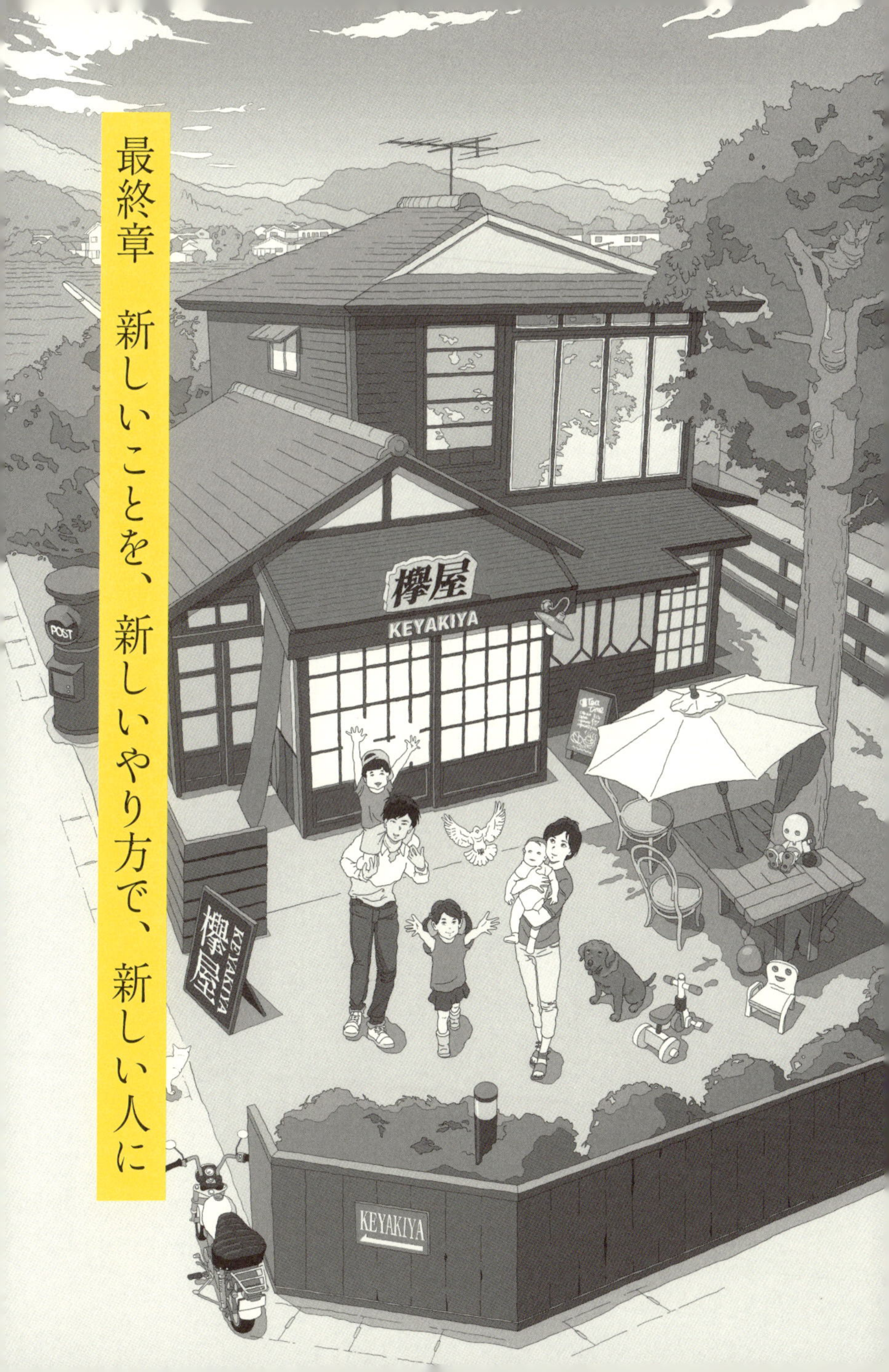

さよなら、シャッター街

「それでは、第10期の株主総会を始めさせていただきます」

社長のかけ声で始まった10期目の株式会社ままの株主総会。第10期ということは、僕が地元に戻ってもう10年の月日が経ったことを意味していた。社長は佐田……ではなく、17歳の高校生である村田蓮だ。


佐田が廃校を買うと決めてから、僕らは購入に関する契約などで市役所の窓口と、毎度毎度すごくもめた。そのとき力を貸してくれたのは、意外にもかつて予算事業で僕を散々な目にあわせた同級生の森本だった。森本は、役所内での調整に始まり、契約書類の整理に至るまで事細かく教えてくれた。

「いやぁ、あのときのことは、水に流してさぁ。おれら高校からの仲間じゃん？　だろ??」

素直に謝らないのが森本らしい。最初は話半分に聞いていたが、冷や飯を食って姿勢が改まったのか、きっちりと仕事をこなしてくれた。

実は当初の契約は廃校の校舎だけを買い取る「一部取得」で、校庭と体育館は地域に開放するため役所が保有を続ける形式だった。森本がいなければ、危うく道路からの動線がない校舎だけを掴まされ、あとから自分たちで道路を設けなくてはならないところだったのだ。相変わらず、役所は恐ろしい。事前に森本が気づいて、担当課と話をつけてくれたお陰で、無事に校庭の一部も含めて購入できた。

「いやぁ、まさかあいつが役に立つ日がくるとは思わんかったな」

佐田もそう言って笑っていたが、後日聞いたところによると、森本は役所内で「おれが地元で初めての民間への公共資産売却をやってのけた」と言いふらしているらしい。三つ子の魂百まではよく言ったもので、人の性根はそう簡単に変わらないようだ。

そもそも廃校を取得した背景には、サミットのあとに始めた教育企画があった。10〜15歳をメインターゲットにしたプログラムで、週末や夏休みを利用して自分たちでつくった商品を販売し、改善することで経営に関する知識を身につけていく。この企画が大当たりで、最初から驚くほどの問い合わせが入って伸びていた。

「こんなに多くの人が参加したいって言ってくるとは思わなかったよ」

田辺がPCを開きながら、それみたことかと言わんばかりに話し出す。

「今の日本では9割の世帯が会社員か公務員らしいっすよ。1955年の時点では、半数の世帯が自営業かそれに関連する仕事をしていた(116)ことを思えば大きな変化だし、みんな不安なんじゃないっすか。真面目に

(116) 今社会で常識とされていることの多くは、一時期のトレンドでしかない。そのひとつが働き方だ。戦前までは終身雇用などはほとんどの企業に存在しなかった。自営業はもっと当たり前の存在だった。過去と今と未来があまり変わらない時代にはよかったが、社会が大きく変わるときには、働き方も再び流動的になり、新たな社会に適合していくことになるだろう。地方でも過去にとらわれず、働き方、生活の仕方を先取りしていくことが大切だ。

学校に行って真面目に働いても、報われないことも多いっすからね」

佐田も頷く。

「せやなぁ。おれらのときはまだクラスに数人は店やってるやつがおったけど、最近知り合いの子どもに聞いてもクラスに一人もおらんこともあるっちゅう話や。そりゃどうやって稼げばええかなんて、教えられん親ばっかりのはずやわ」

組織に勤め、毎月定期的に給料が振り込まれる働き方をすると、目の前でお金のやりとりが発生するのを見ることは少なくなる。自分で何か商品を売ったり、サービスを提供して対価を得たりして生計を立てることのリアリティが低くなるのも当然だろう。組織に属して世の中の大きな仕組みの一部として役割を果たすことも大切だが、もっと小さなスケールで経済を直接感じ、経営を理解することは地方にとってとくに大切なはずだ。そんな思いから始めたのが、地元でのアントレプレナープログラムだった。


3年ほど継続し、そのプログラムに参加した子どもたちが300名に達した頃、僕らの想像を超える14歳が現れた。それが、村田だった。最初は普通に地元商品の販売などをやっていた彼は、16歳のときには5人のチームを率いて過去最高の業績を叩き出した。

彼がスタートさせたのは周辺の住民を対象にした洗濯代行サービスだ。学校が終わると契約世帯を回り、洗濯物を集めて洗濯し翌日に届け、また次の洗濯物を回収するサイクルをつくる。チームで回収する世帯と曜日を効果的に分担したところ、着実に成果が生まれた。

最初は少し遠くにあるコインランドリーまで自転車で運んで洗濯していたが、サービスが評判になってくるにつれ自転車で輸送できなくなった。何度も運ぶ時間がもったいないと考えた彼は、自ら地元のコインランドリー企業に掛け合い、新たな店舗を誘致した。さらに、放課後毎日のように事務所に入り浸っていた村田は、ある日僕に交渉してきたのだ。

「瀬戸さん、駐車場の一部が余っている(117)って言っていたじゃないですか。その一部、僕たちに貸してくれませんか？」

「え、あぁ、あそこの？　別にいいけど、どうするの？」

「例の地元のコインランドリーが、新たに出店してくれるというので、あそこの場所に出させます。だから、家賃の一部を僕らにくれませんか」

つまり僕らが持て余していた地元の小さな駐車場の一部を活用できるよう交渉して、その転貸での儲けをくれというわけだ。さらに、そのランドリー内に自分たちのオフィススペース兼作業場も確保してもらうところまでランドリー側に持ちかけていたものだから、僕らはたいしたものだと舌を巻いた。

そんなやりとりを見ていた佐田が、嬉しそうに提案してきた。

「こりゃ、瀬戸よりいいセンスしとるわ。来年から村田に会社任せるほうがええんちゃうか？

(117) 都市部でも地方でも、使っていない土地はとりあえず時間貸し駐車場にされることが多い。その結果、地方では駐車場があまりに増加しすぎて過当競争になり、時間貸し駐車場が経営として成り立たなくなって、撤退するところも多数出てきている。駐車場だらけのまちというシュールな状況において、これらをもっと別の用途で活用する知恵は大変重要になってきている。

まちの未来に関わることは、これから一番長生きするやつが取り組んだほうがええ(118)しな」

「またそんな無茶なこと言って。村田くんだって困るよね、いきなりそんなこと言われたら」

これにはさすがの村田も驚いたようだった。

「うーん、一晩考えさせてください。とりあえず、駐車場の件、よろしくお願いしますね！」

そう言うと、村田は走って事務所を出ていった。

⁘

翌日、事務所に現れた村田は、開口一番こう言った。

「僕のやりたいようにやらせてくれるなら、やらせてください」

僕のやりたいように、という条件をつけるのが村田らしい。晴れ晴れとしたその表情から察するに、覚悟は決まっているようだった。

聞けば、親に「やりたい」と話をしたところ、思ったほどには反対されなかったらしい。

「よっしゃ、瀬戸も異論ないやろ。瀬戸は各地の連携事業のほうに注力せえ。おれも例のプロジェクトを動かし始めるわ」

(118) 地域での取り組みは、どうしても人材が固定的になる傾向にある。しかし人は等しく年をとる。新しい考えで動いていたかつての若者も、いつの日からか考えが固定され、地元で評価されるポジションを守りたいと思うようになってくる。しかし、次の時代を見越した取り組みをするには、その時代を生き抜く人間に任せないといけない。自分ができなかったことを、自分のまちで別の若者が成し遂げることに寛容になれるかが大変重要になる。

こうして、16歳の村田は社長になった。そう簡単に全部ができるはずもないが、試行錯誤しながら地元を変えていってくれることだろう。次の時代のことは、次の時代を生き抜くやつが決める。よく考えたら当たり前のことだが、今の世の中そんな例はほとんどない。

地元で進めていた事業でのもうひとつの大きな変化は、10年という月日によって信用が生まれたことだ。

オーベルジュも好調で、近くの川沿いまで利用することが可能になった。テラス席を設けたり、川に隣接した河川区域内に宿泊棟をつくる試みは日本初だ。役所に公園活用の話をしに行って門前払いされた頃が懐かしい。シェフの柳澤さんにその話をしたら、「継続は力なりとはよく言ったものだな」と、とても喜んでくれた。

林業と住宅開発のプロジェクトも順調に推移して、川島さんの工務店は地元で引く手あまたになっていた。高断熱住宅については、仲間の工務店と組んで人手不足を補いながら技術を習得させて年間の着工数を増やしつつ、使わなくなった工場を利用して、木材加工などより上流の工程までを業務範囲に入れ始めた(119)。最近では、高齢化で引き

(119) 地方の事業で重要なのは、全体のバリューチェーンを見据えて、徐々に内製化していくこと。最初は販売だけでもよいが、途中から卸、製造の上流工程にまであがっていき、商品やサービスそのもので差別化を目指すことが大切だ。最近では、地元の人と提携し、独自の野菜を使った料理を提供するレストランや宿泊施設が食べ物やお酒の製造から宿泊サービスまで手がけ、小売りをも包括する例が成果をあげている。サービス産業においても地域の独自性を生かしながら、垂直統合型で付加価値を高めていくチャレンジが求められる。

受け手がいなくなっていた森林組合を抱え込み、山でアウトドアグッズのメーカーと組みキャンプサイトを開業したり、栗の木を植えて佐田の飲食店と組み栗のスイーツを販売したりするなど、工務店の枠を超えたポジションに発展していた。

建築設計の野々村は、僕らの事業で経験した既存建築の活用に注目して、一番投資効果の高い内装に関する商品企画を手がけるようになっていた。クールなキャラクターとは裏腹に、かなりポップな壁紙や建具を取り扱うようになってきたなと思っていたら、ある日、「僕、結婚するんですよ」なんて言い出したから驚いた。「趣味の変化の陰に女あり」とはよく言ったものだ。

望月さんの物件の際にインフラまわりのコストを下げてくれた種田は、相変わらず佐田に急かされてよく困り顔をしているが、全国各地に広がった仲間の地域でファシリティマネジメントのコンサルティングサービスを提供し、各地の事業会社の最初の財源づくりに貢献してくれていた。

田辺は全国の連携事業から派生して、「地方プロジェクト向けの投融資事業」と「資金を出したい人」をマッチングするクラウド型金融企業との連携に乗り出していた。東京中心ではなく、地方同士が連携したことにより、独自の金融システムをつくることが可能になったからだ。持ち前の企画力で大企業も巻き込んだ展開へと発展していた。

みんな、それぞれ等しく年をとったが、充実した仕事をしている。彼らと一緒に働くまわりの人も、その様子を見て新たな仕事の仕方を学び、次々とその輪は広がっていった。

久々に電話をかけてきたと思ったら、佐田は相変わらずの関西弁でまくしたてた。

「いやぁ、暑うてかなわんわ。せやけどまあ、こっちでバリバリ売り込んどるからおれのことは安心せえや。そうそう、新しい動きがいろいろあるから、今度こっちで合宿でもやろうってみんなに伝えといてくれ」

佐田が奮闘しているのは、蒸し暑い台湾だ。これまで僕らが地方で相互に出店していた店や商材を今度はアジア各国に売るつもりらしい。単に一方的に売りつけるのではなく、日本の地方同様に困っているアジアの地方都市における再生事業を後押ししたいのだそうだ。台湾は、その足がかりだった。

「台湾でも地方は補助金漬け[120]や。よくも悪くも日本を見て考えている政策が多くて、結局同じ結果になっとる。最近は日本の補助金コンサルが、こっちにもきて暴れとるみたいやわ」

「そっちにまで行くんだ……。すごいバイタリティだね」

「日本で散々失敗しとるのに、嘘ついて補助金ネタを売り込んどるんや。親日なのをいいことに……困ったもんやな。騙す日本人もいるから警戒し

[120] 海外でも、地方への支援制度は存在する。中でも台湾は日本から様々な影響を強く受けていて、地方政策が日本と酷似している。補助金を出して不利な立地の地域を支援するのだが、支援を活用することが目的化した事業ばかりに明け暮れ、開発された巨大な施設の維持のために地方の衰退が加速している。日本と政策的課題が近いからこそ、連携できる余地が存在する。

来る人を待たずに飲み始め、その勢いで電話してきたのだろう。

電話の背後から賑やかな声が聞こえ、返事がないまま電話は切れた。どうせまた先に着いて
「わかってる。いつまでもぼーっとしている僕じゃないよ」

「あ、待ち合わせてた人がきたから切るわ。そうそう、合宿の予定の調整忘れんなや」

電話口で、二人で笑った。

「日本人を信じるな、って言う日本人はなかなかいないだろうしね」

ろと言うと、いつも驚かれるわ」


僕は台湾合宿へと誘うメッセージを全国の仲間に送って、PCを閉じた。今日は家族で食事をする予定で、地元では老舗の日本料理店に予約を入れていた。

「村田くんもおいしいもの食べなきゃ、面白いまちはつくれないよ」

村田は笑って言った。

「それ、佐田さんの口癖ですよね」

「はは、まあね。そうそう、もう飯の時間だけど村田くんも来る?」

「いや、僕が行ったらお邪魔でしょ」

高校生にしては生意気だけど、頼りになるやつだ。冗談だよ、とだけ言い残して僕は上着を羽織ってオフィスを出た。

老舗の日本料理店らしい立派な門をくぐり、引き戸を引いて名前を伝えると、奥の個室に通された。かつて地元に進出していた大手企業の工場の関係で、接待の需要などもあった頃はいくつかこういう店があったらしいが、もう地元に残るのはここだけだ。

扉を開けるやいなや、

「あーやっときた!!　遅いわよー」

と妻の第一声が飛ぶ。

「ご、ごめん。ちょっと仕事のきりがよくなくて」

「もう、言い訳はいいから早く座ってよ」

今日は1か月に一度の家族での食事会だった。そして、今日はその中でも特別な一日だった。なぜなら、僕の娘のお食い初めを兼ねていたからだ。

母と妻の両親もこちらに来てくれていた。妻として座っているのは、かつて宮崎に行ったときに出会い、僕が弱っていたときには地元まで来てくれた山崎祥恵だった。

実は、この結婚の〝キューピッド〟は高校生の村田でもある。彼が社長になって最初の改革が、男だらけだった僕らの会社に女性役員を入れること。その女性役員が、山崎祥恵だった。

僕は仕事をしながら彼女の魅力にさらに気づき、結婚することになったのだった。

「淳は結婚なんてしないのかと思ってたわよ。ほんと、死ぬ前に孫の顔をみられて嬉しいわよ、ねぇ」

妻がすかさず、

「淳くんは鈍感ですもんねぇ、自分から何も言わないんだから」

と返すと、家族みんなが大笑いした。母はいつものように僕には遠慮がないが、孫にはめっぽう甘い。こぼれ落ちそうな頬をつついて、満面の笑みだ。子どもより孫のほうが可愛いというのは本当らしい。

お食い初め定番の鯛などが出揃った料理を前に、みんなで写真を撮ってもらった。日頃は地域だ社会だといろいろ言っては留守にすることも多いが、こうやって家族で過ごす時間が何より大切だなと心から思う。

戻ってきたときには暗く落ち込んでいた地元も、新しいお店を仲間がいくつも立ち上げたり、観光客が来てくれる宿もできて、徐々に変わりつつある。僕個人としても、たくさんの人との出会いに恵まれ、こうやって家族もできた。

商店街がかつてと同じようなやり方で栄えて再びシャッター街が栄えることはもうないだろう。けど、新しい時代に向けて、新しいやり方を、新しい人とともにできる新しい人材がそれぞれ動き出している。**過去は過去のものとして割り切り、未来への答えをそれぞれのまちが導き出したとき**[121]、シャッターが再び開く日はやってくるはずだ。そんな未来がもうすぐそこにきているという手応えが僕らにはある。

地域で何かを始めることは難しい。だけど、続けることはもっと難しい。僕らの挑戦の価値は50年後、100年後に明らかになる。だからこそ、やる価値がある。

「うん、頑張ろう」

誰にも聞こえない声で、今の時間を噛み締めるようにつぶやいた。窓から見えるまちの風景は、戻ってきた頃とは違い、**僕の目**[122]には確かに明るく、そして魅力的に見えた。

[121] 衰退地域ではかつての繁栄のイメージから離脱できないことが多い。だが、理想の未来はかつての繁栄を取り戻すことでも、ほかの都市を真似することでもなく、自分なりの視点で動き、動きながら方向性を確かめていくことから始まる。ときにうまくいかないことがあっても悲観しすぎず、楽しく続けられる程度にしっかり儲けて進めていくことが何より大切だ。

[122] 衰退している地域でも、結局自分がどう捉えるかによって未来はいかようにでも変わる。たとえどんな状況であっても。

コラム 9-1

今の組織を変えるより、ゼロから立ち上げよう

激動の現代において、我々は常に過去にない新しいことへの挑戦を求められますが、そもそも古い組織で新しい提案を通す労力は大きく、さらに古いことをやめて新しいことに置き換えるのには途方もない努力が必要だったりします。

地域においても、すでにあるどうにもならない「古いまちづくり会社」を立て直すことは途方もなく大変ですが、それとは別の新しい会社を設立してまっとうなやり方で黒字化するのはそれほど難しくありません。なぜならば、古いまちづくり会社には従来からのしがらみばかりの赤字事業、使い物にならない天下り役員などがいて、それらを整理するところからスタートするわけですが、それらは事業を立ち上げること以上に大変だからです。何かを止めるのは、何かを始めることの何倍ものエネルギーが必要になるのです。

人間、自分の居場所がなくなることや既存の取り組みを否定されることへの抵抗はすさまじく、ときに政治家が出てきたり、地元のヤバい人が大暴れしたり、「刺される」だなんだと脅迫を受けたり、「あいつはとんでもないやつだ」と怪文書が流れたりと、どうでもよいことにエネルギーを費やすことになります。

新しいことは、今ある組織ではなく、新しい組織で立ち上げ、新しい人を入れてやるのが近道です。なぜか日本は、今ある組織をどうにか立て直すということに変な使命感を抱く人がいますが、所詮は会社も組織も人間がつくった概念上の仕組みに過ぎず、機能しなくなったら別のもので代替するほうが効率的です。組織は単なる目的達成のための器であり、目的や機能を終えた組織を闇雲に存続させてもいいことはありません。

何も今の組織が、今の自分の判断がすべてではありません。組織を離れ、違う環境に身をおけば見える世界も変わるのです。

おわりに

この話は、終わっていません。

最後、瀬戸や佐田は国内のみならずアジアへと進出し、地元では若い世代が従来とは違う感性で事業をつくっていきますが、これはまさに今、日本の地域で実際に起きていることです。彼らの事業が今後どのような発展をしていくか、それを確かめるにはもう少しの時間が必要ですが、確実に面白くなっていきそうですので、どうぞお楽しみに。

地域での挑戦にゴールはありません。初めて早稲田商店会に訪ねていったのが１９９８年ですから、今年で20年目。かつて高校生だった私もアラフォーですから、いつまでも若いなんて言ってられません。しかし、だからこそ、私たちと、私たちより上の世代が「もう将来は暗い」と勝手に悲観するくらいならば、もう手綱は次の若い世代に渡すべきだと思っています。少なくとも未来が面白いと思えないならば、未来のことを決められる立場にいてはいけないからです。

今年から私は、少しずつではありますが、仲間と共に6歳くらいから15歳くらいまでの子どもたちと、小商いから始める経営、金融を体感的に学ぶ機会をつくり始めています。今までも大手企業が提供する職業体験施設などはありましたが、それらの多くは会社に勤め、決められた作業を行い、時間を切り売りして報酬をもらうという前提で「仕事」が設計されています。しかし、本当の働き方とは、自分で考え、こだわった結果としてつくり出した実績に応じて報酬をもらうことなのではないでしょうか。だからこそ、工夫する知恵がつき、投資回収の意識も自然と身につくはず。その意味で、次の世代を担う子どもたちに「小商い」をしてもらうのはいい経験だなと思ったわけです。

そこでこの7月、8月に二度、東京でビズクエストという体験企画を立ち上げました。瀬戸内農家が作った無農薬レモンを使った瀬戸内レモネード、そして岡山の清水白桃という高級桃を使ったピーチティー。どのように製造し、販売するか、どういう地域に参加してもらうかなど、子どもたちはひととおりの流れを経験しました（レシピはプロの料理人が協力し作成）。

対象は、6歳から12歳までの子どもたちです。7月は夏休みに入る金曜ということもあり10名ほどが参加し、5・3万円の売上で2万円ほどの営業利益。8月はお盆と重なってしまい6歳と8歳と10歳の3名となりましたが売上はさらに伸びて6・9万円となり、3万円の営業利益にまで達しました。原価計算から、決算報告、利益分配まで行い、さらに起業家精神に関する話まで聞いてもらう盛りだくさんのプログラムです。子どもたちは、自分たちの手で稼いだという事実に、自信に満ちた顔つきになっていました。今年後半からは全国各地でこのような取り組みを始め、自分たちで稼いだお金をさらに投資するところまで学んでもらおうと思っています。

実は1950年代、日本の全就業者数の半数以上が自営業とその家族でした。2018年の今、その割合は1割にまで落ち込んでいます。半世紀で大きく変わった「働き方」ですが、これからの未来を切り開いていくのは、個人だろうと、組織にいようと、自分たちで新たな事業を考えることができ、稼ぎを未来に投資する人材だと思っています。

新しいことは、新しいやり方で、新しい人が取り組まなくてはなりません。
この本の続き、それはあなたが、あなたの地域で起こす物語でもあると思うのです。

2018年9月　急に秋めいた日に

応援のお願い

この本のミッションは「まちを変える同志を増やす」こと。共感してくださる読者の方は、ぜひ力をお貸しください。

Action!

SNSで「#地元がヤバい本」(「い」はひらがなです)のハッシュタグとともに、本書で共感したこと、あるいは「うちのまちでも実際こんなことがあった」「私はこんなことをやってみた」などの体験談をつぶやいてください。Twitterは、著者本人(@shoutengai)が積極的に目を通します。

［著者］
木下 斉（きのした・ひとし）
地域再生事業家。1982年、東京都生まれ。早稲田大学政治経済学部政治学科卒業。一橋大学大学院商学研究科修士課程修了、修士（経営学）。
国内外の事業による地域活性化を目指す企業・団体を束ねた一般社団法人エリア・イノベーション・アライアンス代表理事、一般社団法人公民連携事業機構理事を務めるほか、各地で自身も出資、共同経営する熊本城東マネジメント株式会社代表取締役、サッポロ・ピン・ポイント株式会社代表取締役、勝川エリア・アセット・マネジメント取締役なども務める。高校在学中に早稲田商店会の活動に参画したのを発端に全国商店街共同出資会社・商店街ネットワーク取締役社長に就任。その後現在に至るまで事業開発だけでなく地方政策に関する提言も活発に続けている。

地元がヤバい…と思ったら読む
凡人のための地域再生入門

2018年11月14日　第1刷発行
2025年3月12日　第7刷発行

著　者――木下 斉
発行所――ダイヤモンド社
〒150-8409　東京都渋谷区神宮前6-12-17
https://www.diamond.co.jp/
電話／03･5778･7233（編集）　03･5778･7240（販売）
イラスト――安谷隆志（YDroom）
装丁+本文デザイン――萩原弦一郎（256）
校正――鷗来堂
本文DTP――朝日メディアインターナショナル
製作進行――ダイヤモンド・グラフィック社
印刷――堀内印刷所（本文）・加藤文明社（カバー）
製本――ブックアート
編集担当――井上慎平

ISBN 978-4-478-10390-6